ŒUVRES
DE
JEAN RACINE.

TOME SECOND.

ŒUVRES
DE
JEAN RACINE,

AVEC LES VARIANTES ET LES IMITATIONS DES AUTEURS GRECS ET LATINS ;

PUBLIÉES PAR M. PETITOT,

Editeur du Répertoire du Théâtre-Français.

TOME SECOND.

PARIS,
CHEZ Mme VEUVE DABO,
A LA LIBRAIRIE STÉRÉOTYPE, RUE DU POT-DE-FER, N° 14.
1825.

LES PLAIDEURS,

COMÉDIE.

1668.

PRÉFACE.

Quand je lus les Guêpes d'Aristophane, je ne songeois guère que j'en dusse faire les Plaideurs. J'avoue qu'elles me divertirent beaucoup, et que j'y trouvai quantité de plaisanteries qui me tentèrent d'en faire part au public ; mais c'étoit en les mettant dans la bouche des Italiens, à qui je les avois destinées comme une chose qui leur appartenoit de plein droit. Le juge qui saute par les fenêtres, le chien criminel, et les larmes de sa famille, me sembloient autant d'incidents dignes de la gravité de Scaramouche. Le départ de cet acteur interrompit mon dessein, et fit naître l'envie à quelques uns de mes amis de voir sur notre théâtre un échantillon d'Aristophane. Je ne me rendis pas à la première proposition qu'ils m'en firent : je leur dis que, quelque esprit que je trouvasse dans cet auteur, mon inclination ne me porteroit pas à le prendre pour modèle, si j'avois à faire une comédie ; et que j'aimerois beaucoup mieux imiter la régularité de Ménandre et de Térence, que la liberté de Plaute et d'Aristophane. On me répondit que ce n'étoit pas une comédie qu'on me demandoit, et qu'on vouloit seulement voir si les bons mots d'Aristophane auroient quelque grace dans notre langue. Ainsi, moitié en m'encourageant, moitié en mettant eux-mêmes la main à l'œuvre, mes amis me firent commencer une pièce qui ne tarda guère à être achevée.

Cependant la plupart du monde ne se soucie point de l'intention ni de la diligence des auteurs. On examina d'abord mon amusement comme on auroit fait une tragédie. Ceux même qui s'y étoient le plus divertis eurent peur de n'avoir pas ri dans les règles, et trouvèrent mauvais que je n'eusse pas songé plus sérieusement à les faire rire. Quelques autres s'imaginèrent qu'il étoit bienséant à eux de s'y ennuyer, et que les matières de palais ne pouvoient pas être un sujet de divertissement pour les gens de cour. La pièce fut bientôt après jouée à Versailles. On ne fit point de scrupule de s'y réjouir; et ceux qui avoient cru se déshonorer de rire à Paris furent peut-être obligés de rire à Versailles pour se faire honneur.

Ils auroient tort à la vérité s'ils me reprochoient d'avoir fatigué leurs oreilles de trop de chicane. C'est une langue qui m'est plus étrangère qu'à personne ; et je n'en ai employé que quelques mots barbares que je puis avoir appris dans le cours d'un procès que ni mes juges ni moi n'avons jamais bien entendu.

Si j'appréhende quelque chose, c'est que des personnes un peu sérieuses ne traitent de badineries le procès du chien et les extravagances du juge. Mais enfin je traduis Aristophane ; et l'on doit se souvenir qu'il avoit affaire à des spectateurs assez difficiles : les Athéniens savoient apparemment ce que c'étoit que le sel attique ; et ils étoient bien sûrs, quand ils avoient ri d'une chose, qu'ils n'avoient pas ri d'une sottise.

Pour moi, je trouve qu'Aristophane a eu raison de

PRÉFACE.

pousser les choses au-delà du vraisemblable. Les juges de l'Aréopage n'auroient pas peut-être trouvé bon qu'il eût marqué au naturel leur avidité de gagner, les bons tours de leurs secrétaires, et les forfanteries de leurs avocats. Il étoit à propos d'outrer un peu les personnages, pour les empêcher de se reconnoître; le public ne laissoit pas de discerner le vrai au travers du ridicule : et je m'assure qu'il vaut mieux avoir occupé l'impertinente éloquence de deux orateurs autour d'un chien accusé, que si l'on avoit mis sur la sellette un véritable criminel, et qu'on eût intéressé les spectateurs à la vie d'un homme.

Quoi qu'il en soit, je puis dire que notre siècle n'a pas été de plus mauvaise humeur que le sien, et que si le but de ma comédie étoit de faire rire, jamais comédie n'a mieux attrapé son but. Ce n'est pas que j'attende un grand honneur d'avoir assez long-temps réjoui le monde; mais je me sais quelque gré de l'avoir fait sans qu'il m'en ait coûté une seule de ces sales équivoques et de ces malhonnêtes plaisanteries qui coûtent maintenant si peu à la plupart de nos écrivains, et qui font retomber le théâtre dans la turpitude d'où quelques auteurs plus modestes l'avoient tiré.

PERSONNAGES.

DANDIN,[1] juge.
LÉANDRE, fils de Dandin.
CHICANEAU, bourgeois.
ISABELLE, fille de Chicaneau.
LA COMTESSE.
PETIT-JEAN, portier.
L'INTIMÉ, secrétaire.
LE SOUFFLEUR.

La scène est dans une ville de basse Normandie.

---

[1] Rabelais donne ce nom à un juge de village dont la passion pour son état dégénéroit en manie. Les commentateurs de Rabelais s'accordent sur l'étymologie de ce nom. Les juges de village avoient alors un siège de pierre très élevé qui manquoit de marchepied : lorsqu'ils étoient assis, leurs jambes pendoient ; et, par un mouvement assez naturel dans cette position, imitoient le mouvement du battant d'une cloche quand elle fait entendre ce son monotone : DIN, DAN, DIN. Pantagruel, liv. III.

LES PLAIDEURS,
COMÉDIE.

ACTE PREMIER.

SCÈNE I.[1]

PETIT-JEAN, *traînant un gros sac de procès.*

Ma foi! sur l'avenir bien fou qui se fiera.
Tel qui rit vendredi, dimanche pleurera.
Un juge, l'an passé, me prit à son service;
Il m'avoit fait venir d'Amiens pour être suisse.
Tous ces Normands vouloient se divertir de nous :
On apprend à hurler, dit l'autre, avec les loups.
Tout Picard que j'étois, j'étois un bon apôtre,
Et je faisois claquer mon fouet tout comme un autre.
Tous les plus gros monsieurs me parloient chapeau bas ;
Monsieur de Petit-Jean, ah! gros comme le bras.
Mais sans argent l'honneur n'est qu'une maladie.[2]
Ma foi! j'étois un franc portier de comédie :

---

[1] Cette scène a beaucoup de rapports avec la première des Guêpes d'Aristophane. Xanthie, valet de Philocléon, a fait sentinelle toute la nuit. Il est étendu sur le pavé lorsque la pièce commence. Bdélycléon, fils de Philocléon, a confié la garde de son père à ce valet.

[2] Imitation d'un vers d'Horace, livre II, satire V, vers 8. Le poète latin fait dire à un interlocuteur que, sans richesse, la

On avoit beau heurter et m'ôter son chapeau,
On n'entroit point chez nous sans graisser le marteau.
Point d'argent, point de suisse; et ma porte étoit close.
Il est vrai qu'à monsieur j'en rendois quelque chose :
Nous comptions quelquefois. On me donnoit le soin
De fournir la maison de chandelle et de foin :
Mais je n'y perdois rien. Enfin, vaille que vaille,
J'aurois sur le marché fort bien fourni la paille.
C'est dommage : il avoit le cœur trop au métier; [1]

---

naissance et la vertu sont au-dessous des choses les moins précieuses.

« Et genus, et virtus, nisi cum re, vilior algâ est. »

[1] Xanthie fait à peu près la même peinture de son maître. Les plaisanteries sont du même ton que celles de Racine; mais elles diffèrent à raison des usages de deux époques si éloignées. Il n'y en a qu'une que Racine ait traduite : c'est celle du coq. Il l'a rendue beaucoup plus piquante que l'auteur grec.

Guêpes d'Aristophane, vers 89 :

Mon maître est consumé de la passion de juger; on le voit gémir quand il n'occupe pas la première place parmi nos magistrats : la nuit il ne dort point; et si, par hasard, il s'assoupit un moment, son ame s'envole et se dirige près de la clepsydre de Thémis. Il est si habitué à juger que ses doigts se resserrent involontairement pour saisir les petites pierres destinées aux suffrages...... Il prétendit un jour que son coq, qui n'avoit chanté que le soir, s'étoit laissé corrompre par l'argent de quelque coupable, afin de l'éveiller plus tard qu'à l'ordinaire. A peine a-t-il soupé qu'il demande à haute voix ses souliers pour aller à la colonne des jugements : il s'y endort, et le lendemain, on le trouve attaché à cette colonne comme une huître à un rocher.

Tous les jours le premier aux plaids, et le dernier ;
Et bien souvent tout seul, si l'on l'eût voulu croire,
Il s'y seroit couché sans manger et sans boire. *a*
Je lui disois parfois : Monsieur Perrin Dandin,
Tout franc, vous vous levez tous les jours trop matin.
Qui veut voyager loin ménage sa monture ;
Buvez, mangez, dormez, et faisons feu qui dure.
Il n'en a tenu compte. Il a si bien veillé
Et si bien fait, qu'on dit que son timbre est brouillé.
Il nous veut tous juger les uns après les autres.
Il marmotte toujours certaines patenôtres
Où je ne comprends rien. Il veut, bon gré, mal gré,
Ne se coucher qu'en robe et qu'en bonnet carré.
Il fit couper la tête à son coq, de colère,
Pour l'avoir éveillé plus tard qu'à l'ordinaire ;
Il disoit qu'un plaideur dont l'affaire alloit mal
Avoit graissé la patte à ce pauvre animal.
Depuis ce bel arrêt, le pauvre homme a beau faire,
Son fils ne souffre plus qu'on lui parle d'affaire. [1]
Il nous le fait garder jour et nuit et de près :
Autrement, serviteur ; et mon homme est aux plaids.
Pour s'échapper de nous, Dieu sait s'il est alègre.

---

[1] Guêpes, vers 112 :

Nous veillons sur lui avec le plus grand soin, et nous le tenons enfermé étroitement de peur qu'il ne nous échappe. La folie de Philocléon tourmente cruellement son fils.

a Il y seroit couché sans manger et sans boire.

Pour moi, je ne dors plus : aussi je deviens maigre,
C'est pitié. Je m'étends, et ne fais que bâiller.
Mais, veille qui voudra, voici mon oreiller.
Ma foi ! pour cette nuit il faut que je m'en donne.
Pour dormir dans la rue on n'offense personne.
Dormons.

(Il se couche par terre.)

SCÈNE II.

L'INTIMÉ, PETIT-JEAN.

L'INTIMÉ.

Hé, Petit-Jean ! Petit-Jean !

PETIT-JEAN.

L'intimé !

(à part.)
Il a déjà bien peur de me voir enrhumé.

L'INTIMÉ.

Que diable ! si matin que fais-tu dans la rue ?

PETIT-JEAN.

Est-ce qu'il faut toujours faire le pied de grue,
Garder toujours un homme, et l'entendre crier ?
Quelle gueule ! Pour moi je crois qu'il est sorcier.

L'INTIMÉ.

Bon !

PETIT-JEAN.

Je lui disois donc, en me grattant la tête,

Que je voulois dormir. «Présente ta requête [1]
« Comme tu veux dormir », m'a-t-il dit gravement.
Je dors en te contant la chose seulement.
Bon soir.

L'INTIMÉ.

Comment, bon soir? Que le diable m'emporte
Si.... Mais j'entends du bruit au-dessus de la porte.

SCÈNE III.

DANDIN, L'INTIMÉ, PETIT-JEAN.

DANDIN, à la fenêtre.

PETIT-JEAN! l'Intimé!

L'INTIMÉ, à Petit-Jean.

Paix.

DANDIN.

Je suis seul ici.
Voilà mes guichetiers en défaut, dieu merci.
Si je leur donne temps, ils pourront comparoître;
Çà, pour nous élargir, sautons par la fenêtre.
Hors de cour.

---

[1] Du temps de Racine, il y avoit un président si amoureux de sa profession, qu'il l'exerçoit dans son domestique. Quand son fils lui demandoit un habit neuf, il répondoit gravement : PRÉSENTE TA REQUÊTE; et quand le fils avoit présenté sa requête, il y répliquoit par un soit COMMUNIQUÉ A TA MÈRE.

(Cette note est de Louis Racine.)

LES PLAIDEURS.

L'INTIMÉ.

Comme il saute!

PETIT-JEAN.

Oh, monsieur! je vous tien.

DANDIN.

Au voleur! au voleur!

PETIT-JEAN.

Oh! nous vous tenons bien.

L'INTIMÉ.

Vous avez beau crier.

DANDIN.

Main forte! l'on me tue!

SCÈNE IV.

LÉANDRE, DANDIN, L'INTIMÉ, PETIT-JEAN.

LÉANDRE.

Vite un flambeau! j'entends mon père dans la rue.
Mon père, si matin qui vous fait déloger?
Où courez-vous la nuit?

DANDIN.

Je veux aller juger.

LÉANDRE.

Et qui juger? tout dort.

PETIT-JEAN.

Ma foi! je ne dors guères.

(2.)

ACTE I, SCÈNE IV.

LÉANDRE.

Que de sacs! il en a jusques aux jarretières.

DANDIN.

Je ne veux de trois mois rentrer dans la maison.
De sacs et de procès j'ai fait provision.

LÉANDRE.

Et qui vous nourrira?

DANDIN.

Le buvetier, je pense.

LÉANDRE.

Mais où dormirez-vous, mon père?

DANDIN.

A l'audience.

LÉANDRE.

Non, mon père, il vaut mieux que vous ne sortiez pas.
Dormez chez vous; chez vous faites tous vos repas.
Souffrez que la raison enfin vous persuade :
Et pour votre santé....

DANDIN.

Je veux être malade.

LÉANDRE.

Vous ne l'êtes que trop. Donnez-vous du repos;
Vous n'avez tantôt plus que la peau sur les os.

DANDIN.

Du repos? Ah! sur toi tu veux régler ton père?
Crois-tu qu'un juge n'ait qu'à faire bonne chère,
Qu'à battre le pavé comme un tas de galants,
Courir le bal la nuit, et le jour les brelans?

On ne voit point sa fille; et la pauvre Isabelle,
Invisible et dolente, est en prison chez elle.
Elle voit dissiper sa jeunesse en regrets,
Mon amour en fumée, et son bien en procès.
Il la ruinera si l'on le laisse faire.
Ne connoîtrois-tu pas quelque honnête faussaire
Qui servît ses amis, en le payant, s'entend,
Quelque sergent zélé?

L'INTIMÉ.

Bon! l'on en trouve tant!

LÉANDRE.

Mais encore?

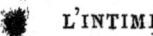L'INTIMÉ.

Ah, monsieur! si feu mon pauvre père
Étoit encor vivant, c'étoit bien votre affaire.
Il gagnoit en un jour plus qu'un autre en six mois:
Ses rides sur son front gravoient tous ses exploits. ¹
Il vous eût arrêté le carrosse d'un prince :
Il vous l'eût pris lui-même : et si dans la province ²
Il se donnoit en tout vingt coups de nerfs de bœuf,
Mon père pour sa part en emboursoit dix-neuf.

---

¹ Parodie d'un vers du Cid.

² Imitation de Rabelais, qui dit d'un huissier : « Si en tout
« le territoire, n'étoit que trente coups de bâton à gagner, il
« en emboursoit toujours vingt-huit et demi. »

Pantagruel, liv. III.

Mais de quoi s'agit-il ? suis-je pas fils de maître ?
Je vous servirai.

LÉANDRE.

Toi ?

L'INTIMÉ.

Mieux qu'un sergent peut-être.

LÉANDRE.

Tu porterois au père un faux exploit ?

L'INTIMÉ.

Hon, hon.

LÉANDRE.

Tu rendrois à la fille un billet ?

L'INTIMÉ.

Pourquoi non ?
Je suis des deux métiers.

LÉANDRE.

Viens, je l'entends qui crie :
Allons à ce dessein rêver ailleurs.

SCÈNE VI.

CHICANEAU, PETIT-JEAN.

CHICANEAU, allant et revenant.

LA BRIE,
Qu'on garde la maison, je reviendrai bientôt.
Qu'on ne laisse monter aucune ame là-haut.

LES PLAIDEURS.

PETIT-JEAN.

Faites donc mettre au moins des garde-fous là-haut.

DANDIN.

Quoi! l'on me mènera coucher sans autre forme?
Obtenez un arrêt comme il faut que je dorme.

LÉANDRE.

Hé! par provision, mon père, couchez-vous.

DANDIN.

J'irai; mais je m'en vais vous faire enrager tous :
Je ne dormirai point.

LÉANDRE.

Hé bien, à la bonne heure.
Qu'on ne le quitte pas. Toi, l'Intimé, demeure.

SCÈNE V.

LÉANDRE, L'INTIMÉ.

LÉANDRE.

Je veux t'entretenir un moment sans témoin.

L'INTIMÉ.

Quoi! vous faut-il garder?

LÉANDRE.

J'en aurois bon besoin.
J'ai ma folie, hélas! aussi-bien que mon père.

L'INTIMÉ.

Oh! vous voulez juger?

ACTE I, SCÈNE V.

LÉANDRE, montrant le logis d'Isabelle.

Laissons là le mystère.
Tu connois ce logis.

L'INTIMÉ.

Je vous entends enfin :
Diantre ! l'amour vous tient au cœur de bon matin.
Vous me voulez parler sans doute d'Isabelle.
Je vous l'ai dit cent fois, elle est sage, elle est belle ;
Mais vous devez songer que monsieur Chicaneau
De son bien en procès consume le plus beau.
Qui ne plaide-t-il point ? Je crois qu'à l'audience
Il fera, s'il ne meurt, venir toute la France.
Tout auprès de son juge il s'est venu loger :
L'un veut plaider toujours, l'autre toujours juger.
Et c'est un grand hasard s'il conclut votre affaire
Sans plaider le curé, le gendre, et le notaire.

LÉANDRE.

Je le sais comme toi. Mais, malgré tout cela,
Je meurs pour Isabelle.

L'INTIMÉ.

Hé bien, épousez-la.
Vous n'avez qu'à parler, c'est une affaire prête.

LÉANDRE.

Hé ! cela ne va pas si vite que ta tête.
Son père est un sauvage à qui je ferois peur.
A moins que d'être huissier sergent ou procureur,

L'argent ne nous vient pas si vite que l'on pense.
Chacun de tes rubans me coûte une sentence. [1]
Ma robe vous fait honte. Un fils de juge! Ah! fi!
Tu fais le gentilhomme ; hé! Dandin, mon ami,
Regarde dans ma chambre et dans ma garde-robe
Les portraits des Dandins : tous ont porté la robe;
Et c'est le bon parti. Compare prix pour prix [2]
Les étrennes d'un juge à celles d'un marquis :
Attends que nous soyons à la fin de décembre.
Qu'est-ce qu'un gentilhomme? Un pilier d'antichambre.
Combien en as-tu vu, je dis des plus huppés,
A souffler dans leurs doigts dans ma cour occupés,
Le manteau sur le nez, ou la main dans la poche;
Enfin, pour se chauffer, venir tourner ma broche!

---

[1] Il y a quelques rapports entre ces vers et ceux de Boursault. Mercure galant, acte V, scène vij :

> Il n'entre aucune pièce en leur construction
> Qui ne te coûte au moins une vexation.

[2] Dans Aristophane, Philocléon s'étend aussi sur les avantages qu'un juge peut retirer de son état. Ce rapprochement, curieux sous le rapport littéraire, l'est aussi sous le rapport moral : il prouve que les abus trop souvent liés à l'exercice de la justice étoient plus graves chez les anciens que parmi nous. La peinture faite par le poëte grec porte le caractère de l'indignation ; celle de Racine n'offre qu'un badinage sans conséquence.

Guêpes, vers 570 :

Fais-toi une idée de tous les égards d'un plaideur pour son

Voilà comme on les traite. Hé! mon pauvre garçon,
De ta défunte mère est-ce là la leçon?
La pauvre Babonnette! Hélas! lorsque j'y pense,
Elle ne manquoit pas une seule audience.
Jamais, au grand jamais, elle ne me quitta,
Et Dieu sait bien souvent ce qu'elle en rapporta :
Elle eût du buvetier emporté les serviettes, [1]
Plutôt que de rentrer au logis les mains nettes.
Et voilà comme on fait les bonnes maisons. Va,
Tu ne seras qu'un sot.

LÉANDRE.

Vous vous morfondez là,
Mon père. Petit-Jean, remenez votre maître,
Couchez-le dans son lit; fermez porte, fenêtre;
Qu'on barricade tout, afin qu'il ait plus chaud.

---

juge..... Tout est employé pour obtenir de moi un sourire. Si je ne me laisse pas toucher, les femmes se prosternent devant moi avec leurs enfants, et cherchent à me séduire. Les pères et les époux me regardent comme un Dieu : si la voix d'un agneau, me dit-on, touche votre cœur, sera-t-il insensible aux supplications de ces foibles enfants? Remarque-t-on que ma sévérité n'est pas désarmée? on m'amène une jeune fille dont la beauté me frappe; alors ma colère s'apaise peu à peu, et j'écoute le client. N'est-ce pas là, mon fils, avoir des jouissances qui l'emportent même sur les richesses?

[1] Allusion à la femme du lieutenant civil Tardieu, dont l'avarice excessive et la fin cruelle firent beaucoup de bruit dans le temps. Boileau en parle avec détail dans sa satire sur les femmes.

Fais porter cette lettre à la poste du Maine.
Prends-moi dans mon clapier trois lapins de garenne,
Et chez mon procureur porte-les ce matin.
Si son clerc vient céans, fais-lui goûter mon vin.
Ah! donne-lui ce sac qui pend à ma fenêtre.
Est-ce tout? Il viendra me demander peut-être
Un grand homme sec, là, qui me sert de témoin,
Et qui jure pour moi lorsque j'en ai besoin :
Qu'il m'attende. Je crains que mon juge ne sorte :
Quatre heures vont sonner. Mais frappons à sa porte.

PETIT-JEAN, entr'ouvrant la porte.

Qui va là?

CHICANEAU.

Peut-on voir monsieur?

PETIT-JEAN, fermant la porte.

Non.

CHICANEAU, frappant à la porte.

Pourroit-on
Dire un mot à monsieur son secrétaire?

PETIT-JEAN, fermant la porte.

Non.

CHICANEAU, frappant à la porte.

Et monsieur son portier?

PETIT-JEAN.

C'est moi-même.

CHICANEAU.

De grace,
Buvez à ma santé, monsieur.

ACTE I, SCÈNE VI.

PETIT-JEAN, *prenant l'argent.*

Grand bien vous fasse !
(*fermant la porte.*)
Mais revenez demain.

CHICANEAU.

Hé ! rendez donc l'argent.
Le monde est devenu, sans mentir, bien méchant.
J'ai vu que les procès ne donnoient point de peine ;
Six écus en gagnoient une demi-douzaine.
Mais aujourd'hui, je crois que tout mon bien entier
Ne me suffiroit pas pour gagner un portier.
Mais j'aperçois venir madame la comtesse
De Pimbesche. Elle vient pour affaire qui presse.

SCÈNE VII.

LA COMTESSE, CHICANEAU.

CHICANEAU.

Madame, on n'entre plus.

LA COMTESSE.

Hé bien ! l'ai-je pas dit ?
Sans mentir, mes valets me font perdre l'esprit.
Pour les faire lever c'est en vain que je gronde ;
Il faut que tous les jours j'éveille tout mon monde.

CHICANEAU.

Il faut absolument qu'il se fasse céler.

LA COMTESSE.

Pour moi, depuis deux jours je ne lui puis parler.

CHICANEAU.

J'irois trouver mon juge.

LA COMTESSE.

Oh! oui, monsieur, j'irai.

CHICANEAU.

Me jeter à ses pieds.

LA COMTESSE.

Oui, je m'y jetterai,

Je l'ai bien résolu.

CHICANEAU.

Mais daignez donc m'entendre.

LA COMTESSE.

Oui, vous prenez la chose ainsi qu'il la faut prendre.

CHICANEAU.

Avez-vous dit, madame?

LA COMTESSE.

Oui.

CHICANEAU.

J'irois sans façon

Trouver mon juge.

LA COMTESSE.

Hélas! que ce monsieur est bon!

CHICANEAU.

Si vous parlez toujours, il faut que je me taise.

LA COMTESSE.

Ah! que vous m'obligez! Je ne me sens pas d'aise.

CHICANEAU.

J'irois trouver mon juge, et lui dirois....

ACTE I, SCÈNE VII.

LA COMTESSE.

Oui.

CHICANEAU.

Voi!

Et lui dirois, Monsieur.....

LA COMTESSE.

Oui, monsieur.

CHICANEAU.

Liez-moi.

LA COMTESSE.

Monsieur, je ne veux point être liée. ¹

CHICANEAU.

A l'autre!

---

¹ Boileau donna à Racine l'idée de cette scène : il avoit été témoin d'une dispute pareille. L'anecdote est rapportée par Brossette, dans son commentaire sur les œuvres de Boileau :

« La comtesse de C...., plaideuse de profession, dit Brossette,
« passoit toute sa ⬛⬛⬛ dans les procès. Le parlement de Paris,
« fatigué de son obstination à plaider, lui défendit d'intenter
« aucun procès sans l'avis par écrit de deux avocats qu'on lui
« désigna. Cette interdiction de plaider la mit dans une fureur
« inconcevable. Après avoir lassé de son désespoir les juges, les
« avocats et son procureur, elle alla renouveler ses plaintes à
« M. Boileau le greffier, frère de Despréaux, chez qui se trouva
« par hasard M. L..., neveu de MM. Boileau. Cet homme, qui
« croyoit avoir trouvé l'occasion de se rendre utile, s'avisa de
« donner des conseils à la plaideuse : elle les écouta d'abord
« avec avidité ; mais, par un mal-entendu qui survint entre eux,
« elle crut qu'il vouloit l'insulter, et l'accabla d'injures. »

CHICANEAU.

J'y brûlerai mes livres.

LA COMTESSE.

Je....

CHICANEAU.

Deux bottes de foin cinq à six mille livres!

LA COMTESSE.

Monsieur, tous mes procès alloient être finis :
Il ne m'en restoit plus que quatre ou cinq petits,
L'un contre mon mari, l'autre contre mon père,
Et contre mes enfants : ah, monsieur! la misère!
Je ne sais quel biais ils ont imaginé,
Ni tout ce qu'ils ont fait; mais on leur a donné
Un arrêt par lequel, moi vêtue et nourrie,
On me défend, monsieur, de plaider de ma vie.

CHICANEAU.

De plaider!

LA COMTESSE.

De plaider.

CHICANEAU.

Certes, le trait est noir.
J'en suis surpris.

LA COMTESSE.

Monsieur, j'en suis au désespoir.

CHICANEAU.

Comment! lier les mains aux gens de votre sorte!
Mais cette pension, madame, est-elle forte?

ACTE I, SCÈNE VII.

LA COMTESSE.

Je n'en vivrois, monsieur, que trop honnêtement.
Mais vivre sans plaider, est-ce contentement?

CHICANEAU.

Des chicaneurs viendront nous manger jusqu'à l'ame,
Et nous ne dirons mot! Mais, s'il vous plaît, madame,
Depuis quand plaidez-vous?

LA COMTESSE.

Il ne m'en souvient pas.
Depuis trente ans au plus.

CHICANEAU.

Ce n'est pas trop.

LA COMTESSE.

Hélas!

CHICANEAU.

Et quel âge avez-vous? Vous avez bon visage.

LA COMTESSE.

Hé! quelque soixante ans.

CHICANEAU.

Comment! c'est le bel âge
Pour plaider.

LA COMTESSE.

Laissez faire, ils ne sont pas au bout.
J'y vendrai ma chemise; et je veux rien ou tout.

CHICANEAU.

Madame, écoutez-moi. Voici ce qu'il faut faire.

LA COMTESSE.

Oui, monsieur, je vous crois comme mon propre père.

LES PLAIDEURS.

CHICANEAU.
Ma partie est puissante, et j'ai lieu de tout craindre.

LA COMTESSE.
Après ce qu'on m'a fait, il ne faut plus se plaindre.

CHICANEAU.
Si pourtant j'ai bon droit.

LA COMTESSE.
     Ah, monsieur! quel arrêt!

CHICANEAU.
Je m'en rapporte à vous. Écoutez, s'il vous plaît.

LA COMTESSE.
Il faut que vous sachiez, monsieur, la perfidie....

CHICANEAU.
Ce n'est rien dans le fond.

LA COMTESSE.
     Monsieur, que je vous die....

CHICANEAU.
Voici le fait. Depuis quinze ou vingt ans en çà,
Au travers d'un mien pré certain ânon passa,
S'y veautra, non sans faire un notable dommage,
Dont je formai ma plainte au juge du village.
Je fais saisir l'ânon. Un expert est nommé;
A deux bottes de foin le dégât estimé.
Enfin, au bout d'un an, sentence par laquelle
Nous sommes renvoyés hors de cour. J'en appelle.
Pendant qu'à l'audience on poursuit un arrêt,

Remarquez bien ceci, madame, s'il vous plaît,
Notre ami Drolichon, qui n'est pas une bête,
Obtient pour quelque argent un arrêt sur requête;
Et je gagne ma cause. A cela que fait-on?
Mon chicaneur s'oppose à l'exécution.
Autre incident : tandis qu'au procès on travaille,
Ma partie en mon pré laisse aller sa volaille.
Ordonné qu'il sera fait rapport à la cour
Du foin que peut manger une poule en un jour :
Le tout joint au procès. Enfin, et toute chose
Demeurant en état, on appointe la cause
Le cinquième ou sixième avril cinquante-six.
J'écris sur nouveaux frais. Je produis, je fournis
De dits, de contredits, enquêtes, compulsoires,
Rapports d'experts, transports, trois interlocutoires,
Griefs et faits nouveaux, baux et procès-verbaux.
J'obtiens lettres royaux, et je m'inscris en faux.
Quatorze appointements, trente exploits, six instances,
Six-vingts productions, vingt arrêts de défenses,
Arrêt enfin. Je perds ma cause avec dépens,
Estimés environ cinq à six mille francs.
Est-ce là faire droit? est-ce là comme on juge?
Après quinze ou vingt ans! Il me reste un refuge;
La requête civile est ouverte pour moi,
Je ne suis pas rendu. Mais vous, comme je voi,
Vous plaidez?

LA COMTESSE.

Plût à dieu!

LES PLAIDEURS.

LA COMTESSE.

Je ne la serai point.

CHICANEAU.

Quelle humeur est la vôtre!

LA COMTESSE.

Non.

CHICANEAU.

Vous ne savez pas, madame, où je viendrai.

LA COMTESSE.

Je plaiderai, monsieur, ou bien je ne pourrai.

CHICANEAU.

Mais....

LA COMTESSE.

Mais je ne veux point, monsieur, que l'on me lie.

CHICANEAU.

Enfin quand une femme en tête a sa folie....

LA COMTESSE.

Fou vous-même.

CHICANEAU.

Madame!

LA COMTESSE.

Et pourquoi me lier?

CHICANEAU.

Madame....

LA COMTESSE.

Voyez-vous! il se rend familier.

CHICANEAU.

Mais, madame....

LA COMTESSE.

Un crasseux, qui n'a que sa chicane,
Veut donner des avis!

CHICANEAU.

Madame!

LA COMTESSE.

Avec son âne!

CHICANEAU.

Vous me poussez.

LA COMTESSE.

Bon homme, allez garder vos foins.

CHICANEAU.

Vous m'excédez.

LA COMTESSE.

Le sot!

CHICANEAU.

Que n'ai-je des témoins!

SCÈNE VIII.

PETIT-JEAN, LA COMTESSE, CHICANEAU.

PETIT-JEAN.

Voyez le beau sabbat qu'ils font à notre porte.
Messieurs, allez plus loin tempêter de la sorte.

CHICANEAU.

Monsieur, soyez témoin....

LA COMTESSE.
                    Que monsieur est un sot.
            CHICANEAU.
Monsieur, vous l'entendez, retenez bien ce mot.
            PETIT-JEAN, à la comtesse.
Ah! vous ne deviez pas lâcher cette parole.
            LA COMTESSE.
Vraiment, c'est bien à lui de me traiter de folle!
            PETIT-JEAN, à Chicaneau.
Folle! Vous avez tort. Pourquoi l'injurier?
            CHICANEAU.
On la conseille.
            PETIT-JEAN.
    Oh!
            LA COMTESSE.
              Oui, de me faire lier.
            PETIT-JEAN.
Oh, monsieur!
            CHICANEAU,
          Jusqu'au bout que ne m'écoute-t-elle?
            PETIT-JEAN.
Oh, madame!
            LA COMTESSE.
          Qui? moi, souffrir qu'on me querelle?
            CHICANEAU.
Une crieuse!
            PETIT-JEAN.
        Hé! paix.

ACTE I, SCÈNE VIII.

LA COMTESSE.

Un chicaneur!

PETIT-JEAN.

Holà.

CHICANEAU.

Qui n'ose plus plaider!

LA COMTESSE.

Que t'importe cela?
Qu'est-ce qui t'en revient, faussaire abominable,
Brouillon, voleur?

CHICANEAU.

Et bon, et bon, de par le diable :
Un sergent! un sergent!

LA COMTESSE.

Un huissier! un huissier!

PETIT-JEAN, seul.

Ma foi, juge et plaideurs, il faudroit tout lier.

FIN DU PREMIER ACTE.

ACTE SECOND.

SCÈNE I.

LÉANDRE, L'INTIMÉ.

L'INTIMÉ.

Monsieur, encore un coup, je ne puis pas tout faire;
Puisque je fais l'huissier, faites le commissaire.
En robe sur mes pas il ne faut que venir,
Vous aurez tout moyen de vous entretenir.
Changez en cheveux noirs votre perruque blonde.
Ces plaideurs songent-ils que vous soyez au monde?
Hé! lorsqu'à votre père ils vont faire leur cour,
A peine seulement savez-vous s'il est jour.
Mais n'admirez-vous pas cette bonne comtesse
Qu'avec tant de bonheur la fortune m'adresse;
Qui, dès qu'elle me voit, donnant dans le panneau,
Me charge d'un exploit pour monsieur Chicaneau,
Et le fait assigner pour certaine parole,
Disant qu'il la voudroit faire passer pour folle,
Je dis folle à lier, et pour d'autres excès
Et blasphèmes, toujours l'ornement des procès?
Mais vous ne dites rien de tout mon équipage?
Ai-je bien d'un sergent le port et le visage?

ACTE II, SCÈNE I.

LÉANDRE.

Ah! fort bien!

L'INTIMÉ.

Je ne sais, mais je me sens enfin
L'ame et le dos six fois plus durs que ce matin.
Quoi qu'il en soit, voici l'exploit et votre lettre;
Isabelle l'aura, j'ose vous le promettre.
Mais, pour faire signer le contrat que voici,
Il faut que sur mes pas vous vous rendiez ici.
Vous feindrez d'informer sur toute cette affaire,
Et vous ferez l'amour en présence du père.

LÉANDRE.

Mais ne va pas donner l'exploit pour le billet.

L'INTIMÉ.

Le père aura l'exploit, la fille le poulet.
Rentrez.

(L'Intimé va frapper à la porte d'Isabelle.)

SCÈNE II.

ISABELLE, L'INTIMÉ.

ISABELLE.

Qui frappe?

L'INTIMÉ.

Ami. (à part.) C'est la voix d'Isabelle.

ISABELLE.

Demandez-vous quelqu'un, monsieur?

L'INTIMÉ.

Mademoiselle,
C'est un petit exploit que j'ose vous prier
De m'accorder l'honneur de vous signifier.

ISABELLE.

Monsieur, excusez-moi, je n'y puis rien comprendre :
Mon père va venir qui pourra vous entendre.

L'INTIMÉ.

Il n'est donc pas ici, mademoiselle?

ISABELLE.

Non.

L'INTIMÉ.

L'exploit, mademoiselle, est mis sous votre nom.

ISABELLE.

Monsieur, vous me prenez pour une autre, sans doute :
Sans avoir de procès, je sais ce qu'il en coûte;
Et si l'on n'aimoit pas à plaider plus que moi,
Vos pareils pourroient bien chercher un autre emploi,
Adieu.

L'INTIMÉ.

Mais permettez...

ISABELLE.

Je ne veux rien permettre.

L'INTIMÉ.

Ce n'est pas un exploit.

ISABELLE.

Chanson!

ACTE II, SCÈNE II.

L'INTIMÉ.

C'est une lettre.

ISABELLE.

Encor moins.

L'INTIMÉ.

Mais lisez.

ISABELLE.

Vous ne m'y tenez pas.

L'INTIMÉ.

C'est de monsieur...

ISABELLE.

Adieu.

L'INTIMÉ.

Léandre.

ISABELLE.

Parlez bas.
C'est de monsieur...?

L'INTIMÉ.

Que diable! on a bien de la peine
A se faire écouter : je suis tout hors d'haleine.

ISABELLE.

Ah! l'Intimé! Pardonne à mes sens étonnés :
Donne.

L'INTIMÉ.

Vous me deviez fermer la porte au nez.

ISABELLE.

Et qui t'auroit connu déguisé de la sorte?
Mais donne.

LES PLAIDEURS.

L'INTIMÉ.

Aux gens de bien ouvre-t-on votre porte?

ISABELLE.

Hé! donne donc.

L'INTIMÉ.

La peste!...

ISABELLE.

Oh! ne donnez donc pas :
Avec votre billet retournez sur vos pas.

L'INTIMÉ.

Tenez. Une autre fois ne soyez pas si prompte.

SCÈNE III.

CHICANEAU, ISABELLE, L'INTIMÉ.

CHICANEAU.

Oui, je suis donc un sot, un voleur, à son compte!
Un sergent s'est chargé de la remercier;
Et je lui vais servir un plat de mon métier.
Je serois bien fâché que ce fût à refaire,
Ni qu'elle m'envoyât assigner la première.
Mais un homme ici parle à ma fille! Comment!
Elle lit un billet! Ah! c'est de quelque amant.
Approchons.

ISABELLE.

Tout de bon, ton maître est-il sincère?
Le croirai-je?

L'INTIMÉ.

Il ne dort non plus que votre père.
Il se tourmente : il vous.... (apercevant Chicaneau.)
fera voir aujourd'hui
Que l'on ne gagne rien à plaider contre lui.

ISABELLE, apercevant Chicaneau.

C'est mon père !
(à l'Intimé.) Vraiment, vous leur pouvez apprendre
Que si l'on nous poursuit nous saurons nous défendre.
(déchirant le billet.)
Tenez, voilà le cas qu'on fait de votre exploit.

CHICANEAU.

Comment ! c'est un exploit que ma fille lisoit !
Ah ! tu seras un jour l'honneur de ta famille :
Tu défendras ton bien. Viens, mon sang; viens, ma fille.[1]
Va, je t'achèterai le Praticien françois.
Mais, diantre ! il ne faut pas déchirer les exploits.

ISABELLE, à l'Intimé.

Au moins, dites-leur bien que je ne les crains guère;
Ils me feront plaisir : je les mets à pis faire.

CHICANEAU.

Eh ! ne te fâche point.

ISABELLE, à l'Intimé.

Adieu, monsieur.

---

[1] Parodie d'un vers du Cid, acte I, scène vj :

Viens, mon sang, viens, mon fils, viens réparer ma honte.

SCÈNE IV.

CHICANEAU, L'INTIMÉ.

L'INTIMÉ, se mettant en état d'écrire.

Or çà,
Verbalisons.

CHICANEAU.

Monsieur, de grace, excusez-la;
Elle n'est pas instruite : et puis, si bon vous semble,
En voici les morceaux que je vais mettre ensemble.

L'INTIMÉ.

Non.

CHICANEAU.

Je le lirai bien.

L'INTIMÉ.

Je ne suis pas méchant.
J'en ai sur moi copie.

CHICANEAU.

Ah! le trait est touchant!
Mais je ne sais pourquoi, plus je vous envisage,
Et moins je me remets, monsieur, votre visage.
Je connois force huissiers.

L'INTIMÉ.

Informez-vous de moi.
Je m'acquitte assez bien de mon petit emploi.

CHICANEAU.

Soit. Pour qui venez-vous?

ACTE II, SCÈNE IV.

L'INTIMÉ.

Pour une brave dame,
Monsieur, qui vous honore, et de toute son ame
Voudroit que vous vinssiez à ma sommation
Lui faire un petit mot de réparation.

CHICANEAU.

De réparation? Je n'ai blessé personne.

L'INTIMÉ.

Je le crois; vous avez, monsieur, l'ame trop bonne.

CHICANEAU.

Que demandez-vous donc?

L'INTIMÉ.

Elle voudroit, monsieur,
Que devant des témoins vous lui fissiez l'honneur
De l'avouer pour sage, et point extravagante.

CHICANEAU.

Parbleu! c'est ma comtesse.

L'INTIMÉ.

Elle est votre servante.

CHICANEAU.

Je suis son serviteur.

L'INTIMÉ.

Vous êtes obligeant,
Monsieur.

CHICANEAU.

Oui, vous pouvez l'assurer qu'un sergent
Lui doit porter pour moi tout ce qu'elle demande.
Hé quoi donc! les battus, ma foi! paieront l'amende!

Voyons ce qu'elle chante. Hon... « Sixième janvier,
« Pour avoir faussement dit qu'il falloit lier,
« Étant à ce porté par esprit de chicane,
« Haute et puissante dame Yolande Cudasne,
« Comtesse de Pimbesche, Orbesche, et cætera,
« Il soit dit que sur l'heure il se transportera
« Au logis de la dame; et là, d'une voix claire,
« Devant quatre témoins assistés d'un notaire,
« Zeste! ledit Hiérôme avoûra hautement
« Qu'il la tient pour sensée et de bon jugement.
« Le Bon. » C'est donc le nom de votre seigneurie?

L'INTIMÉ.

Pour vous servir. (à part.) Il faut payer d'effronterie.

CHICANEAU.

Le Bon! jamais exploit ne fut signé Le Bon.
Monsieur Le Bon....

L'INTIMÉ.

Monsieur.

CHICANEAU.

Vous êtes un fripon.

L'INTIMÉ.

Monsieur, pardonnez-moi, je suis fort honnête homme.

CHICANEAU.

Mais fripon le plus franc qui soit de Caen à Rome.

L'INTIMÉ.

Monsieur, je ne suis pas pour vous désavouer.
Vous aurez la bonté de me le bien payer.

ACTE II, SCÈNE IV.

CHICANEAU.

Moi, payer? en soufflets.

L'INTIMÉ.

Vous êtes trop honnête.
Vous me le paierez bien.

CHICANEAU.

Oh! tu me romps la tête.
Tiens, voilà ton paiement.

L'INTIMÉ.

Un soufflet! Écrivons.
« Lequel Hiérôme, après plusieurs rébellions,
« Auroit atteint, frappé, moi sergent à la joue,
« Et fait tomber, du coup, mon chapeau dans la boue. »

CHICANEAU, *lui donnant un coup de pied.*

Ajoute cela.

L'INTIMÉ.

Bon, c'est de l'argent comptant;
J'en avois bien besoin. « Et, de ce non content,
« Auroit avec le pied réitéré. » Courage!
« Outre plus, le susdit seroit venu, de rage,
« Pour lacérer ledit présent procès-verbal. »
Allons, mon cher monsieur, cela ne va pas mal.
Ne vous relâchez point.

CHICANEAU.

Coquin!

L'INTIMÉ.

Ne vous déplaise,
Quelques coups de bâton, et je suis à mon aise.

LES PLAIDEURS.

CHICANEAU, tenant un bâton.

Oui-dà. Je verrai bien s'il est sergent.

L'INTIMÉ, en posture d'écrire.

Tôt donc,
Frappez. J'ai quatre enfants à nourrir.

CHICANEAU.

Ah! pardon!
Monsieur, pour un sergent je ne pouvois vous prendre;
Mais le plus habile homme enfin peut se méprendre.
Je saurai réparer ce soupçon outrageant.
Oui, vous êtes sergent, monsieur, et très sergent.
Touchez là : vos pareils sont gens que je révère;
Et j'ai toujours été nourri par feu mon père
Dans la crainte de Dieu, monsieur, et des sergents.

L'INTIMÉ.

Non, à si bon marché l'on ne bat point les gens.

CHICANEAU.

Monsieur, point de procès.

L'INTIMÉ.

Serviteur. Contumace,
Bâton levé, soufflet, coup de pied. Ah!

CHICANEAU.

De grace,
Rendez-les-moi plutôt.

L'INTIMÉ.

Suffit qu'ils soient reçus;
Je ne les voudrois pas donner pour mille écus.

SCÈNE V.

LÉANDRE, EN ROBE DE COMMISSAIRE; CHICANEAU, L'INTIMÉ.

####### L'INTIMÉ.

Voici fort à propos monsieur le commissaire.
Monsieur, votre présence est ici nécessaire.
Tel que vous me voyez, monsieur ici présent
M'a d'un fort grand soufflet fait un petit présent.

####### LÉANDRE.

A vous, monsieur?

####### L'INTIMÉ.

A moi, parlant à ma personne.
Item, un coup de pied; plus, les noms qu'il me donne.

####### LÉANDRE.

Avez-vous des témoins?

####### L'INTIMÉ.

Monsieur, tâtez plutôt;
Le soufflet sur ma joue est encore tout chaud.

####### LÉANDRE.

Pris en flagrant délit, affaire criminelle.

####### CHICANEAU.

Foin de moi!

####### L'INTIMÉ.

Plus, sa fille, au moins soi-disant telle,
A mis un mien papier en morceaux, protestant

Qu'on lui feroit plaisir, et que d'un œil content
Elle nous défioit.

LÉANDRE, à l'Intimé.

Faites venir la fille.
L'esprit de contumace est dans cette famille.

CHICANEAU, à part.

Il faut absolument qu'on m'ait ensorcelé.
Si j'en connois pas un, je veux être étranglé.

LÉANDRE.

Comment! battre un huissier! Mais voici la rebelle.

SCÈNE VI.

ISABELLE, LÉANDRE, CHICANEAU, L'INTIMÉ.

L'INTIMÉ, à Isabelle.

Vous le reconnoissez?

LÉANDRE.

He bien, mademoiselle,
C'est donc vous qui tantôt braviez notre officier,
Et qui si hautement osez nous défier?
Votre nom?

ISABELLE.

Isabelle.

LÉANDRE.

Écrivez. Et votre âge?

ISABELLE.

Dix-huit ans.

CHICANEAU.
Elle en a quelque peu davantage;
Mais n'importe.
LÉANDRE.
Êtes-vous en pouvoir de mari?
ISABELLE.
Non, monsieur.
LÉANDRE.
Vous riez? Écrivez qu'elle a ri.
CHICANEAU.
Monsieur, ne parlons point de maris à des filles;
Voyez-vous, ce sont là des secrets de familles.
LÉANDRE.
Mettez qu'il interrompt.
CHICANEAU.
Hé! je n'y pensois pas.
Prends bien garde, ma fille, à ce que tu diras.
LÉANDRE.
Là, ne vous troublez pas. Répondez à votre aise.
On ne veut pas rien faire ici qui vous déplaise.
N'avez-vous pas reçu de l'huissier que voilà
Certain papier tantôt?
ISABELLE.
Oui, monsieur.
CHICANEAU.
Bon cela.
LÉANDRE.
Avez-vous déchiré ce papier sans le lire?

ISABELLE.

Monsieur, je l'ai lu.

CHICANEAU.

Bon.

LÉANDRE, à l'Intimé.

Continuez d'écrire.

(à Isabelle.)
Et pourquoi l'avez-vous déchiré?

ISABELLE.

J'avois peur
Que mon père ne prît l'affaire trop à cœur,
Et qu'il ne s'échauffât le sang à sa lecture.

CHICANEAU.

Et tu fuis les procès? C'est méchanceté pure.

LÉANDRE.

Vous ne l'avez donc pas déchiré par dépit,
Ou par mépris de ceux qui vous l'avoient écrit?

ISABELLE.

Monsieur, je n'ai pour eux ni mépris ni colère.

LÉANDRE, à l'Intimé.

Écrivez.

CHICANEAU.

Je vous dis qu'elle tient de son père;
Elle répond fort bien.

LÉANDRE.

Vous montrez cependant
Pour tous les gens de robe un mépris évident.

ISABELLE.

Une robe toujours m'avoit choqué la vue ;
Mais cette aversion à présent diminue.

CHICANEAU.

La pauvre enfant ! Va, va, je te marierai bien,
Dès que je le pourrai, s'il ne m'en coûte rien.

LÉANDRE.

A la justice donc vous voulez satisfaire ?

ISABELLE.

Monsieur, je ferai tout pour ne vous pas déplaire.

L'INTIMÉ.

Monsieur, faites signer.

LÉANDRE.

Dans les occasions
Soutiendrez-vous au moins vos dépositions ?

ISABELLE.

Monsieur, assurez-vous qu'Isabelle est constante.

LÉANDRE.

Signez. Cela va bien, la justice est contente.
Çà, ne signez-vous pas, monsieur ?

CHICANEAU.

Oui-dà, gaîment,
A tout ce qu'elle a dit je signe aveuglément.

LÉANDRE, bas à Isabelle.

Tout va bien. A mes vœux le succès est conforme :
Il signe un bon contrat écrit en bonne forme ;
Et sera condamné tantôt sur son écrit.

CHICANEAU, à part.
Que lui dit-il? Il est charmé de son esprit.

LÉANDRE.
Adieu. Soyez toujours aussi sage que belle,
Tout ira bien. Huissier, remenez-la chez elle.
Et vous, monsieur, marchez.

CHICANEAU.
Où, monsieur?

LÉANDRE.
Suivez-moi.

CHICANEAU.
Où donc?

LÉANDRE.
Vous le saurez. Marchez, de par le roi.

CHICANEAU.
Comment!

SCÈNE VII.

LÉANDRE, CHICANEAU, PETIT-JEAN.

PETIT-JEAN.
Holà! quelqu'un n'a-t-il point vu mon maître?
Quel chemin a-t-il pris? la porte, ou la fenêtre?

LÉANDRE.
A l'autre!

PETIT-JEAN.
Je ne sais qu'est devenu son fils;
Et pour le père, il est où le diable l'a mis.

Il me redemandoit sans cesse ses épices;
Et j'ai tout bonnement couru dans les offices
Chercher la boîte au poivre : et lui, pendant cela,
Est disparu.

SCÈNE VIII.

DANDIN, à une lucarne; LÉANDRE, CHICANEAU, L'INTIMÉ, PETIT-JEAN.

DANDIN.

Paix! paix! que l'on se taise là.

LÉANDRE.

Hé! grand dieu!

PETIT-JEAN.

Le voilà, ma foi, dans les gouttières. [1]

DANDIN.

Quelles gens êtes-vous? Quelles sont vos affaires?
Qui sont ces gens en robe? Êtes-vous avocats?
Çà, parlez.

PETIT-JEAN.

Vous verrez qu'il va juger les chats.

DANDIN.

Avez-vous eu le soin de voir mon secrétaire?
Allez lui demander si je sais votre affaire.

---

[1] Cette idée bouffonne est puisée dans Aristophane.
Guêpes, vers 25 :
Quoique nous ne le quittions pas un instant, il sort par la fenêtre, monte aux gouttières, et trompe notre surveillance.

LES PLAIDEURS.

LÉANDRE.

Il faut bien que je l'aille arracher de ces lieux.
Sur votre prisonnier, huissier, ayez les yeux.

PETIT-JEAN.

Ho, ho, monsieur!

LÉANDRE.

Tais-toi, sur les yeux de ta tête;
Et suis-moi.

SCÈNE IX.

LA COMTESSE, DANDIN, CHICANEAU, L'INTIMÉ.

DANDIN.

Dépêchez, donnez votre requête.

CHICANEAU.

Monsieur, sans votre aveu l'on me fait prisonnier.

LA COMTESSE.

Hé, mon dieu! j'aperçois monsieur dans son grenier.
Que fait-il là?

L'INTIMÉ.

Madame, il y donne audience.
Le champ vous est ouvert.

CHICANEAU.

On me fait violence,
Monsieur, on m'injurie, et je venois ici
Me plaindre à vous.

ACTE II, SCÈNE IX.

LA COMTESSE.

Monsieur, je viens me plaindre aussi.

CHICANEAU et LA COMTESSE.

Vous voyez devant vous mon adverse partie.

L'INTIMÉ.

Parbleu! je me veux mettre aussi de la partie.

CHICANEAU, LA COMTESSE, L'INTIMÉ.

Monsieur, je viens ici pour un petit exploit.

CHICANEAU.

Hé! messieurs, tour à tour exposons notre droit.

LA COMTESSE.

Son droit? Tout ce qu'il dit sont autant d'impostures.

DANDIN.

Qu'est-ce qu'on vous a fait?

CHICANEAU, LA COMTESSE, L'INTIMÉ.

On m'a dit des injures.

L'INTIMÉ, continuant.

Outre un soufflet, monsieur, que j'ai reçu plus qu'eux.

CHICANEAU.

Monsieur, je suis cousin de l'un de vos neveux.

LA COMTESSE.

Monsieur, père Cordon vous dira mon affaire.

L'INTIMÉ.

Monsieur, je suis bâtard de votre apothicaire.

DANDIN.

Vos qualités?

LA COMTESSE.

Je suis comtesse.

LES PLAIDEURS.

L'INTIMÉ.

Huissier.

CHICANEAU.

Bourgeois.

Messieurs....

DANDIN, se retirant de la lucarne.

Parlez toujours, je vous entends tous trois.

CHICANEAU.

Monsieur....

L'INTIMÉ.

Bon! le voilà qui fausse compagnie.

LA COMTESSE.

Hélas!

CHICANEAU.

Hé quoi! déjà l'audience est finie ?
Je n'ai pas eu le temps de lui dire deux mots.

SCÈNE X.

LÉANDRE, SANS ROBE; CHICANEAU,
LA COMTESSE, L'INTIMÉ.

LÉANDRE.

Messieurs, voulez-vous bien nous laisser en repos ?

CHICANEAU.

Monsieur, peut-on entrer ?

LÉANDRE.

Non, monsieur, ou je meure.

ACTE II, SCÈNE X.

CHICANEAU.

Hé! pourquoi? j'aurai fait en une petite heure,
En deux heures au plus.

LÉANDRE.

On n'entre point, monsieur.

LA COMTESSE.

C'est bien fait de fermer la porte à ce crieur.
Mais moi....

LÉANDRE.

L'on n'entre point, madame, je vous jure.

LA COMTESSE.

Ho, monsieur, j'entrerai.

LÉANDRE.

Peut-être.

LA COMTESSE.

J'en suis sûre.

LÉANDRE.

Par la fenêtre donc?

LA COMTESSE.

Par la porte.

LÉANDRE.

Il faut voir.

CHICANEAU.

Quand je devrois ici demeurer jusqu'au soir.

SCÈNE XI.

LÉANDRE, CHICANEAU, LA COMTESSE, L'INTIMÉ, PETIT-JEAN.

PETIT-JEAN, à Léandre.

On ne l'entendra pas, quelque chose qu'il fasse.
Parbleu! je l'ai fourré dans notre salle basse,
Tout auprès de la cave.

LÉANDRE.

En un mot comme en cent,
On ne voit point mon père.

CHICANEAU.

Hé bien donc! si pourtant
Sur toute cette affaire il faut que je le voie....
(Dandin paroît par le soupirail.)
Mais que vois-je? Ah! c'est lui que le ciel nous renvoie!

LÉANDRE.

Quoi! par le soupirail!

PETIT-JEAN.

Il a le diable au corps.

CHICANEAU.

Monsieur....

DANDIN.

L'impertinent! Sans lui j'étois dehors.

CHICANEAU.

Monsieur....

ACTE II, SCÈNE XI.

DANDIN.
Retirez-vous, vous êtes une bête.

CHICANEAU.
Monsieur, voulez-vous bien....

DANDIN.
Vous me rompez la tête.

CHICANEAU.
Monsieur, j'ai commandé....

DANDIN.
Taisez-vous, vous dit-on.

CHICANEAU.
Que l'on portât chez vous....

DANDIN.
Qu'on le mène en prison.

CHICANEAU.
Certain quartaut de vin.

DANDIN.
Hé! je n'en ai que faire.

CHICANEAU.
C'est de très bon muscat.

DANDIN.
Redites votre affaire.

LÉANDRE, à l'Intimé.
Il faut les entourer ici de tous côtés.

LA COMTESSE.
Monsieur, il vous va dire autant de faussetés.

CHICANEAU.
Monsieur, je vous dis vrai.

DANDIN.

Mon dieu! laissez-la dire.

LA COMTESSE.

Monsieur, écoutez-moi.

DANDIN.

Souffrez que je respire.

CHICANEAU.

Monsieur....

DANDIN.

Vous m'étranglez.

LA COMTESSE.

Tournez les yeux vers moi.

DANDIN.

Elle m'étrangle. Ay! ay!

CHICANEAU.

Vous m'entraînez, ma foi!
Prenez garde; je tombe.

PETIT-JEAN.

Ils sont, sur ma parole,
L'un et l'autre encavés.

LÉANDRE.

Vite, que l'on y vole;
Courez à leur secours. Mais au moins je prétends
Que monsieur Chicaneau, puisqu'il est là-dedans,
N'en sorte d'aujourd'hui. L'Intimé, prends-y garde.

L'INTIMÉ.

Gardez le soupirail.

LÉANDRE.
Va vite, je le garde.

SCÈNE XII.

LA COMTESSE, LÉANDRE.

LA COMTESSE.

MISÉRABLE! il s'en va lui prévenir l'esprit.
(par le soupirail.)
Monsieur, ne croyez rien de tout ce qu'il vous dit;
Il n'a point de témoins, c'est un menteur.

LÉANDRE.

Madame,
Que leur contez-vous là? Peut-être ils rendent l'ame.

LA COMTESSE.

Il lui fera, monsieur, croire ce qu'il voudra.
Souffrez que j'entre.

LÉANDRE.

Oh non! personne n'entrera.

LA COMTESSE.

Je le vois bien, monsieur, le vin muscat opère
Aussi bien sur le fils que sur l'esprit du père.
Patience; je vais protester comme il faut
Contre monsieur le juge et contre le quartaut.

LÉANDRE.

Allez donc, et cessez de nous rompre la tête.
Que de fous! Je ne fus jamais à telle fête.

SCÈNE XIII.

DANDIN, LÉANDRE, L'INTIMÉ.

L'INTIMÉ.

Monsieur, où courez-vous? C'est vous mettre en danger,
Et vous boitez tout bas.

DANDIN.

Je veux aller juger.

LÉANDRE.

Comment, mon père! Allons, permettez qu'on vous panse.
Vite, un chirurgien.

DANDIN.

Qu'il vienne à l'audience.

LÉANDRE.

Hé! mon père! arrêtez....

DANDIN.

Oh! je vois ce que c'est :
Tu prétends faire ici de moi ce qui te plaît;
Tu ne gardes pour moi respect ni complaisance :
Je ne puis prononcer une seule sentence.
Achève, prends ce sac, prends vite.

LÉANDRE.

Hé! doucement,
Mon père. Il faut trouver quelque accommodement.

Si pour vous, sans juger, la vie est un supplice,
Si vous êtes pressé de rendre la justice,
Il ne faut point sortir pour cela de chez vous ;
Exercez le talent, et jugez parmi nous.

DANDIN.

Ne raillons point ici de la magistrature.
Vois-tu? je ne veux point être juge en peinture.

LÉANDRE.

Vous serez, au contraire, un juge sans appel,
Et juge du civil comme du criminel.
Vous pourrez tous les jours tenir deux audiences :

---

[1] Guêpes d'Aristophane, vers 773 :

Eh bien, mon père, puisque votre unique passion est de juger, cessez d'aller à la place publique, demeurez tranquillement dans votre maison, et prononcez sur les débats qui pourront s'élever entre vos domestiques.

PHILOCLÉON.

Tu badines. Quelles causes aurai-je à juger ?

BDÉLYCLÉON.

Vous en aurez autant qu'au barreau. Une servante, chargée de veiller sur votre maison, en a-t-elle imprudemment ouvert la porte ; vous la condamnez aussitôt pour ce délit à une dragme d'amende.

PHILOCLÉON.

. . . . Tu m'as persuadé ; mais tu as oublié de dire qui me paieroit mes honoraires.

BDÉLYCLÉON.

Je m'en charge : fiez-vous à moi.

Tout vous sera chez vous matière de sentences.
Un valet manque-t-il de rendre un verre net;
Condamnez-le à l'amende, ou, s'il le casse, au fouet.

DANDIN.

C'est quelque chose. Encor passe quand on raisonne.
Et mes vacations, qui les paîra? personne?

LÉANDRE.

Leurs gages vous tiendront lieu de nantissement.

DANDIN.

Il parle, ce me semble, assez pertinemment.

LÉANDRE.

Contre un de vos voisins....

SCÈNE XIV.

DANDIN, LÉANDRE, L'INTIMÉ, PETIT-JEAN.

PETIT-JEAN.

Arrête! arrête! attrape!

LÉANDRE, à l'Intimé.

Ah! c'est mon prisonnier, sans doute, qui s'échappe?

L'INTIMÉ.

Non, non, ne craignez rien.

ACTE II, SCÈNE XIV.

PETIT-JEAN.

Tout est perdu.... Citron,....[1]
Votre chien.... vient là-bas de manger un chapon.
Rien n'est sûr devant lui; ce qu'il trouve il l'emporte.

LÉANDRE.

Bon, voilà pour mon père une cause. Main forte.
Qu'on se mette après lui. Courez tous.

DANDIN.

Point de bruit,
Tout doux. Un amené sans scandale suffit.

LÉANDRE.

Çà, mon père, il faut faire un exemple authentique.
Jugez sévèrement ce voleur domestique.

DANDIN.

Mais je veux faire au moins la chose avec éclat.
Il faut de part et d'autre avoir un avocat.
Nous n'en avons pas un.

---

[1] Guêpes d'Aristophane, vers 843 :

Vengeance.,. vengeance. Pourquoi nourrissons-nous ce chien ?

BDÉLYCLÉON.

Que dis-tu ?

L'ESCLAVE.

Labès, votre chien, a mangé en secret un excellent fromage de Sicile.

BDÉLYCLÉON.

Bon. C'est le premier délit qui doit être déféré à mon père. Allons, forme ta plainte, et poursuis ta cause.

LÉANDRE.

Hé bien! il en faut faire.
Voilà votre portier et votre secrétaire;
Vous en ferez, je crois, d'excellents avocats :
Ils sont fort ignorants.

L'INTIMÉ.

Non pas, monsieur, non pas.
J'endormirai monsieur tout aussi bien qu'un autre.

PETIT-JEAN.

Pour moi, je ne sais rien; n'attendez rien du nôtre.

LÉANDRE.

C'est ta première cause, et l'on te la fera.

PETIT-JEAN.

Mais je ne sais pas lire.

LÉANDRE.

Hé! l'on te soufflera. *a*

---

a Racine a retranché les vers suivants:

PETIT-JEAN.

Je vous entends, oui. Mais, d'une première cause,
Monsieur, à l'avocat revient-il quelque chose?

LÉANDRE.

Ah, fi! garde-toi bien d'en vouloir rien toucher;
C'est la cause d'honneur, on l'achète bien cher.
On sème des billets par toute la famille;
Et le petit garçon, et la petite fille,
Oncle, tante, cousins, tout vient, jusques au chat,
Dormir au plaidoyer de monsieur l'avocat.

DANDIN.

Allons nous préparer, etc.

ACTE II, SCÈNE XIV.

DANDIN.

Allons nous préparer. Çà, messieurs, point d'intrigue.
Fermons l'œil aux présents, et l'oreille à la brigue.
Vous, maître Petit-Jean, serez le demandeur :
Vous, maître l'Intimé, soyez le défendeur.

FIN DU SECOND ACTE.

ACTE TROISIÈME.

SCÈNE I.

CHICANEAU, LÉANDRE, LE SOUFFLEUR.

CHICANEAU.

Oui, monsieur, c'est ainsi qu'ils ont conduit l'affaire;
L'huissier m'est inconnu, comme le commissaire.
Je ne mens pas d'un mot.

LÉANDRE.

Oui, je crois tout cela;
Mais, si vous m'en croyez, vous les laisserez là.
En vain vous prétendez les pousser l'un et l'autre;
Vous troublerez bien moins leur repos que le vôtre.
Les trois quarts de vos biens sont déjà dépensés
A faire enfler des sacs l'un sur l'autre entassés;
Et dans une poursuite à vous-même contraire.... *a*

a Racine a supprimé les vers suivants :

> Et dans une poursuite à vous-même funeste,
> Vous en voulez encore absorber tout le reste.
> Ne vaudroit-il pas mieux, sans soucis, sans chagrins,
> Et de vos revenus régalant vos voisins,
> Vivre en père jaloux du bien de sa famille,
> Pour en laisser un jour le fonds à votre fille,
> Que de nourrir un tas d'officiers affamés,
> Qui moissonnent les champs que vous avez semés;

ACTE III, SCÈNE I.

CHICANEAU.

Vraiment vous me donnez un conseil salutaire;
Et devant qu'il soit peu je veux en profiter :
Mais je vous prie au moins de bien solliciter.
Puisque monsieur Dandin va donner audience,
Je vais faire venir ma fille en diligence.
On peut l'interroger, elle est de bonne foi;
Et même elle saura mieux répondre que moi.

LÉANDRE.

Allez et revenez, l'on vous fera justice.

LE SOUFFLEUR.

Quel homme!

SCÈNE II.

LÉANDRE, LE SOUFFLEUR.

LÉANDRE.

Je me sers d'un étrange artifice :
Mais mon père est un homme à se désespérer;
Et d'une cause en l'air il le faut bien leurrer.

Dont la main toujours pleine, et toujours indigente,
S'engraisse impunément de vos chapons de rente?
Le beau plaisir d'aller, tout mourant de sommeil,
A la porte d'un juge attendre son réveil,
Et d'essuyer le vent qui vous souffle aux oreilles,
Tandis que monsieur dort, et cuve vos bouteilles!
Ou bien, si vous entrez, de passer tout un jour
A compter, en grondant, les carreaux de sa cour.
Hé, monsieur! croyez-moi, quittez cette misère.

CHICANEAU.

Vraiment vous me donnez, etc.

D'ailleurs, j'ai mon dessein, et je veux qu'il condamne
Ce fou qui réduit tout au pied de la chicane.
Mais voici tous nos gens qui marchent sur nos pas.

SCÈNE III.

DANDIN, LÉANDRE; L'INTIMÉ ET PETIT-JEAN
EN ROBE; LE SOUFFLEUR.

DANDIN.

Çà, qu'êtes-vous ici?

LÉANDRE.

Ce sont les avocats. [1]

---

[1] Dans Aristophane, c'est un chien de ville qui se charge d'accuser Labès, chien de campagne : il met dans cette accusation tout l'acharnement de la jalousie. Le malheureux Labès n'ayant point d'avocat, Bdélycléon, fils du juge, se charge de le défendre. Il paroît que le poëte grec a voulu, comme Racine, parodier les avocats de son temps. Leur principal défaut étoit de se servir de grands mots lorsqu'il ne s'agissoit que de petites choses. Quoiqu'on ne puisse aujourd'hui sentir tout le sel des plaisanteries d'Aristophane, on jugera facilement qu'il est très inférieur à Racine sous le rapport de la finesse et du comique.

Guêpes d'Aristophane, vers 1056 :

BDÉLYCLÉON.

Juge d'Athènes, c'est une chose difficile que de défendre un chien accusé d'un pareil crime. Je parlerai cependant : mon client est un chien honnête; il a toujours été funeste aux loups.

PHILOCLÉON.

Cependant c'est un voleur, on ne peut le nier.

ACTE III, SCÈNE III.

DANDIN, au Souffleur.

Vous?

LE SOUFFLEUR.

Je viens secourir leur mémoire troublée.

DANDIN.

Je vous entends. Et vous?

LÉANDRE.

Moi? Je suis l'assemblée.

DANDIN.

Commencez donc.

LE SOUFFLEUR.

Messieurs....

BDÉLYCLÉON.

Le fait n'est que trop prouvé; mais, de tous vos chiens, c'est le meilleur; il garde parfaitement vos troupeaux.

PHILOCLÉON.

A quoi lui servent toutes ces qualités, s'il mange les fromages?

BDÉLYCLÉON.

Mais il a combattu pour vous; il est le fidèle gardien de votre porte.

PHILOCLÉON.

Mais le vol qu'il vient de faire?

BDÉLYCLÉON.

Pardonnez-lui, mon père. Juge d'Athènes, ayez pitié d'un malheureux accablé de douleurs. Labès ne se nourrit que de plantes, et presque toujours des plus communes : il n'habite jamais constamment le même lieu. Son accusateur, au contraire, est un citadin qui ne quitte point la maison, qui prend sa part

PETIT-JEAN.

Ho! prenez-le plus bas :
Si vous soufflez si haut, l'on ne m'entendra pas.
Messieurs....

DANDIN.

Couvrez-vous.

PETIT-JEAN.

Oh! Mes....

DANDIN.

Couvrez-vous, vous dis-je.

PETIT-JEAN.

Oh! monsieur! je sais bien à quoi l'honneur m'oblige.

DANDIN.

Ne te couvre donc pas.

---

de tout ce qui s'y trouve, et qui est capable de porter la dent sur ce qu'on lui refuse.

PHILOCLÉON.

Défions-nous de cette défense; j'aperçois qu'on cherche à m'attendrir.

BDÉLYCLÉON.

Je vous en conjure, mon père, laissez-vous toucher : tempérez votre sévérité ordinaire. Où sont les fils de l'accusé? malheureux enfants, approchez de votre juge; que vos gémissements frappent ses oreilles ; montez auprès de lui, priez-le, et attendrissez-le par vos larmes.

PHILOCLÉON.

Faites-les descendre, etc.

ACTE III, SCÈNE III.

PETIT-JEAN.

(se couvrant.)   (au Souffleur.)
Messieurs.... Vous, doucement;
Ce que je sais le mieux, c'est mon commencement.
Messieurs, quand je regarde avec exactitude
L'inconstance du monde et sa vicissitude;
Lorsque je vois, parmi tant d'hommes différents,
Pas une étoile fixe, et tant d'astres errants;
Quand je vois les Césars, quand je vois leur fortune;
Quand je vois le soleil, et quand je vois la lune;
                    Babyloniens.
Quand je vois les états des Babiboniens
         Persans.   Macédoniens.
Transférés des Serpents aux Nacédoniens;
             Romains.   despotique.
Quand je vois les Lorrains, de l'état dépotique,
       démocratique.
Passer au démocrite, et puis au monarchique;
Quand je vois le Japon.....

L'INTIMÉ.

Quand aura-t-il tout vu?

PETIT-JEAN.

Oh! pourquoi celui-là m'a-t-il interrompu?
Je ne dirai plus rien.

DANDIN.

Avocat incommode,
Que ne lui laissez-vous finir sa période?

Je suois sang et eau, pour voir si du Japon
Il viendroit à bon port au fait de son chapon;
Et vous l'interrompez par un discours frivole.
Parlez donc, avocat.

PETIT-JEAN.

J'ai perdu la parole.

LÉANDRE.

Achève, Petit-Jean : c'est fort bien débuté.
Mais que font là tes bras pendants à ton côté?
Te voilà sur tes pieds droit comme une statue.
Dégourdis-toi. Courage; allons, qu'on s'évertue.

PETIT-JEAN, remuant les bras.

Quand... je vois... Quand... je vois...

LÉANDRE.

Dis donc ce que tu vois.

PETIT-JEAN.

Oh dame! on ne court pas deux lièvres à la fois.

LE SOUFFLEUR.

On lit....

PETIT-JEAN.

On lit....

LE SOUFFLEUR.

Dans la.....

PETIT-JEAN.

Dans la....

LE SOUFFLEUR.

Métamorphose...

ACTE III, SCÈNE III.

PETIT-JEAN.

Comment?

LE SOUFFLEUR.

Que la métem....

PETIT-JEAN.

Que la métem....

LE SOUFFLEUR.

Psycose...

PETIT-JEAN.

Psycose....

LE SOUFFLEUR.

Hé! le cheval!

PETIT-JEAN.

Et le cheval....

LE SOUFFLEUR.

Encor!

PETIT-JEAN.

Encor....

LE SOUFFLEUR.

Le chien!

PETIT-JEAN.

Le chien....

LE SOUFFLEUR.

Le butor!

PETIT-JEAN.

Le butor...

LE SOUFFLEUR.

Peste de l'avocat!

PETIT-JEAN.

Ah! peste de toi-même!
Voyez cet autre avec sa face de carême!
Va-t'en au diable.

DANDIN.

Et vous, venez au fait. Un mot
Du fait.

PETIT-JEAN.

Hé! faut-il tant tourner autour du pot?
Ils me font dire aussi des mots longs d'une toise,
De grands mots qui tiendroient d'ici jusqu'à Pontoise.
Pour moi, je ne sais point tant faire de façon
Pour dire qu'un mâtin vient de prendre un chapon.
Tant y a qu'il n'est rien que votre chien ne prenne;
Qu'il a mangé là-bas un bon chapon du Maine;
Que la première fois que je l'y trouverai,
Son procès est tout fait, et je l'assommerai.

LÉANDRE.

Belle conclusion, et digne de l'exorde!

PETIT-JEAN.

On l'entend bien toujours. Qui voudra mordre y morde.

DANDIN.

Appelez les témoins.

LÉANDRE.

C'est bien dit, s'il le peut :
Les témoins sont fort chers, et n'en a pas qui veut.

PETIT-JEAN.

Nous en avons pourtant, et qui sont sans reproche.

ACTE III, SCÈNE III.

DANDIN.

Faites-les donc venir.

PETIT-JEAN.

Je les ai dans ma poche.
Tenez, voilà la tête et les pieds du chapon ;
Voyez-les, et jugez.

L'INTIMÉ.

Je les récuse.

DANDIN.

Bon !
Pourquoi les récuser ?

L'INTIMÉ.

Monsieur, ils sont du Maine.

DANDIN.

Il est vrai que du Mans il en vient par douzaine.

L'INTIMÉ.

Messieurs....

DANDIN.

Serez-vous long, avocat ? dites-moi.

L'INTIMÉ.

Je ne réponds de rien.

DANDIN.

Il est de bonne foi.

L'INTIMÉ, d'un ton finissant en fausset.

Messieurs, tout ce qui peut étonner un coupable,
Tout ce que les mortels ont de plus redoutable,
Semble s'être assemblé contre nous par hasard,
Je veux dire la brigue et l'éloquence. Car,

D'un côté, le crédit du défunt m'épouvante;
Et de l'autre côté, l'éloquence éclatante
De maître Petit-Jean m'éblouit.

DANDIN.

Avocat,
De votre ton vous-même adoucissez l'éclat.

L'INTIMÉ.

(d'un ton ordinaire.)   (du beau ton.)
Oui-dà, j'en ai plusieurs. Mais quelque défiance
Que nous doive donner la susdite éloquence,
Et le susdit crédit; ce néanmoins, messieurs,
L'ancre de vos bontés nous rassure. D'ailleurs,
Devant le grand Dandin l'innocence est hardie;
Oui, devant ce Caton de basse Normandie,
Ce soleil d'équité qui n'est jamais terni :
VICTRIX CAUSA DIIS PLACUIT, SED VICTA CATONI.

DANDIN.

Vraiment, il plaide bien.

L'INTIMÉ.

Sans craindre aucune chose,
Je prends donc la parole, et je viens à ma cause.
Aristote, PRIMO PERI POLITICON,
Dit fort bien....

DANDIN.

Avocat, il s'agit d'un chapon,
Et non point d'Aristote et de sa politique.

L'INTIMÉ.

Oui, mais l'autorité du Péripatétique

Prouveroit que le bien et le mal....

DANDIN.

Je prétends
Qu'Aristote n'a point d'autorité céans.
Au fait.

L'INTIMÉ.

Pausanias, en ses Corinthiaques....

DANDIN.

Au fait.

L'INTIMÉ.

Rebuffe....

DANDIN.

Au fait, vous dis-je.

L'INTIMÉ.

Le grand Jacques....

DANDIN.

Au fait, au fait, au fait.

L'INTIMÉ.

Harmenopul, IN PROMPT....

DANDIN.

Oh! je te vais juger.

L'INTIMÉ.

Oh! vous êtes si prompt!
Voici le fait. (vite.) Un chien vient dans une cuisine,
Il y trouve un chapon, lequel a bonne mine.
Or celui pour lequel je parle est affamé,
Celui contre lequel je parle AUTEM plume;
Et celui pour lequel je suis prend en cachette

Celui contre lequel je parle. L'on décrète ;
On le prend. Avocat pour et contre appelé :
Jour pris. Je dois parler, je parle ; j'ai parlé.

DANDIN.

Ta, ta, ta, ta. Voilà bien instruire une affaire !
Il dit fort posément ce dont on n'a que faire,
Et court le grand galop quand il est à son fait.

L'INTIMÉ.

Mais le premier, monsieur, c'est le beau.

DANDIN.

C'est le laid.
A-t-on jamais plaidé d'une telle méthode ?
Mais qu'en dit l'assemblée ?

LÉANDRE.

Il est fort à la mode.

L'INTIMÉ, d'un ton véhément.

Qu'arrive-t-il, messieurs ? On vient. Comment vient-on ?
On poursuit ma partie. On force une maison.
Quelle maison ? maison de notre propre juge.
On brise le cellier qui nous sert de refuge.
De vol, de brigandage on nous déclare auteurs.
On nous traîne, on nous livre à nos accusateurs,
A maître Petit-Jean, messieurs. Je vous atteste :
Qui ne sait que la loi, SI QUIS CANIS, Digeste
DE VI, paragrapho, messieurs.... CAPONIBUS,
Est manifestement contraire à cet abus ?
Et quand il seroit vrai que Citron ma partie

Auroit mangé, messieurs, le tout, ou bien partie
Dudit chapon : qu'on mette en compensation
Ce que nous avons fait avant cette action.
Quand ma partie a-t-elle été réprimandée?
Par qui votre maison a-t-elle été gardée?
Quand avons-nous manqué d'aboyer au larron?
Témoins trois procureurs, dont icelui Citron
A déchiré la robe. On en verra les pièces.
Pour nous justifier, voulez-vous d'autres pièces?

PETIT-JEAN.

Maître Adam....

L'INTIMÉ.

Laissez-nous.

PETIT-JEAN.

L'Intimé....

L'INTIMÉ.

Laissez-nous.

PETIT-JEAN.

S'enroue.

L'INTIMÉ.

Hé! laissez-nous. Euh! euh!

DANDIN.

Reposez-vous,
Et concluez.

L'INTIMÉ, d'un ton pesant.

Puis donc qu'on nous permet de prendre
Haleine, et que l'on nous défend de nous étendre,
Je vais, sans rien omettre, et sans prévariquer,

Compendieusement énoncer, expliquer,
Exposer à vos yeux l'idée universelle
De ma cause, et des faits renfermés en icelle.

DANDIN.

Il auroit plutôt fait de dire tout vingt fois
Que de l'abréger une. Homme, ou, qui que tu sois,
Diable, conclus; ou bien que le ciel te confonde!

L'INTIMÉ.

Je finis.

DANDIN.

Ah!

L'INTIMÉ.

Avant la naissance du monde....

DANDIN, bâillant.

Avocat, ah! passons au déluge.

L'INTIMÉ.

Avant donc
La naissance du monde et sa création,
Le monde, l'univers, tout, la nature entière
Étoit ensevelie au fond de la matière.
Les éléments, le feu, l'air, et la terre, et l'eau,
Enfoncés, entassés, ne faisoient qu'un monceau,
Une confusion, une masse sans forme,
Un désordre, un chaos, une cohue énorme.
UNUS ERAT TOTO NATURÆ VULTUS IN ORBE,
QUEM GRÆCI DIXÊRE CHAOS, RUDIS INDIGESTAQUE MOLES.

(Dandin endormi se laisse tomber.)

ACTE III, SCÈNE III.

LÉANDRE.

Quelle chute! mon père!

PETIT-JEAN.

Ay, monsieur! comme il dort!

LÉANDRE.

Mon père, éveillez-vous.

PETIT-JEAN.

Monsieur, êtes-vous mort?

LÉANDRE.

Mon père!

DANDIN.

Hé bien? hé bien? quoi? qu'est-ce? Ah! ah! quel homme!
Certes, je n'ai jamais dormi d'un si bon somme.

LÉANDRE.

Mon père, il faut juger.

DANDIN.

Aux galères.

LÉANDRE.

Un chien

Aux galères!

DANDIN.

Ma foi! je n'y conçois plus rien.
De monde, de chaos, j'ai la tête troublée.
Hé! concluez.

L'INTIMÉ, lui présentant de petits chiens.

Venez, famille désolée;
Venez, pauvres enfants qu'on veut rendre orphelins,

Venez faire parler vos esprits enfantins.
Oui, messieurs, vous voyez ici notre misère :
Nous sommes orphelins, rendez-nous notre père,
Notre père, par qui nous fûmes engendrés,
Notre père, qui nous....

DANDIN.

Tirez, tirez, tirez.

L'INTIMÉ.

Notre père, messieurs....

DANDIN.

Tirez donc. Quels vacarmes !
Ils ont pissé par-tout.

L'INTIMÉ.

Monsieur, voyez nos larmes.

DANDIN.

Ouf. Je me sens déjà pris de compassion.
Ce que c'est qu'à propos toucher la passion !
Je suis bien empêché. La vérité me presse ;
Le crime est avéré ; lui-même il le confesse.
Mais, s'il est condamné, l'embarras est égal ;
Voilà bien des enfants réduits à l'hôpital.
Mais je suis occupé, je ne veux voir personne.

SCÈNE IV.

DANDIN, LÉANDRE, CHICANEAU, ISABELLE,
L'INTIMÉ, PETIT-JEAN.

CHICANEAU.

Monsieur....

DANDIN.

Oui, pour vous seuls l'audience se donne.
Adieu.... Mais, s'il vous plaît, quel est cet enfant-là?

CHICANEAU.

C'est ma fille, monsieur.

DANDIN.

Hé! tôt, rappelez-la.

ISABELLE.

Vous êtes occupé.

DANDIN.

Moi! je n'ai point d'affaire.
(à Chicaneau.)
Que ne me disiez-vous que vous étiez son père?

CHICANEAU.

Monsieur....

DANDIN.

Elle sait mieux votre affaire que vous.
Dites.... Qu'elle est jolie, et qu'elle a les yeux doux!
Ce n'est pas tout, ma fille, il faut de la sagesse.
Je suis tout réjoui de voir cette jeunesse.

Savez-vous que j'étois un compère autrefois ?
On a parlé de nous.

ISABELLE.

Ah ! monsieur, je vous crois.

DANDIN.

Dis-nous : à qui veux-tu faire perdre la cause ?

ISABELLE.

A personne.

DANDIN.

Pour toi je ferai toute chose.
Parle donc.

ISABELLE.

Je vous ai trop d'obligation.

DANDIN.

N'avez-vous jamais vu donner la question ? [1]

ISABELLE.

Non ; et ne le verrai, que je crois, de ma vie.

DANDIN.

Venez, je vous en veux faire passer l'envie.

ISABELLE.

Hé, monsieur ! peut-on voir souffrir des malheureux ?

---

[1] Ici Racine a servi de modèle à Molière. Dans le Malade Imaginaire, joué cinq ans après les Plaideurs, Thomas Diafoirus propose aussi à Angélique, comme une partie de plaisir, d'assister à une dissection. « Avec la permission de M. Argant, dit-il, je vous « invite, mademoiselle, à venir voir l'un de ces jours, pour vous « divertir, la dissection d'une femme sur quoi je dois raisonner. »

ACTE III, SCÈNE IV.

DANDIN.

Bon ! cela fait toujours passer une heure ou deux.

CHICANEAU.

Monsieur, je viens ici pour vous dire....

LÉANDRE.

Mon père,
Je vous vais en deux mots dire toute l'affaire.
C'est pour un mariage. Et vous saurez d'abord
Qu'il ne tient plus qu'à vous, et que tout est d'accord.
La fille le veut bien ; son amant le respire :
Ce que la fille veut, le père le désire.
C'est à vous de juger.

DANDIN, se rasseyant.

Mariez au plus tôt :
Dès demain, si l'on veut ; aujourd'hui, s'il le faut.

LÉANDRE.

Mademoiselle, allons, voilà votre beau-père ;
Saluez-le.

CHICANEAU.

Comment !

DANDIN.

Quel est donc ce mystère ?

LÉANDRE.

Ce que vous avez dit se fait de point en point.

DANDIN.

Puisque je l'ai jugé, je n'en reviendrai point.

CHICANEAU.

Mais on ne donne pas une fille sans elle.

LÉANDRE.

Sans doute, et j'en croirai la charmante Isabelle.

CHICANEAU.

Es-tu muette? Allons, c'est à toi de parler.
Parle.

ISABELLE.

Je n'ose pas, mon père, en appeler.

CHICANEAU.

Mais j'en appelle, moi.

LÉANDRE, *lui montrant un papier.*

Voyez cette écriture.
Vous n'appellerez pas de votre signature.

CHICANEAU.

Plaît-il?

DANDIN.

C'est un contrat en fort bonne façon.

CHICANEAU.

Je vois qu'on m'a surpris; mais j'en aurai raison :
De plus de vingt procès ceci sera la source.
On a la fille; soit : on n'aura pas la bourse.

LÉANDRE.

Hé, monsieur! qui vous dit qu'on vous demande rien?
Laissez-nous votre fille, et gardez votre bien.

CHICANEAU.

Ah!

LÉANDRE.

Mon père, êtes-vous content de l'audience?

DANDIN.

Oui-dà. Que les procès viennent en abondance,
Et je passe avec vous le reste de mes jours.
Mais que les avocats soient désormais plus courts.
Et notre criminel?

LÉANDRE.

Ne parlons que de joie;
Grace! grace! mon père.

DANDIN.

Hé bien, qu'on le renvoie.
C'est en votre faveur, ma bru, ce que j'en fais.
Allons nous délasser à voir d'autres procès.

FIN DES PLAIDEURS.

BRITANNICUS,

TRAGÉDIE.

1669.

A MONSEIGNEUR
LE DUC DE CHEVREUSE.

Monseigneur,

Vous serez peut-être étonné de voir votre nom à la tête de cet ouvrage; et si je vous avois demandé la permission de vous l'offrir, je doute si je l'aurois obtenue. Mais ce seroit être en quelque sorte ingrat que de cacher plus long-temps au monde les bontés dont vous m'avez toujours honoré. Quelle apparence qu'un homme qui ne travaille que pour la gloire se puisse taire d'une protection aussi glorieuse que la vôtre?

Non, Monseigneur, il m'est trop avantageux que l'on sache que mes amis même ne vous sont pas indifférents, que vous prenez part à tous mes ouvrages, et que vous m'avez procuré l'honneur de lire celui-ci devant un homme dont toutes les heures sont précieuses. Vous fûtes témoin avec quelle pénétration d'esprit il jugea de l'économie de la pièce, et combien l'idée qu'il s'est formée d'une excellente tragédie est au-delà de tout ce que j'en ai pu concevoir.

Ne craignez pas, Monseigneur, que je m'engage plus avant, et que, n'osant le louer en face, je m'adresse à vous pour le louer avec plus de liberté. Je sais qu'il seroit dangereux de le fatiguer de ses louanges; et j'ose dire que cette même modestie, qui vous est commune avec lui, n'est pas un des moindres liens qui vous attachent l'un à l'autre.

La modération n'est qu'une vertu ordinaire quand elle ne se rencontre qu'avec des qualités ordinaires. Mais qu'avec toutes les qualités et du cœur et de l'esprit, qu'avec un jugement qui, ce semble, ne devroit être le fruit que de l'expérience de plusieurs années, qu'avec mille belles connoissances que vous ne sauriez cacher à vos amis particuliers, vous ayez encore cette sage retenue que tout le monde admire en vous; c'est sans doute une vertu rare en un siècle où l'on fait vanité des moindres choses. Mais je me laisse emporter insensiblement à la tentation de parler de vous; il faut qu'elle soit bien violente, puisque je n'ai pu y résister dans une lettre où je n'avois autre dessein que de vous témoigner avec combien de respect je suis,

MONSEIGNEUR,

Votre très humble et très obéissant,
et très fidèle serviteur,
RACINE.

PREMIÈRE PRÉFACE.

De tous les ouvrages que j'ai donnés au public, il n'y en a point qui m'ait attiré plus d'applaudissements ni plus de censeurs que celui-ci. Quelque soin que j'aie pris pour travailler cette tragédie, il semble qu'autant que je me suis efforcé de la rendre bonne, autant de certaines gens se sont efforcés de la décrier ; il n'y a point de cabale qu'ils n'aient faite, point de critique dont ils ne se soient avisés. Il y en a qui ont pris même le parti de Néron contre moi ; ils ont dit que je le faisois trop cruel. Pour moi, je croyois que le nom seul de Néron faisoit entendre quelque chose de plus que cruel. Mais peut-être qu'ils raffinent sur son histoire, et veulent dire qu'il étoit honnête homme dans ses premières années : il ne faut qu'avoir lu Tacite, pour savoir que, s'il a été quelque temps un bon empereur, il a toujours été un très méchant homme. Il ne s'agit point, dans ma tragédie, des affaires du dehors ; Néron est ici dans son particulier et dans sa famille ; et ils me dispenseront de leur rapporter tous les passages qui pourroient aisément leur prouver que je n'ai point de réparation à lui faire.

D'autres ont dit, au contraire, que je l'avois fait trop bon. J'avoue que je ne m'étois pas formé l'idée d'un bon homme en la personne de Néron ; je l'ai toujours regardé

PREMIÈRE PRÉFACE.

comme un monstre. Mais c'est ici un monstre naissant. Il n'a pas encore mis le feu à Rome; il n'a pas encore tué sa mère, sa femme, ses gouverneurs : à cela près, il me semble qu'il lui échappe assez de cruautés pour empêcher que personne ne le méconnoisse.

Quelques uns ont pris l'intérêt de Narcisse, et se sont plaints que j'en eusse fait un très méchant homme, et le confident de Néron. Il suffit d'un passage pour leur répondre. Néron, dit Tacite, porta impatiemment la mort de Narcisse, parceque cet affranchi avoit une conformité merveilleuse avec les vices du prince encore cachés : *cujus abditis adhuc vitiis mirè congruebat.*

Les autres se sont scandalisés que j'eusse choisi un homme aussi jeune que Britannicus pour le héros d'une tragédie. Je leur ai déclaré, dans la préface d'Andromaque, le sentiment d'Aristote sur le héros de la tragédie; et que, bien loin d'être parfait, il faut toujours qu'il ait quelque imperfection. Mais je leur dirai encore ici qu'un jeune prince de dix-sept ans, qui a beaucoup de cœur, beaucoup d'amour, beaucoup de franchise et beaucoup de crédulité, qualités ordinaires d'un jeune homme, m'a semblé très capable d'exciter la compassion. Je n'en veux pas davantage.

Mais, disent-ils, ce prince n'entroit que dans sa quinzième année lorsqu'il mourut. On le fait vivre, lui et Narcisse, deux ans plus qu'ils n'ont vécu. Je n'aurois point parlé de cette objection, si elle n'avoit été faite avec chaleur par un homme qui s'est donné la liberté de faire régner vingt ans un empereur qui n'en a régné que huit, quoique ce changement soit bien plus considérable dans la chronologie, où l'on suppute les temps par les années des empereurs.

Junie ne manque pas non plus de censeurs. Ils disent que d'une vieille coquette, nommée Junia Silana, j'en ai fait une jeune fille très sage. Qu'auroient-ils à me répondre, si je leur disois que cette Junie est un personnage inventé, comme l'Emilie de Cinna, comme la Sabine d'Horace? Mais j'ai à leur dire que s'ils avoient bien lu l'histoire, ils auroient trouvé une Junia Calvina, de la famille d'Auguste, sœur de Silanus, à qui Claudius avoit promis Octavie. Cette Junie étoit jeune, belle, et, comme dit Sénèque, FESTIVISSIMA OMNIUM PUELLARUM. Elle aimoit tendrement son frère; « et leurs ennemis, dit Tacite, les accusèrent tous deux d'inceste, quoiqu'ils ne fussent coupables que d'un peu d'indiscrétion. » Si je la présente plus retenue qu'elle n'étoit, je n'ai pas ouï dire qu'il nous fût défendu de rectifier les mœurs d'un personnage, sur-tout lorsqu'il n'est pas connu.

L'on trouve étrange qu'elle paroisse sur le théâtre après la mort de Britannicus. Certainement la délicatesse est grande de ne pas vouloir qu'elle dise en quatre vers assez touchants qu'elle passe chez Octavie. Mais, disent-ils, cela ne valoit pas la peine de la faire revenir, un autre l'auroit pu raconter pour elle. Ils ne savent pas qu'une des règles du théâtre est de ne mettre en récit que les choses qui ne se peuvent passer en action, et que tous les anciens font venir souvent sur la scène des acteurs qui n'ont autre chose à dire, sinon qu'ils viennent d'un endroit, et qu'ils s'en retournent en un autre.

Tout cela est inutile, disent mes censeurs; la pièce est finie au récit de la mort de Britannicus, et l'on ne devroit point écouter le reste. On l'écoute pourtant, et même avec autant d'attention qu'aucune fin de tragédie. Pour moi, j'ai toujours compris que la tragédie étant l'imitation d'une action complète, où plusieurs personnes concourent, cette action n'est point finie, que l'on ne sache en quelle situation elle laisse ces mêmes personnes. C'est ainsi que Sophocle en use presque par-tout : c'est ainsi que dans l'Antigone il emploie autant de vers à représenter la fureur d'Hémon et la punition de Créon après la mort de cette princesse, que j'en ai employé aux imprécations d'Agrippine, à la retraite de Junie, à la punition de Narcisse, et au désespoir de Néron, après la mort de Britannicus.

Que faudroit-il faire pour contenter des juges si difficiles? la chose seroit aisée, pour peu qu'on voulût trahir le bon sens. Il ne faudroit que s'écarter du naturel pour se jeter dans l'extraordinaire. Au lieu d'une action simple, chargée de peu de matière, telle que doit être une action qui se passe en un seul jour, et qui, s'avançant par degrés vers sa fin, n'est soutenue que par les intérêts, les sentiments et les passions des personnages; il faudroit remplir cette même action de quantité d'incidents, qui ne se pour-

roient passer qu'en un mois, d'un grand nombre de jeux
de théâtre d'autant plus surprenants qu'ils seroient moins
vraisemblables, d'une infinité de déclarations où l'on feroit dire aux acteurs tout le contraire de ce qu'ils devroient dire. Il faudroit, par exemple, représenter quelque
héros ivre, qui se voudroit faire haïr de sa maîtresse de
gaieté de cœur, un Lacédémonien grand parleur [1], un
conquérant qui ne débiteroit que des maximes d'amour [2],
une femme [3] qui donneroit des leçons de fierté à des conquérants. Voilà sans doute de quoi faire récrier tous ces
messieurs. Mais que diroit cependant le petit nombre de
gens sages auxquels je m'efforce de plaire? De quel front
oserois-je me montrer, pour ainsi dire, aux yeux de ces
grands hommes de l'antiquité que j'ai choisis pour modèles? Car, pour me servir de la pensée d'un ancien, voilà
les véritables spectateurs que nous devons nous proposer;
et nous devons sans cesse nous demander : Que diroient
Homère et Virgile s'ils lisoient ces vers? que diroit Sophocle, s'il voyoit représenter cette scène? Quoi qu'il en
soit, je n'ai point prétendu empêcher qu'on ne parlât
contre mes ouvrages; je l'aurois prétendu inutilement.
Quid de te alii loquantur ipsi videant, dit Cicéron,
sed loquentur tamen.

Je prie seulement le lecteur de me pardonner cette pe-

---

[1] Lysander dans l'Agésilas de Corneille, et Agésilas lui-même.
[2] César dans la mort de Pompée, et Pompée dans Sertorius.
[3] Viriate dans Sertorius, et Cornélie dans la Mort de Pompée.

tite préface, que j'ai faite pour lui rendre raison de ma tragédie. Il n'y a rien de plus naturel que de se défendre, quand on se croit injustement attaqué. Je vois que Térence même semble n'avoir fait de prologues que pour se justifier contre les critiques d'un vieux poëte mal intentionné, *malevoli veteris poëtæ*, et qui venoit briguer des voix contre lui jusqu'aux heures où l'on représentoit ses comédies.

Occepta est agi :
Exclamat, etc.

On me pouvoit faire une difficulté qu'on ne m'a point faite. Mais ce qui est échappé aux spectateurs pourra être remarqué par les lecteurs. C'est que je fais entrer Junie dans les vestales, où, selon Aulu-Gelle, on ne recevoit personne au-dessous de six ans, ni au-dessus de dix. Mais le peuple prend ici Junie sous sa protection; et j'ai cru qu'en considération de sa naissance, de sa vertu et de son malheur, il pouvoit la dispenser de l'âge prescrit par les lois, comme il a dispensé de l'âge pour le consulat tant de grands hommes qui avoient mérité ce privilège.

Enfin, je suis très persuadé qu'on me peut faire bien d'autres critiques, sur lesquelles je n'aurois d'autre parti à prendre que celui d'en profiter à l'avenir. Mais je plains fort le malheur d'un homme qui travaille pour le public. Ceux qui voient le mieux nos défauts sont ceux qui les dissimulent le plus volontiers; ils nous pardonnent les endroits qui leur ont déplu, en faveur de ceux qui leur ont donné du plaisir. Il n'y a rien, au contraire, de plus injuste qu'un ignorant; il croit toujours que l'admiration est le partage des gens qui ne savent rien; il condamne toute une pièce pour une scène qu'il n'approuve pas; il s'attaque même aux endroits les plus éclatants, pour faire croire qu'il a de l'esprit; et pour peu que nous résistions à ses sentiments, il nous traite de présomptueux qui ne veulent croire personne, et ne songe pas qu'il tire quelquefois plus de vanité d'une critique fort mauvaise, que nous n'en tirons d'une assez bonne pièce de théâtre.

Homine imperito nunquàm quidquam injustius.

SECONDE PRÉFACE.

Voici celle de mes tragédies que je puis dire que j'ai le plus travaillée. Cependant j'avoue que le succès ne répondit pas d'abord à mes espérances : à peine elle parut sur le théâtre, qu'il s'éleva quantité de critiques qui sembloient la devoir détruire. Je crus moi-même que sa destinée seroit à l'avenir moins heureuse que celle de mes autres tragédies. Mais enfin il est arrivé de cette pièce ce qui arrivera toujours des ouvrages qui auront quelque bonté; les critiques se sont évanouies; la pièce est demeurée. C'est maintenant celle des miennes que la cour et le public revoient le plus volontiers; et si j'ai fait quelque chose de solide et qui mérite quelque louange, la plupart des connoisseurs demeurent d'accord que c'est ce même Britannicus.

A la vérité j'avois travaillé sur des modèles qui m'avoient extrêmement soutenu dans la peinture que je voulois faire de la cour d'Agrippine et de Néron. J'avois copié mes personnages d'après le plus grand peintre de l'antiquité, je veux dire d'après Tacite; et j'étois alors si rempli de la lecture de cet excellent historien, qu'il n'y a presque pas un trait éclatant dans ma tragédie dont il ne m'ait donné l'idée. J'avois voulu mettre dans ce recueil un extrait des plus beaux endroits que j'ai tâché d'imiter; mais j'ai trouvé que cet extrait tiendroit presque autant de place que la tragédie. Ainsi le lecteur trouvera bon que je le renvoie à cet auteur, qui aussi-bien est entre les mains de tout le monde ; et je me contenterai de rapporter ici quelques-uns de ses passages sur chacun des personnages que j'introduis sur la scène.

Pour commencer par Néron, il faut se souvenir qu'il est ici dans les premières années de son règne, qui ont été heureuses, comme l'on sait. Ainsi il ne m'a pas été permis de le représenter aussi méchant qu'il a été depuis. Je ne le représente pas non plus comme un homme vertueux ; car il ne l'a jamais été. Il n'a pas encore tué sa mère, sa femme, ses gouverneurs ; mais il a en lui les semences de tous ces crimes ; il commence à vouloir secouer le joug. Il les hait les uns et les autres ; il leur cache sa haine sous de fausses caresses, *factus naturâ velare odium fallacibus blanditiis*. En un mot, c'est ici un monstre naissant, mais qui n'ose encore se déclarer, et qui cherche des couleurs à ses méchantes actions ; *hactenùs Nero flagitiis et sceleribus velamenta quæsivit*. Il ne pouvoit souffrir Octavie, princesse d'une bonté et d'une vertu exemplaires, *fato quodam, an quia prævalent illicita. Metuebaturque ne in stupra feminarum illustrium prorumperet*.

Je lui donne Narcisse pour confident. J'ai suivi en cela Tacite, qui dit que Néron porta impatiemment la mort de Narcisse, parceque cet affranchi avoit une conformité merveilleuse avec les vices du prince encore cachés ; *cujus abditis adhuc vitiis mirè congruebat.* Ce passage prouve deux choses : il prouve, et que Néron étoit déjà vicieux, mais qu'il dissimuloit ses vices; et que Narcisse l'entretenoit dans ses mauvaises inclinations.

J'ai choisi Burrhus pour opposer un honnête homme à cette peste de cour; et je l'ai choisi plutôt que Sénèque : en voici la raison. Ils étoient tous deux gouverneurs de la jeunesse de Néron, l'un pour les armes, l'autre pour les lettres; et ils étoient fameux, Burrhus pour son expérience dans les armes et pour la sévérité de ses mœurs, *militaribus curis et severitate morum;* Sénèque pour son éloquence et le tour agréable de son esprit, *Seneca præceptis eloquentiæ et comitate honestâ.* Burrhus, après sa mort, fut extrêmement regretté à cause de sa vertu : *civitati grande desiderium ejus mansit per memoriam virtutis.*

Toute leur peine étoit de résister à l'orgueil et à la férocité d'Agrippine, *quæ cunctis malæ dominationis cupidinibus flagrans, habebat in partibus Pallantem.* Je ne dis que ce mot d'Agrippine, car il y auroit trop de choses à en dire. C'est elle que je me suis sur-tout efforcé de bien exprimer; et ma tragédie n'est pas moins la disgrace d'Agrippine que la mort de Britannicus. « Cette mort fut un coup de foudre pour elle; et il parut, dit Tacite, par sa frayeur et par sa consternation, qu'elle étoit aussi innocente de cette mort qu'Octavie. Agrippine perdoit en lui sa dernière espérance, et ce crime lui en faisoit craindre un plus grand. » *Sibi supremum auxilium ereptum, et parricidii exemplum intelligebat.*

L'âge de Britannicus étoit si connu, qu'il ne m'a pas été permis de le représenter autrement que comme un jeune prince qui avoit beaucoup de cœur, beaucoup d'amour et beaucoup de franchise, qualités ordinaires d'un jeune homme. Il avoit quinze ans; et on dit qu'il avoit beaucoup d'esprit, soit qu'on dise vrai, ou que ses malheurs aient fait croire cela de lui, sans qu'il ait pu en donner des marques : *Neque segnem ei fuisse indolem ferunt, sive verum, seu periculis commendatus retinuit famam sine experimento.*

Il ne faut pas s'étonner s'il n'a auprès de lui qu'un aussi méchant homme que Narcisse; car il y avoit long-temps qu'on avoit donné ordre qu'il n'y eût auprès de Britannicus que des gens qui n'eussent ni foi ni honneur : *Nam ut proximus quisque Britannico neque fas neque fidem pensi haberet, olim provisum erat.*

Il me reste à parler de Junie. Il ne la faut pas confondre avec une vieille coquette qui s'appeloit Junia Silana. C'est ici une autre Junie que Tacite appelle Junia Calvina, de la famille d'Auguste, sœur de Silanus, à qui Claudius avoit promis Octavie. Cette Junie étoit jeune, belle, et, comme dit Sénèque, *festivissima omnium puellarum.* Son frère et elle s'aimoient tendrement; et leurs ennemis, dit Tacite, les accusèrent tous deux d'inceste, quoiqu'ils ne fussent coupables que d'un peu d'indiscrétion. Elle vécut jusqu'au règne de Vespasien.

Je la fais entrer dans les vestales, quoique, selon Aulu-Gelle, on n'y reçût jamais personne au-dessous de six ans, ni au-dessus de dix. Mais le peuple prend ici Junie sous sa protection; et j'ai cru qu'en considération de sa naissance, de sa vertu et de son malheur, il pouvoit la dispenser de l'âge prescrit par les lois, comme il a dispensé de l'âge pour le consulat tant de grands hommes qui avoient mérité ce privilège.

PERSONNAGES.

NÉRON, empereur, fils d'Agrippine.
BRITANNICUS, fils de Messaline et de l'empereur Claudius.
AGRIPPINE, veuve de Domitius Enobarbus père de Néron, et en secondes noces veuve de l'empereur Claudius.
JUNIE, amante de Britannicus.
BURRHUS, gouverneur de Néron.
NARCISSE, gouverneur de Britannicus.
ALBINE, confidente d'Agrippine.
GARDES.

La scène est à Rome, dans une chambre du palais de Néron.

BRITANNICUS.

ACTE PREMIER.

SCÈNE I.

AGRIPPINE, ALBINE.

ALBINE.

Quoi! tandis que Néron s'abandonne au sommeil,
Faut-il que vous veniez attendre son réveil?
Qu'errant dans le palais, sans suite et sans escorte,
La mère de César veille seule à sa porte?
Madame, retournez dans votre appartement.

AGRIPPINE.

Albine, il ne faut pas s'éloigner un moment.
Je veux l'attendre ici : les chagrins qu'il me cause
M'occuperont assez tout le temps qu'il repose.
Tout ce que j'ai prédit n'est que trop assuré ;
Contre Britannicus Néron s'est déclaré.
L'impatient Néron cesse de se contraindre ;
Las de se faire aimer, il veut se faire craindre.
Britannicus le gêne, Albine ; et chaque jour
Je sens que je deviens importune à mon tour.

ALBINE.

Quoi! vous à qui Néron doit le jour qu'il respire;
Qui l'avez appelé de si loin à l'empire?
Vous qui, déshéritant le fils de Claudius,
Avez nommé César l'heureux Domitius?
Tout lui parle, madame, en faveur d'Agrippine :
Il vous doit son amour.

AGRIPPINE.

Il me le doit, Albine :
Tout, s'il est généreux, lui prescrit cette loi;
Mais tout, s'il est ingrat, lui parle contre moi.

ALBINE.

S'il est ingrat, madame? Ah! toute sa conduite
Marque dans son devoir une ame trop instruite.
Depuis trois ans entiers, qu'a-t-il dit, qu'a-t-il fait
Qui ne promette à Rome un empereur parfait?
Rome, depuis trois ans par ses soins gouvernée,
Au temps de ses consuls croit être retournée :
Il la gouverne en père. Enfin, Néron naissant
A toutes les vertus d'Auguste vieillissant.

AGRIPPINE.

Non, non, mon intérêt ne me rend point injuste.
Il commence, il est vrai, par où finit Auguste;
Mais crains que, l'avenir détruisant le passé,
Il ne finisse ainsi qu'Auguste a commencé.
Il se déguise en vain : je lis sur son visage
Des fiers Domitius l'humeur triste et sauvage :

ACTE I, SCÈNE I.

Il mêle avec l'orgueil qu'il a pris dans leur sang
La fierté des Nérons qu'il puisa dans mon flanc.
Toujours la tyrannie a d'heureuses prémices :
De Rome, pour un temps, Caïus fut les délices ;
Mais, sa feinte bonté se tournant en fureur,
Les délices de Rome en devinrent l'horreur.
Que m'importe, après tout, que Néron plus fidèle
D'une longue vertu laisse un jour le modèle ?
Ai-je mis dans sa main le timon de l'état
Pour le conduire au gré du peuple et du sénat ?
Ah ! que de la patrie il soit, s'il veut, le père :
Mais qu'il songe un peu plus qu'Agrippine est sa mère.
De quel nom cependant pouvons-nous appeler
L'attentat que le jour vient de nous révéler ?
Il sait, car leur amour ne peut être ignorée,
Que de Britannicus Junie est adorée :
Et ce même Néron, que la vertu conduit,
Fait enlever Junie au milieu de la nuit !
Que veut-il ? Est-ce haine, est-ce amour qui l'inspire ?
Cherche-t-il seulement le plaisir de leur nuire ?
Ou plutôt n'est-ce point que sa malignité
Punit sur eux l'appui que je leur ai prêté ?

ALBINE.

Vous leur appui, madame ?

AGRIPPINE.

Arrête, chère Albine.
Je sais que j'ai moi seule avancé leur ruine ;
Que du trône, où le sang l'a dû faire monter,

Britannicus par moi s'est vu précipiter.
Par moi seule éloigné de l'hymen d'Octavie,
Le frère de Junie abandonna la vie;
Silanus, sur qui Claude avoit jeté les yeux,
Et qui comptoit Auguste au rang de ses aïeux,
Néron jouit de tout : et moi, pour récompense,
Il faut qu'entre eux et lui je tienne la balance,
Afin que quelque jour par une même loi
Britannicus la tienne entre mon fils et moi.

ALBINE.

Quel dessein !

AGRIPPINE.

Je m'assure un port dans la tempête.
Néron m'échappera, si ce frein ne l'arrête.

ALBINE.

Mais prendre contre un fils tant de soins superflus ?

AGRIPPINE.

Je le craindrois bientôt s'il ne me craignoit plus.

ALBINE.

Une injuste frayeur vous alarme peut-être.
Mais si Néron pour vous n'est plus ce qu'il doit être,
Du moins son changement ne vient pas jusqu'à nous ;
Et ce sont des secrets entre César et vous.
Quelques titres nouveaux que Rome lui défère,
Néron n'en reçoit point qu'il ne donne à sa mère.
Sa prodigue amitié ne se réserve rien :
Votre nom est dans Rome aussi saint que le sien ;

ACTE I, SCÈNE I.

A peine parle-t-on de la triste Octavie.
Auguste votre aïeul honora moins Livie :
Néron devant sa mère a permis le premier
Qu'on portât des faisceaux couronnés de laurier.
Quels effets voulez-vous de sa reconnoissance ?

AGRIPPINE.

Un peu moins de respect, et plus de confiance.
Tous ces présents, Albine, irritent mon dépit :
Je vois mes honneurs croître, et tomber mon crédit.
Non, non, le temps n'est plus que Néron jeune encore
Me renvoyoit les vœux d'une cour qui l'adore ;
Lorsqu'il se reposoit sur moi de tout l'état ;
Que mon ordre au palais assembloit le sénat ;
Et que derrière un voile, invisible et présente,
J'étois de ce grand corps l'ame toute-puissante.
Des volontés de Rome alors mal assuré
Néron de sa grandeur n'étoit point enivré.
Ce jour, ce triste jour, frappe encor ma mémoire, [1]

---

[1] Annales de Tacite, livre XIII, chap. v :

« Qui (patres) in palatium ob id vocabantur, ut adstaret
« abditis à tergo foribus velo discreta, quod visum arceret,
« auditus non adimeret. Quin et legatis Armeniorum, causam
« gentis apud Neronem orantibus, ascendere suggestum impe-
« ratoris et præsidere simul parabat; nisi, cæteris pavore defixis,
« Seneca admonuisset venienti matri occurreret. Ita specie pie-
« tatis obviàm itum dedecori. »

Les sénateurs s'assembloient au palais du prince, afin qu'A-
grippine, placée derrière lui dans l'embrasure d'une porte se-

Où Néron fut lui-même ébloui de sa gloire,
Quand les ambassadeurs de tant de rois divers
Vinrent le reconnoître au nom de l'univers.
Sur son trône avec lui j'allois prendre ma place :
J'ignore quel conseil prépara ma disgrace;
Quoi qu'il en soit, Néron, d'aussi loin qu'il me vit,
Laissa sur son visage éclater son dépit.
Mon cœur même en conçut un malheureux augure.
L'ingrat, d'un faux respect colorant son injure,
Se leva par avance, et courant m'embrasser,
Il m'écarta du trône où je m'allois placer.
Depuis ce coup fatal le pouvoir d'Agrippine
Vers sa chute à grands pas chaque jour s'achemine.
L'ombre seule m'en reste, et l'on n'implore plus
Que le nom de Sénèque et l'appui de Burrhus.

ALBINE.

Ah! si de ce soupçon votre ame est prévenue,
Pourquoi nourrissez-vous le venin qui vous tue?
Allez avec César vous éclaircir du moins. *a*

---

crète, et couverte d'un voile, sans être vue, pût tout entendre. Il arriva même que les ambassadeurs d'Arménie venant plaider devant Néron la cause de leur nation, Agrippine voulut monter au tribunal de l'empereur et s'asseoir à côté de lui. Tout le monde étoit glacé de crainte, lorsque Sénèque suggéra au prince d'aller au-devant de sa mère. Par cette apparence de piété filiale on sauva l'honneur du trône.

a Daignez avec Cesar vous éclaircir du moins.

ACTE I, SCÈNE I.

AGRIPPINE.

César ne me voit plus, Albine, sans témoins :
En public, à mon heure, on me donne audience.
Sa réponse est dictée, et même son silence.
Je vois deux surveillants, ses maîtres et les miens,
Présider l'un ou l'autre à tous nos entretiens.
Mais je le poursuivrai d'autant plus qu'il m'évite :
De son désordre, Albine, il faut que je profite.
J'entends du bruit; on ouvre. Allons subitement
Lui demander raison de cet enlèvement :
Surprenons, s'il se peut, les secrets de son ame.
Mais quoi! déjà Burrhus sort de chez lui!

SCÈNE II.

AGRIPPINE, BURRHUS, ALBINE.

BURRHUS.

MADAME,
Au nom de l'empereur j'allois vous informer
D'un ordre qui d'abord a pu vous alarmer,
Mais qui n'est que l'effet d'une sage conduite,
Dont César a voulu que vous soyez instruite.

AGRIPPINE.

Puisqu'il le veut, entrons; il m'en instruira mieux.

BURRHUS.

César pour quelque temps s'est soustrait à nos yeux.
Déjà par une porte au public moins connue

L'un et l'autre consul vous avoient prévenue,
Madame. Mais souffrez que je retourne exprès....

AGRIPPINE.

Non, je ne trouble point ses augustes secrets.
Cependant voulez-vous qu'avec moins de contrainte
L'un et l'autre une fois nous nous parlions sans feinte?

BURRHUS.

Burrhus pour le mensonge eut toujours trop d'horreur.

AGRIPPINE.

Prétendez-vous long-temps me cacher l'empereur?
Ne le verrai-je plus qu'à titre d'importune?
Ai-je donc élevé si haut votre fortune
Pour mettre une barrière entre mon fils et moi?
Ne l'osez-vous laisser un moment sur sa foi?
Entre Sénèque et vous disputez-vous la gloire
A qui m'effacera plus tôt de sa mémoire?
Vous l'ai-je confié pour en faire un ingrat,
Pour être, sous son nom, les maîtres de l'état?
Certes, plus je médite, et moins je me figure
Que vous m'osiez compter pour votre créature;
Vous, dont j'ai pu laisser vieillir l'ambition
Dans les honneurs obscurs de quelque légion;
Et moi, qui sur le trône ai suivi mes ancêtres,
Moi, fille, femme, sœur, et mère de vos maîtres.... [1]

---

[1] Tacite donne tous ces titres à Agrippine, à l'occasion d'une cérémonie où elle parut dans un char réservé aux vestales et aux

Que prétendez-vous donc? Pensez-vous que ma voix
Ait fait un empereur pour m'en imposer trois?
Néron n'est plus enfant : n'est-il pas temps qu'il règne?
Jusqu'à quand voulez-vous que l'empereur vous craigne?
Ne sauroit-il rien voir qu'il n'emprunte vos yeux?
Pour se conduire enfin n'a-t-il pas ses aïeux?
Qu'il choisisse, s'il veut, d'Auguste ou de Tibère;
Qu'il imite, s'il peut, Germanicus mon père.
Parmi tant de héros je n'ose me placer;
Mais il est des vertus que je lui puis tracer :
Je puis l'instruire au moins combien sa confidence
Entre un sujet et lui doit laisser de distance.

BURRHUS.

Je ne m'étois chargé dans cette occasion
Que d'excuser César d'une seule action :
Mais puisque, sans vouloir que je le justifie,
Vous me rendez garant du reste de sa vie,
Je répondrai, madame, avec la liberté
D'un soldat qui sait mal farder la vérité.
  Vous m'avez de César confié la jeunesse;
Je l'avoue, et je dois m'en souvenir sans cesse.

---

statues des dieux : « Suum quoque fastigium Agrippina extollere
« altiùs : carpento Capitolium ingredi, qui mos sacerdotibus,
« et sacris antiquitus concessus, venerationem augebat feminæ,
« quam imperatore genitam, sororem ejus qui rerum potitus sit,
« et conjugem, et matrem fuisse, unicum ad hunc diem exem-
« plum est. »
                              Annal. lib. XII, cap. xlij.

Mais vous avois-je fait serment de le trahir,
D'en faire un empereur qui ne sût qu'obéir?
Non. Ce n'est plus à vous qu'il faut que j'en réponde;
Ce n'est plus votre fils, c'est le maître du monde.
J'en dois compte, madame, à l'empire romain,
Qui croit voir son salut ou sa perte en ma main.
Ah! si dans l'ignorance il le falloit instruire,
N'avoit-on que Sénèque et moi pour le séduire?
Pourquoi de sa conduite éloigner les flatteurs?
Falloit-il dans l'exil chercher des corrupteurs?
La cour de Claudius, en esclaves fertile,
Pour deux que l'on cherchoit en eût présenté mille,
Qui tous auroient brigué l'honneur de l'avilir:
Dans une longue enfance ils l'auroient fait vieillir.
De quoi vous plaignez-vous, madame? On vous révère:
Ainsi que par César, on jure par sa mère.
L'empereur, il est vrai, ne vient plus chaque jour
Mettre à vos pieds l'empire, et grossir votre cour:
Mais le doit-il, madame? et sa reconnoissance
Ne peut-elle éclater que dans sa dépendance?
Toujours humble, toujours le timide Néron
N'ose-t-il être Auguste et César que de nom?
Vous le dirai-je enfin? Rome le justifie.
Rome, à trois affranchis si long-temps asservie,
A peine respirant du joug qu'elle a porté,
Du règne de Néron compte sa liberté.
Que dis-je? la vertu semble même renaître.
Tout l'empire n'est plus la dépouille d'un maître:

Le peuple au champ de Mars nomme ses magistrats :
César nomme les chefs sur la foi des soldats :
Thraséas au sénat, Corbulon dans l'armée,
Sont encore innocents, malgré leur renommée :
Les déserts, autrefois peuplés de sénateurs,
Ne sont plus habités que par leurs délateurs.
Qu'importe que César continue à nous croire,
Pourvu que nos conseils ne tendent qu'à sa gloire;
Pourvu que dans le cours d'un règne florissant
Rome soit toujours libre, et César tout-puissant?
Mais, madame, Néron suffit pour se conduire.
J'obéis, sans prétendre à l'honneur de l'instruire.
Sur ses aïeux, sans doute, il n'a qu'à se régler;
Pour bien faire, Néron n'a qu'à se ressembler.
Heureux si ses vertus l'une à l'autre enchaînées
Ramènent tous les ans ses premières années!

AGRIPPINE.

Ainsi, sur l'avenir n'osant vous assurer,
Vous croyez que sans vous Néron va s'égarer.
Mais vous, qui jusqu'ici content de votre ouvrage
Venez de ses vertus nous rendre témoignage,
Expliquez-nous pourquoi, devenu ravisseur,
Néron de Silanus fait enlever la sœur?
Ne tient-il qu'à marquer de cette ignominie
Le sang de mes aïeux qui brille dans Junie?
De quoi l'accuse-t-il? et par quel attentat
Devient-elle en un jour criminelle d'état;
Elle qui, sans orgueil jusqu'alors élevée,

N'auroit point vu Néron, s'il ne l'eût enlevée,
Et qui même auroit mis au rang de ses bienfaits
L'heureuse liberté de ne le voir jamais?

BURRHUS.

Je sais que d'aucun crime elle n'est soupçonnée.
Mais jusqu'ici César ne l'a point condamnée,
Madame : aucun objet ne blesse ici ses yeux;
Elle est dans un palais tout plein de ses aïeux.
Vous savez que les droits qu'elle porte avec elle
Peuvent de son époux faire un prince rebelle;
Que le sang de César ne se doit allier
Qu'à ceux à qui César le veut bien confier :
Et vous-même avoûrez qu'il ne seroit pas juste
Qu'on disposât sans lui de la nièce d'Auguste.

AGRIPPINE.

Je vous entends : Néron m'apprend par votre voix
Qu'en vain Britannicus s'assure sur mon choix.
En vain, pour détourner ses yeux de sa misère,
J'ai flatté son amour d'un hymen qu'il espère :
A ma confusion, Néron veut faire voir
Qu'Agrippine promet par-delà son pouvoir.
Rome de ma faveur est trop préoccupée;
Il veut par cet affront qu'elle soit détrompée,
Et que tout l'univers apprenne avec terreur
A ne confondre plus mon fils et l'empereur.
Il le peut. Toutefois j'ose encore lui dire
Qu'il doit avant ce coup affermir son empire;

Et qu'en me réduisant à la nécessité
D'éprouver contre lui ma foible autorité,
Il expose la sienne; et que dans la balance
Mon nom peut-être aura plus de poids qu'il ne pense.

BURRHUS.

Quoi, madame! toujours soupçonner son respect!
Ne peut-il faire un pas qu'il ne vous soit suspect?
L'empereur vous croit-il du parti de Junie?
Avec Britannicus vous croit-il réunie?
Quoi! de vos ennemis devenez-vous l'appui
Pour trouver un prétexte à vous plaindre de lui?
Sur le moindre discours qu'on pourra vous redire,
Serez-vous toujours prête à partager l'empire?
Vous craindrez-vous sans cesse, et vos embrassements
Ne se passeront-ils qu'en éclaircissements?
Ah! quittez d'un censeur la triste diligence:
D'une mère facile affectez l'indulgence:
Souffrez quelques froideurs sans les faire éclater;
Et n'avertissez point la cour de vous quitter.

AGRIPPINE.

Et qui s'honoreroit de l'appui d'Agrippine, *a*
Lorsque Néron lui-même annonce ma ruine;
Lorsque de sa présence il semble me bannir;
Quand Burrhus à sa porte ose me retenir?

BURRHUS.

Madame, je vois bien qu'il est temps de me taire,

a Et qui s'honoreroit de l'appui d'Agrippine,
Lorsque Néron lui-même annonce sa ruine.

Et que ma liberté commence à vous déplaire.
La douleur est injuste; et toutes les raisons
Qui ne la flattent point aigrissent ses soupçons.
Voici Britannicus. Je lui cède ma place.
Je vous laisse écouter et plaindre sa disgrace,
Et peut-être, madame, en accuser les soins
De ceux que l'empereur a consultés le moins.

SCÈNE III.

AGRIPPINE, BRITANNICUS, NARCISSE, ALBINE.

AGRIPPINE.

Ah, prince! où courez-vous? Quelle ardeur inquiète
Parmi vos ennemis en aveugle vous jette?
Que venez-vous chercher?

BRITANNICUS.

Ce que je cherche? Ah dieux!
Tout ce que j'ai perdu, madame, est en ces lieux.
De mille affreux soldats Junie environnée
S'est vue en ce palais indignement traînée.
Hélas! de quelle horreur ses timides esprits
A ce nouveau spectacle auront été surpris!
Enfin on me l'enlève. Une loi trop sévère
Va séparer deux cœurs qu'assembloit leur misère :
Sans doute on ne veut pas que, mêlant nos douleurs,
Nous nous aidions l'un l'autre à porter nos malheurs.

AGRIPPINE.

Il suffit. Comme vous je ressens vos injures ;
Mes plaintes ont déjà précédé vos murmures.
Mais je ne prétends pas qu'un impuissant courroux
Dégage ma parole et m'acquitte envers vous.
Je ne m'explique point. Si vous voulez m'entendre,
Suivez-moi chez Pallas où je vais vous attendre.

SCÈNE IV.

BRITANNICUS, NARCISSE.

BRITANNICUS.

La croirai-je, Narcisse? et dois-je sur sa foi
La prendre pour arbitre entre son fils et moi ?
Qu'en dis-tu ? N'est-ce pas cette même Agrippine
Que mon père épousa jadis pour ma ruine,
Et qui, si je t'en crois, a de ses derniers jours,
Trop lents pour ses desseins, précipité le cours ?

NARCISSE.

N'importe : elle se sent comme vous outragée ;
A vous donner Junie elle s'est engagée :
Unissez vos chagrins ; liez vos intérêts.
Ce palais retentit en vain de vos regrets :
Tandis qu'on vous verra d'une voix suppliante
Semer ici la plainte et non pas l'épouvante,
Que vos ressentiments se perdront en discours,
Il n'en faut point douter, vous vous plaindrez toujours.

BRITANNICUS.

Ah, Narcisse! tu sais si de la servitude
Je prétends faire encore une longue habitude;
Tu sais si pour jamais, de ma chute étonné,
Je renonce à l'empire où j'étois destiné. *a*
Mais je suis seul encor : les amis de mon père *b*
Sont autant d'inconnus que glace ma misère;
Et ma jeunesse même écarte loin de moi
Tous ceux qui dans le cœur me réservent leur foi.
Pour moi, depuis un an qu'un peu d'expérience
M'a donné de mon sort la triste connoissance,
Que vois-je autour de moi, que des amis vendus
Qui sont de tous mes pas les témoins assidus,
Qui, choisis par Néron pour ce commerce infâme,
Trafiquent avec lui des secrets de mon ame?
Quoi qu'il en soit, Narcisse, on me vend tous les jours :
Il prévoit mes desseins, il entend mes discours;
Comme toi, dans mon cœur il sait ce qui se passe
Que t'en semble, Narcisse?

NARCISSE.

Ah! quelle ame assez basse.....
C'est à vous de choisir des confidents discrets,
Seigneur, et de ne pas prodiguer vos secrets.

a Je renonce aux grandeurs où j'étois destiné.
b Les amis de mon père
Sont autant d'inconnus qu'écarte ma misère;
Et ma jeunesse même éloigne loin de moi, etc.

ACTE I, SCÈNE IV.

BRITANNICUS.

Narcisse, tu dis vrai; mais cette défiance
Est toujours d'un grand cœur la dernière science;
On le trompe long-temps. Mais enfin je te croi,
Ou plutôt je fais vœu de ne croire que toi.
Mon père, il m'en souvient, m'assura de ton zèle :
Seul de ses affranchis tu m'es toujours fidèle;
Tes yeux, sur ma conduite incessamment ouverts,
M'ont sauvé jusqu'ici de mille écueils couverts.
Va donc voir si le bruit de ce nouvel orage
Aura de nos amis excité le courage.
Examine leurs yeux, observe leurs discours;
Vois si j'en puis attendre un fidèle secours.
Sur-tout dans ce palais remarque avec adresse
Avec quel soin Néron fait garder la princesse :
Sache si du péril ses beaux yeux sont remis,
Et si son entretien m'est encore permis.
Cependant de Néron je vais trouver la mère
Chez Pallas, comme toi l'affranchi de mon père :
Je vais la voir, l'aigrir, la suivre, et, s'il se peut,
M'engager sous son nom plus loin qu'elle ne veut.

FIN DU PREMIER ACTE.

ACTE SECOND.

SCÈNE I.
NÉRON, BURRHUS, NARCISSE, GARDES.

NÉRON.

N'en doutez point, Burrhus; malgré ses injustices,
C'est ma mère, et je veux ignorer ses caprices.
Mais je ne prétends plus ignorer ni souffrir
Le ministre insolent qui les ose nourrir.
Pallas de ses conseils empoisonne ma mère;
Il séduit chaque jour Britannicus mon frère :
Ils l'écoutent tout seul; et qui suivroit leurs pas
Les trouveroit peut-être assemblés chez Pallas.
C'en est trop. De tous deux il faut que je l'écarte.
Pour la dernière fois, qu'il s'éloigne, qu'il parte;
Je le veux, je l'ordonne : et que la fin du jour
Ne le retrouve pas dans Rome ou dans ma cour.
Allez : cet ordre importe au salut de l'empire.
                              (aux gardes.)
Vous, Narcisse, approchez. Et vous, qu'on se retire.

SCÈNE II.
NÉRON, NARCISSE.

NARCISSE.

Graces aux dieux, seigneur, Junie entre vos mains
Vous assure aujourd'hui du reste des Romains.

Vos ennemis, déchus de leur vaine espérance,
Sont allés chez Pallas pleurer leur impuissance.
Mais que vois-je? vous-même, inquiet, étonné,
Plus que Britannicus paroissez consterné.
Que présage à mes yeux cette tristesse obscure,
Et ces sombres regards errants à l'aventure?
Tout vous rit : la fortune obéit à vos vœux.

NÉRON.

Narcisse, c'en est fait, Néron est amoureux.

NARCISSE.

Vous?

NÉRON.

Depuis un moment, mais pour toute ma vie.
J'aime, que dis-je, aimer? j'idolâtre Junie.

NARCISSE.

Vous l'aimez?

NÉRON.

Excité d'un désir curieux,
Cette nuit je l'ai vue arriver en ces lieux,
Triste, levant au ciel ses yeux mouillés de larmes,
Qui brilloient au travers des flambeaux et des armes;
Belle sans ornement, dans le simple appareil
D'une beauté qu'on vient d'arracher au sommeil.
Que veux-tu? Je ne sais si cette négligence,
Les ombres, les flambeaux, les cris, et le silence,
Et le farouche aspect de ses fiers ravisseurs,
Relevoient de ses yeux les timides douceurs :

Quoi qu'il en soit, ravi d'une si belle vue,
J'ai voulu lui parler, et ma voix s'est perdue :
Immobile, saisi d'un long étonnement,
Je l'ai laissé passer dans son appartement.
J'ai passé dans le mien. C'est là que, solitaire,
De son image en vain j'ai voulu me distraire.
Trop présente à mes yeux je croyois lui parler :
J'aimois jusqu'à ses pleurs que je faisois couler.
Quelquefois, mais trop tard, je lui demandois grace :
J'employois les soupirs, et même la menace.
Voilà comme, occupé de mon nouvel amour,
Mes yeux sans se fermer ont attendu le jour.
Mais je m'en fais peut-être une trop belle image;
Elle m'est apparue avec trop d'avantage :
Narcisse, qu'en dis-tu?

NARCISSE.

Quoi, seigneur! croira-t-on
Qu'elle ait pu si long-temps se cacher à Néron?

NÉRON.

Tu le sais bien, Narcisse. Et soit que sa colère
M'imputât le malheur qui lui ravit son frère;
Soit que son cœur, jaloux d'une austère fierté
Enviât à nos yeux sa naissante beauté;
Fidèle à sa douleur, et dans l'ombre enfermée,
Elle se déroboit même à sa renommée.
Et c'est cette vertu, si nouvelle à la cour,
Dont la persévérance irrite mon amour.
Quoi, Narcisse, tandis qu'il n'est point de Romaine

ACTE II, SCÈNE II.

Que mon amour n'honore et ne rende plus vaine,
Qui, dès qu'à ses regards elle ose se fier,
Sur le cœur de César ne les vienne essayer,
Seule, dans son palais, la modeste Junie
Regarde leurs honneurs comme une ignominie,
Fuit, et ne daigne pas peut-être s'informer
Si César est aimable, ou bien s'il sait aimer !
Dis-moi, Britannicus l'aime-t-il ?

NARCISSE.

Quoi ! s'il l'aime,
Seigneur ?

NÉRON.

Si jeune encor se connoît-il lui-même ?
D'un regard enchanteur connoît-il le poison ?

NARCISSE.

Seigneur, l'amour toujours n'attend pas la raison.
N'en doutez point, il l'aime. Instruits par tant de charmes
Ses yeux sont déjà faits à l'usage des larmes ;
A ses moindres désirs il sait s'accommoder ;
Et peut-être déjà sait-il persuader.

NÉRON.

Que dis-tu ? Sur son cœur il auroit quelque empire ?

NARCISSE.

Je ne sais. Mais, seigneur, ce que je puis vous dire,
Je l'ai vu quelquefois s'arracher de ces lieux,
Le cœur plein d'un courroux qu'il cachoit à vos yeux,
D'une cour qui le fuit pleurant l'ingratitude,
Las de votre grandeur et de sa servitude,

Entre l'impatience et la crainte flottant ;
Il alloit voir Junie, et revenoit content.

NÉRON.

D'autant plus malheureux qu'il aura su lui plaire,
Narcisse, il doit plutôt souhaiter sa colère :
Néron impunément ne sera pas jaloux.

NARCISSE.

Vous ? Et de quoi, seigneur, vous inquiétez-vous ?
Junie a pu le plaindre et partager ses peines ;
Elle n'a vu couler de larmes que les siennes :
Mais aujourd'hui, seigneur, que ses yeux dessillés,
Regardant de plus près l'éclat dont vous brillez,
Verront autour de vous les rois sans diadème,
Inconnus dans la foule, et son amant lui-même,
Attachés sur vos yeux, s'honorer d'un regard
Que vous aurez sur eux fait tomber au hasard ;
Quand elle vous verra, de ce degré de gloire,
Venir en soupirant avouer sa victoire ;
Maître, n'en doutez point, d'un cœur déjà charmé,
Commandez qu'on vous aime, et vous serez aimé.

NÉRON.

A combien de chagrins il faut que je m'apprête !
Que d'importunités !

NARCISSE.

    Quoi donc ! qui vous arrête,
Seigneur ?

NÉRON.

Tout : Octavie, Agrippine, Burrhus,

Sénèque, Rome entière, et trois ans de vertus.
Non que pour Octavie un reste de tendresse
M'attache à son hymen et plaigne sa jeunesse :
Mes yeux, depuis long-temps fatigués de ses soins,
Rarement de ses pleurs daignent être témoins.
Trop heureux si bientôt la faveur d'un divorce
Me soulageoit d'un joug qu'on m'imposa par force !
Le ciel même en secret semble la condamner :
Ses vœux depuis quatre ans ont beau l'importuner,
Les dieux ne montrent point que sa vertu les touche,
D'aucun gage, Narcisse, ils n'honorent sa couche;
L'empire vainement demande un héritier.

NARCISSE.

Que tardez-vous, seigneur, à la répudier?
L'empire, votre cœur, tout condamne Octavie.
Auguste votre aïeul soupiroit pour Livie :
Par un double divorce ils s'unirent tous deux;
Et vous devez l'empire à ce divorce heureux.
Tibère, que l'hymen plaça dans sa famille,
Osa bien à ses yeux répudier sa fille.
Vous seul, jusques ici contraire à vos désirs,
N'osez par un divorce assurer vos plaisirs !

NÉRON.

Et ne connois-tu pas l'implacable Agrippine?
Mon amour inquiet déjà se l'imagine
Qui m'amène Octavie, et d'un œil enflammé
Atteste les saints droits d'un nœud qu'elle a formé,

Et, portant à mon cœur des atteintes plus rudes,
Me fait un long récit de mes ingratitudes.
De quel front soutenir ce fâcheux entretien?

NARCISSE.

N'êtes-vous pas, seigneur, votre maître et le sien?
Vous verrons-nous toujours trembler sous sa tutelle?
Vivez, régnez pour vous : c'est trop régner pour elle.
Craignez-vous? Mais, seigneur, vous ne la craignez pas :
Vous venez de bannir le superbe Pallas,
Pallas dont vous savez qu'elle soutient l'audace.

NÉRON.

Éloigné de ses yeux, j'ordonne, je menace,
J'écoute vos conseils, j'ose les approuver,
Je m'excite contre elle, et tâche à la braver :
Mais, je t'expose ici mon ame toute nue,
Sitôt que mon malheur me ramène à sa vue,
Soit que je n'ose encor démentir le pouvoir
De ces yeux où j'ai lu si long-temps mon devoir,
Soit qu'à tant de bienfaits ma mémoire fidèle
Lui soumette en secret tout ce que je tiens d'elle;
Mais enfin mes efforts ne me servent de rien :
Mon génie étonné tremble devant le sien.
Et c'est pour m'affranchir de cette dépendance,
Que je la fuis par-tout, que même je l'offense,
Et que de temps en temps j'irrite ses ennuis,
Afin qu'elle m'évite autant que je la fuis.
Mais je t'arrête trop : retire-toi, Narcisse;
Britannicus pourroit t'accuser d'artifice.

ACTE II, SCÈNE II.

NARCISSE.

Non, non; Britannicus s'abandonne à ma foi.
Par son ordre, seigneur, il croit que je vous vois,
Que je m'informe ici de tout ce qui le touche,
Et veut de vos secrets être instruit par ma bouche :
Impatient sur-tout de revoir ses amours,
Il attend de mes soins ce fidèle secours.

NÉRON.

J'y consens; porte-lui cette douce nouvelle :
Il la verra.

NARCISSE.

Seigneur, bannissez-le loin d'elle.

NÉRON.

J'ai mes raisons, Narcisse; et tu peux concevoir
Que je lui vendrai cher le plaisir de la voir.
Cependant vante-lui ton heureux stratagème;
Dis-lui qu'en sa faveur on me trompe moi-même,
Qu'il la voit sans mon ordre. On ouvre; la voici.
Va retrouver ton maître, et l'amener ici.

SCÈNE III.

NÉRON, JUNIE.

NÉRON.

Vous vous troublez, madame, et changez de visage :
Lisez-vous dans mes yeux quelque triste présage?

JUNIE.

Seigneur, je ne vous puis déguiser mon erreur ;
J'allois voir Octavie, et non pas l'empereur.

NÉRON.

Je le sais bien, madame, et n'ai pu sans envie
Apprendre vos bontés pour l'heureuse Octavie.

JUNIE.

Vous, seigneur?

NÉRON.

Pensez-vous, madame, qu'en ces lieux
Seule pour vous connoître Octavie ait des yeux?

JUNIE.

Et quel autre, seigneur, voulez-vous que j'implore?
A qui demanderai-je un crime que j'ignore?
Vous qui le punissez, vous ne l'ignorez pas :
De grace, apprenez-moi, seigneur, mes attentats.

NÉRON.

Quoi, madame! est-ce donc une légère offense
De m'avoir si long-temps caché votre présence?
Ces trésors dont le ciel voulut vous embellir,
Les avez-vous reçus pour les ensevelir?
L'heureux Britannicus verra-t-il sans alarmes
Croître, loin de nos yeux, son amour et vos charmes?
Pourquoi, de cette gloire exclus jusqu'à ce jour,
M'avez-vous, sans pitié, relégué dans ma cour?
On dit plus ; vous souffrez sans en être offensée
Qu'il vous ose, madame, expliquer sa pensée :

ACTE II, SCÈNE III.

Car je ne croirai point que sans me consulter
La sévère Junie ait voulu le flatter;
Ni qu'elle ait consenti d'aimer et d'être aimée,
Sans que j'en sois instruit que par la renommée.

JUNIE.

Je ne vous nierai point, seigneur, que ses soupirs
M'ont daigné quelquefois expliquer ses désirs.
Il n'a point détourné ses regards d'une fille
Seul reste du débris d'une illustre famille :
Peut-être il se souvient qu'en un temps plus heureux
Son père me nomma pour l'objet de ses vœux.
Il m'aime; il obéit à l'empereur son père,
Et j'ose dire encore, à vous, à votre mère :
Vos désirs sont toujours si conformes aux siens....

NÉRON.

Ma mère a ses desseins, madame; et j'ai les miens.
Ne parlons plus ici de Claude et d'Agrippine;
Ce n'est point par leur choix que je me détermine.
C'est à moi seul, madame, à répondre de vous;
Et je veux de ma main vous choisir un époux.

JUNIE.

Ah, seigneur! songez-vous que toute autre alliance
Fera honte aux Césars, auteurs de ma naissance?

NÉRON.

Non, madame; l'époux dont je vous entretiens
Peut sans honte assembler vos aïeux et les siens;
Vous pouvez, sans rougir, consentir à sa flamme.

JUNIE.

Et quel est donc, seigneur, cet époux?

NÉRON.

Moi, madame.

JUNIE.

Vous!

NÉRON.

Je vous nommerois, madame, un autre nom,
Si j'en savois quelque autre au-dessus de Néron.
Oui, pour vous faire un choix où vous puissiez souscrire,
J'ai parcouru des yeux la cour, Rome, et l'empire.
Plus j'ai cherché, madame, et plus je cherche encor
En quelles mains je dois confier ce trésor;
Plus je vois que César, digne seul de vous plaire,
En doit être lui seul l'heureux dépositaire,
Et ne peut dignement vous confier qu'aux mains
A qui Rome a commis l'empire des humains.
Vous-même, consultez vos premières années:
Claudius à son fils les avoit destinées;
Mais c'étoit en un temps où de l'empire entier
Il croyoit quelque jour le nommer l'héritier.
Les dieux ont prononcé. Loin de leur contredire,
C'est à vous de passer du côté de l'empire.
En vain de ce présent ils m'auroient honoré,
Si votre cœur devoit en être séparé;
Si tant de soins ne sont adoucis par vos charmes;
Si, tandis que je donne aux veilles, aux alarmes,
Des jours toujours à plaindre et toujours enviés,

Je ne vais quelquefois respirer à vos pieds.
Qu'Octavie à vos yeux ne fasse point d'ombrage;
Rome, aussi-bien que moi, vous donne son suffrage,
Répudie Octavie, et me fait dénouer
Un hymen que le ciel ne veut point avouer.
Songez-y donc, madame, et pesez en vous-même
Ce choix digne des soins d'un prince qui vous aime,
Digne de vos beaux yeux trop long-temps captivés,
Digne de l'univers, à qui vous vous devez. *a*

JUNIE.

Seigneur, avec raison je demeure étonnée.
Je me vois, dans le cours d'une même journée,
Comme une criminelle amenée en ces lieux;
Et lorsqu'avec frayeur je parois à vos yeux,
Que sur mon innocence à peine je me fie,
Vous m'offrez tout d'un coup la place d'Octavie.
J'ose dire pourtant que je n'ai mérité
Ni cet excès d'honneur, ni cette indignité.
Et pouvez-vous, seigneur, souhaiter qu'une fille
Qui vit presque en naissant éteindre sa famille,
Qui, dans l'obscurité nourrissant sa douleur,
S'est fait une vertu conforme à son malheur,
Passe subitement de cette nuit profonde
Dans un rang qui l'expose aux yeux de tout le monde,
Dont je n'ai pu de loin soutenir la clarté,
Et dont une autre enfin remplit la majesté?

a Digne de l'univers, à qui vous les devez.

NÉRON.

Je vous ai déjà dit que je la répudie :
Ayez moins de frayeur, ou moins de modestie.
N'accusez point ici mon choix d'aveuglement :
Je vous réponds de vous, consentez seulement.
Du sang dont vous sortez rappelez la mémoire ;
Et ne préférez point à la solide gloire
Des honneurs dont César prétend vous revêtir
La gloire d'un refus sujet au repentir.

JUNIE.

Le ciel connoît, seigneur, le fond de ma pensée.
Je ne me flatte point d'une gloire insensée :
Je sais de vos présents mesurer la grandeur ;
Mais plus ce rang sur moi répandroit de splendeur,
Plus il me feroit honte, et mettroit en lumière
Le crime d'en avoir dépouillé l'héritière.

NÉRON.

C'est de ses intérêts prendre beaucoup de soin,
Madame ; et l'amitié ne peut aller plus loin.
Mais ne nous flattons point, et laissons le mystère.
La sœur vous touche ici beaucoup moins que le frère ;
Et pour Britannicus....

JUNIE.

               Il a su me toucher,
Seigneur ; et je n'ai point prétendu m'en cacher.
Cette sincérité sans doute est peu discrète ;
Mais toujours de mon cœur ma bouche est l'interprète :

Absente de la cour, je n'ai pas dû penser,
Seigneur, qu'en l'art de feindre il fallût m'exercer.
J'aime Britannicus. Je lui fus destinée
Quand l'empire devoit suivre son hyménée :
Mais ces mêmes malheurs qui l'en ont écarté,
Ses honneurs abolis, son palais déserté,
La fuite d'une cour que sa chute a bannie,
Sont autant de liens qui retiennent Junie.
Tout ce que vous voyez conspire à vos désirs ;
Vos jours toujours sereins coulent dans les plaisirs ;
L'empire en est pour vous l'inépuisable source :
Ou, si quelque chagrin en interrompt la course,
Tout l'univers, soigneux de les entretenir,
S'empresse à l'effacer de votre souvenir.
Britannicus est seul : quelque ennui qui le presse,
Il ne voit dans son sort que moi qui s'intéresse,
Et n'a pour tous plaisirs, seigneur, que quelques pleurs
Qui lui font quelquefois oublier ses malheurs.

NÉRON.

Et ce sont ces plaisirs et ces pleurs que j'envie,
Que tout autre que lui me paieroit de sa vie.
Mais je garde à ce prince un traitement plus doux :
Madame, il va bientôt paroître devant vous.

JUNIE.

Ah, seigneur ! vos vertus m'ont toujours rassurée.

NÉRON.

Je pouvois de ces lieux lui défendre l'entrée ;

Mais, madame, je veux prévenir le danger
Où son ressentiment le pourroit engager.
Je ne veux point le perdre ; il vaut mieux que lui-même
Entende son arrêt de la bouche qu'il aime.
Si ses jours vous sont chers, éloignez-le de vous
Sans qu'il ait aucun lieu de me croire jaloux.
De son bannissement prenez sur vous l'offense ;
Et, soit par vos discours, soit par votre silence,
Du moins par vos froideurs, faites-lui concevoir
Qu'il doit porter ailleurs ses vœux et son espoir.

JUNIE.

Moi ! que je lui prononce un arrêt si sévère !
Ma bouche mille fois lui jura le contraire.
Quand même jusque-là je pourrois me trahir,
Mes yeux lui défendront, seigneur, de m'obéir.

NÉRON.

Caché près de ces lieux, je vous verrai, madame.
Renfermez votre amour dans le fond de votre ame :
Vous n'aurez point pour moi de langages secrets ;
J'entendrai des regards que vous croirez muets ;
Et sa perte sera l'infaillible salaire
D'un geste ou d'un soupir échappé pour lui plaire.

JUNIE.

Hélas ! si j'ose encor former quelques souhaits,
Seigneur, permettez-moi de ne le voir jamais.

SCÈNE IV.

NÉRON, JUNIE, NARCISSE.

NARCISSE.

Britannicus, seigneur, demande la princesse ;
Il approche.

NÉRON.

Qu'il vienne.

JUNIE.

Ah, seigneur !

NÉRON.

Je vous laisse.
Sa fortune dépend de vous plus que de moi :
Madame, en le voyant, songez que je vous voi.

SCÈNE V.

JUNIE, NARCISSE.

JUNIE.

Ah ! cher Narcisse, cours au-devant de ton maître ;
Dis-lui.... Je suis perdue ! et je le vois paroître.

SCÈNE VI.

JUNIE, BRITANNICUS, NARCISSE.

BRITANNICUS.

Madame, quel bonheur me rapproche de vous ?
Quoi ! je puis donc jouir d'un entretien si doux ?
Mais parmi ce plaisir quel chagrin me dévore ?
Hélas ! puis-je espérer de vous revoir encore ?
Faut-il que je dérobe, avec mille détours,
Un bonheur que vos yeux m'accordoient tous les jours ?
Quelle nuit ! quel réveil ! Vos pleurs, votre présence
N'ont point de ces cruels désarmé l'insolence ?
Que faisoit votre amant ? Quel démon envieux
M'a refusé l'honneur de mourir à vos yeux ?
Hélas ! dans la frayeur dont vous étiez atteinte,
M'avez-vous en secret adressé quelque plainte ?
Ma princesse, avez-vous daigné me souhaiter ?
Songiez-vous aux douleurs que vous m'alliez coûter ?....
Vous ne me dites rien ! quel accueil ! quelle glace !
Est-ce ainsi que vos yeux consolent ma disgrace ?
Parlez : nous sommes seuls. Notre ennemi, trompé,
Tandis que je vous parle est ailleurs occupé :
Ménageons les moments de cette heureuse absence.

JUNIE.

Vous êtes en des lieux tout pleins de sa puissance :
Ces murs même, seigneur, peuvent avoir des yeux ;
Et jamais l'empereur n'est absent de ces lieux.

ACTE II, SCÈNE VI.

BRITANNICUS.

Et depuis quand, madame, êtes-vous si craintive ?
Quoi ! déjà votre amour souffre qu'on le captive ?
Qu'est devenu ce cœur qui me juroit toujours
De faire à Néron même envier nos amours ?
Mais bannissez, madame, une inutile crainte :
La foi dans tous les cœurs n'est pas encore éteinte ;
Chacun semble des yeux approuver mon courroux ;
La mère de Néron se déclare pour nous.
Rome, de sa conduite elle-même offensée....

JUNIE.

Ah, seigneur ! vous parlez contre votre pensée.
Vous-même, vous m'avez avoué mille fois
Que Rome le louoit d'une commune voix :
Toujours à sa vertu vous rendiez quelque hommage.
Sans doute la douleur vous dicte ce langage.

BRITANNICUS.

Ce discours me surprend, il le faut avouer :
Je ne vous cherchois pas pour l'entendre louer.
Quoi ! pour vous confier la douleur qui m'accable,
A peine je dérobe un moment favorable ;
Et ce moment si cher, madame, est consumé
A louer l'ennemi dont je suis opprimé !
Qui vous rend à vous-même, en un jour, si contraire ?
Quoi ! même vos regards ont appris à se taire ?
Que vois-je ? vous craignez de rencontrer mes yeux !
Néron vous plairoit-il ? Vous serois-je odieux ?

Ah! si je le croyois!.... Au nom des dieux, madame,
Éclaircissez le trouble où vous jetez mon ame.
Parlez. Ne suis-je plus dans votre souvenir?

JUNIE.

Retirez-vous, seigneur; l'empereur va venir.

BRITANNICUS.

Après ce coup, Narcisse, à quoi dois-je m'attendre?

SCÈNE VII.

NÉRON, JUNIE, NARCISSE.

NÉRON.

MADAME....

JUNIE.

Non, seigneur, je ne puis rien entendre.
Vous êtes obéi. Laissez couler du moins
Des larmes dont ses yeux ne seront pas témoins.

SCÈNE VIII.

NÉRON, NARCISSE.

NÉRON.

Hé bien! de leur amour tu vois la violence,
Narcisse; elle a paru jusque dans son silence.
Elle aime mon rival, je ne puis l'ignorer :
Mais je mettrai ma joie à le désespérer.

Je me fais de sa peine une image charmante;
Et je l'ai vu douter du cœur de son amante.
Je la suis. Mon rival t'attend pour éclater :
Par de nouveaux soupçons, va, cours le tourmenter;
Et tandis qu'à mes yeux on le pleure, on l'adore,
Fais-lui payer bien cher un bonheur qu'il ignore.

NARCISSE, seul.

La fortune t'appelle une seconde fois,
Narcisse; voudrois-tu résister à sa voix?
Suivons jusques au bout ses ordres favorables,
Et, pour nous rendre heureux, perdons les misérables.

FIN DU SECOND ACTE.

ACTE TROISIÈME.

SCÈNE I.[a]

NÉRON, BURRHUS.

BURRHUS.

Pallas obéira, seigneur.

NÉRON.

Et de quel œil
Ma mère a-t-elle vu confondre son orgueil?

---

[a] Racine a supprimé la scène suivante qui commençoit cet acte :

BURRHUS.

Quoi! Narcisse au palais obsédant l'empereur
Laisse Britannicus en proie à sa fureur?
Narcisse qui devroit, d'une amitié sincère,
Sacrifier au fils tout ce qu'il tient du père?
Qui devroit, en plaignant avec lui son malheur,
Loin des yeux de César détourner sa douleur?
Voulez-vous qu'accablé d'horreur, d'inquiétude,
Pressé du désespoir qui suit la solitude,
Il avance sa perte en voulant l'éloigner,
Et force l'empereur à ne plus l'épargner?
Lorsque de Claudius l'impuissante vieillesse
Laissa de tout l'empire Agrippine maîtresse,
Qu'instruit du successeur que lui gardoient les dieux,
Il vit déjà son nom écrit dans tous les yeux,
Ce prince, à ses bienfaits mesurant votre zèle,
Crut laisser à son fils un gouverneur fidèle,

ACTE III, SCÈNE I.

BURRHUS.

Ne doutez point, seigneur, que ce coup ne la frappe;
Qu'en reproches bientôt sa douleur ne s'échappe.
Ses transports dès long-temps commencent d'éclater :
A d'inutiles cris puissent-ils s'arrêter!

NÉRON.

Quoi! de quelque dessein la croyez-vous capable?

BURRHUS.

Agrippine, seigneur, est toujours redoutable.
Rome et tous vos soldats révèrent ses aïeux;
Germanicus son père est présent à leurs yeux.
Elle sait son pouvoir; vous savez son courage :
Et ce qui me la fait redouter davantage,

Et qui, sans s'ébranler, verroit passer un jour
Du côté de Néron la fortune et la cour.
Cependant aujourd'hui, sur la moindre menace
Qui de Britannicus présage la disgrace,
Narcisse, qui devoit le quitter le dernier,
Semble dans le malheur le plonger le premier.
César vous voit par-tout attendre son passage.

NARCISSE.

Avec tout l'univers je viens lui rendre hommage,
Seigneur; c'est ce dessein qui m'amène en ces lieux.

BURRHUS.

Près de Britannicus vous le servirez mieux.
Craignez-vous que César n'accuse votre absence?
Sa grandeur lui répond de votre obéissance.
C'est à Britannicus qu'il faut justifier
Un soin dont ses malheurs se doivent défier.
Vous pouvez sans péril respecter sa misère;
Néron n'a point juré la perte de son frère.

C'est que vous appuyez vous même son courroux,
Et que vous lui donnez des armes contre vous.

NÉRON.

Moi, Burrhus?

BURRHUS.

Cet amour, seigneur, qui vous possède...

Quelque froideur qui semble altérer leurs esprits,
Votre maître n'est point au nombre des proscrits.
Néron même, en son cœur touché de votre zèle,
Vous en tiendroit peut-être un compte plus fidèle,
Que de tous ces respects vainement assidus,
Oubliés dans la foule aussitôt que rendus.

NARCISSE.

Ce langage, seigneur, est facile à comprendre;
Avec quelque bonté César daigne m'entendre:
Mes soins trop bien reçus pourroient vous irriter;
A l'avenir, seigneur, je saurai l'éviter.

BURRHUS.

Narcisse, vous réglez mes desseins sur les vôtres;
Ce que vous avez fait, vous l'imputez aux autres.
Ainsi, lorsqu'inutile au reste des humains,
Claude laissoit gémir l'empire entre vos mains,
Le reproche éternel de votre conscience
Condamnoit devant lui Rome entière au silence.
Vous lui laissiez à peine écouter vos flatteurs;
Le reste vous sembloit autant d'accusateurs,
Qui, prêts à s'élever contre votre conduite,
Alloient de nos malheurs développer la suite;
Et lui portant les cris du peuple et du sénat,
Lui demander justice au nom de tout l'état.
Toutefois pour César je crains votre présence;
Je crains, puisqu'il vous faut parler sans complaisance,
Tous ceux qui, comme vous, flattant tous ses désirs,
Sont toujours dans son cœur du parti des plaisirs.

ACTE III, SCÈNE I.

NÉRON.

Je vous entends, Burrhus. Le mal est sans remède :
Mon cœur s'en est plus dit que vous ne m'en direz ;
Il faut que j'aime enfin.

BURRHUS.

Vous vous le figurez,
Jadis à nos conseils l'empereur plus docile
Affectoit pour son frère une bonté facile ;
Et, de son rang pour lui modérant la splendeur,
De sa chute à ses yeux cachoit la profondeur.
Quel soupçon aujourd'hui, quel désir de vengeance
Rompt du sang des Césars l'heureuse intelligence ?
Junie est enlevée, Agrippine frémit ;
Jaloux et sans espoir, Britannicus gémit ;
Du cœur de l'empereur son épouse bannie,
D'un divorce à toute heure attend l'ignominie :
Elle pleure. Et voilà ce que leur a coûté
L'entretien d'un flatteur qui veut être écouté.

NARCISSE

Seigneur, c'est un peu loin pousser la violence.
Vous pouvez tout ; j'écoute, et garde le silence.
Mes actions un jour pourront vous repartir.
Jusque-là.....

BURRHUS.

Puissiez-vous bientôt me démentir ?
Plût aux dieux qu'en effet ce reproche vous touche !
Je vous aiderai même à me fermer la bouche.
Sénèque, dont les soins devroient me soulager,
Occupé loin de Rome, ignore ce danger.
Réparons, vous et moi, cette absence funeste ;
Du sang de nos Césars réunissons le reste ;
Rapprochons-les, Narcisse, au plus tôt, dès ce jour,
Tandis qu'ils ne sont point séparés sans retour.

Seigneur ; et, satisfait de quelque résistance,
Vous redoutez un mal foible dans sa naissance.
Mais si dans son devoir votre cœur affermi *a*
Vouloit ne point s'entendre avec son ennemi ;
Si de vos premiers ans vous consultiez la gloire ;
Si vous daigniez, seigneur, rappeler la mémoire
Des vertus d'Octavie indignes de ce prix,
Et de son chaste amour vainqueur de vos mépris ;
Sur-tout si, de Junie évitant la présence,
Vous condamniez vos yeux à quelques jours d'absence ;
Croyez-moi, quelque amour qui semble vous charmer,
On n'aime point, seigneur, si l'on ne veut aimer.

NÉRON.

Je vous croirai, Burrhus, lorsque dans les alarmes
Il faudra soutenir la gloire de nos armes,
Ou lorsque, plus tranquille, assis dans le sénat,
Il faudra décider du destin de l'état :
Je m'en reposerai sur votre expérience.
Mais croyez-moi, l'amour est une autre science,
Burrhus ; et je ferois quelque difficulté
D'abaisser jusque-là votre sévérité.
Adieu. Je souffre trop, éloigné de Junie.

a Mais si dans sa fierté votre cœur affermi.

SCÈNE II.

BURRHUS.

Enfin, Burrhus, Néron découvre son génie : *a*
Cette férocité que tu croyois fléchir
De tes foibles liens est prête à s'affranchir.
En quels excès peut-être elle va se répandre!
O dieux! en ce malheur quel conseil dois-je prendre?
Sénèque, dont les soins me devroient soulager,
Occupé loin de Rome, ignore ce danger.
Mais quoi! si d'Agrippine excitant la tendresse
Je pouvois... La voici : mon bonheur me l'adresse.

SCÈNE III.

AGRIPPINE, BURRHUS, ALBINE.

AGRIPPINE.

Hé bien! je me trompois, Burrhus, dans mes soupçons?
Et vous vous signalez par d'illustres leçons!
On exile Pallas, dont le crime peut-être
Est d'avoir à l'empire élevé votre maître.
Vous le savez trop bien; jamais, sans ses avis,
Claude qu'il gouvernoit n'eût adopté mon fils.
Que dis-je? à son épouse on donne une rivale;
On affranchit Néron de la foi conjugale :

a Hé bien, Burrhus, Néron découvre son génie.

Digne emploi d'un ministre ennemi des flatteurs,
Choisi pour mettre un frein à ses jeunes ardeurs,
De les flatter lui-même, et nourrir dans son ame
Le mépris de sa mère et l'oubli de sa femme !

BURRHUS.

Madame, jusqu'ici c'est trop tôt m'accuser.
L'empereur n'a rien fait qu'on ne puisse excuser.
N'imputez qu'à Pallas un exil nécessaire :
Son orgueil dès long-temps exigeoit ce salaire ;
Et l'empereur ne fait qu'accomplir à regret
Ce que toute la cour demandoit en secret.
Le reste est un malheur qui n'est point sans ressource :
Des larmes d'Octavie on peut tarir la source.
Mais calmez vos transports. Par un chemin plus doux
Vous lui pourrez plus tôt ramener son époux :
Les menaces, les cris, le rendront plus farouche.

AGRIPPINE.

Ah ! l'on s'efforce en vain de me fermer la bouche.
Je vois que mon silence irrite vos dédains ;
Et c'est trop respecter l'ouvrage de mes mains.
Pallas n'emporte pas tout l'appui d'Agrippine ;
Le ciel m'en laisse assez pour venger ma ruine.
Le fils de Claudius commence à ressentir
Des crimes dont je n'ai que le seul repentir.
J'irai, n'en doutez point, le montrer à l'armée,
Plaindre aux yeux des soldats son enfance opprimée,
Leur faire, à mon exemple, expier leur erreur.
On verra d'un côté le fils d'un empereur

ACTE III, SCÈNE III.

Redemandant la foi jurée à sa famille,
Et de Germanicus on entendra la fille :
De l'autre, l'on verra le fils d'Enobarbus,
Appuyé de Sénèque et du tribun Burrhus,
Qui, tous deux de l'exil rappelés par moi-même,
Partagent à mes yeux l'autorité suprême.
De nos crimes communs je veux qu'on soit instruit ;
On saura les chemins par où je l'ai conduit.
Pour rendre sa puissance et la vôtre odieuses,
J'avoûrai les rumeurs les plus injurieuses ;
Je confesserai tout, exils, assassinats,
Poison même.... [1]

---

[1] Annales de Tacite, livre XIII, chap. xiv :

« Præceps post hæc Agrippina ruere ad terrorem et minas,
« neque principis auribus abstinere, quominus testaretur « adul-
« tum jam esse Britannicum, veram dignamque stirpem susci-
« piendo patris imperio, quod, insitus et adoptivus, per inju-
« rias matris exerceret. Non abnuere se, quin cuncta infelicis
« domûs mala patefierent, suæ imprimis nuptiæ, suum vene-
« ficium. Id solum diis et sibi provisum, quòd viveret pri-
« vignus. Ituram cum illo in castra. Audiretur hinc Germa-
« nici filia, debilis rursùs Burrhus et exsul Seneca, truncâ
« scilicet manu, et professoriâ linguâ, generis humani regimen
« expostulantes. »

Agrippine aussitôt éclate en menaces et veut se faire craindre ;
elle fait entendre au prince lui-même qu'elle est prête à tout
révéler : « Britannicus, dit-elle, est déjà dans la force de l'âge,
véritable rejeton de Claude, il est digne de l'empire qu'un fils
adoptif, et sans droit réel, exerce pour outrager sa mère. Qu'on

BURRHUS.

Madame, ils ne vous croiront pas :
Ils sauront récuser l'injuste stratagème
D'un témoin irrité qui s'accuse lui-même.
Pour moi, qui le premier secondai vos desseins,
Qui fis même jurer l'armée entre ses mains,
Je ne me repens point de ce zèle sincère.
Madame, c'est un fils qui succède à son père.
En adoptant Néron, Claudius par son choix
De son fils et du vôtre a confondu les droits.
Rome l'a pu choisir. Ainsi, sans être injuste,
Elle choisit Tibère adopté par Auguste;
Et le jeune Agrippa, de son sang descendu,
Se vit exclus du rang vainement prétendu.
Sur tant de fondements sa puissance établie
Par vous-même aujourd'hui ne peut être affoiblie;
Et, s'il m'écoute encor, madame, sa bonté
Vous en fera bientôt perdre la volonté.
J'ai commencé, je vais poursuivre mon ouvrage.

---

révèle, j'y consens, tous les fléaux qui ont frappé la maison impériale; inceste, poison même.... les dieux et ma prudence m'ont laissé ce parti désespéré, puisque le fils de Claude, vit encore. J'irai avec lui dans le camp. D'un côté, l'on entendra la fille de Germanicus; de l'autre, l'on verra le débile Burrhus, et l'exilé Sénèque, l'un d'une main mutilée, l'autre avec son éloquence d'école, demandant l'empire du monde. »

SCÈNE IV.

AGRIPPINE, ALBINE.

ALBINE.

Dans quel emportement la douleur vous engage,
Madame! L'empereur puisse-t-il l'ignorer!

AGRIPPINE.

Ah! lui-même à mes yeux puisse-t-il se montrer!

ALBINE.

Madame, au nom des dieux, cachez votre colère.
Quoi! pour les intérêts de la sœur ou du frère,
Faut-il sacrifier le repos de vos jours?
Contraindrez-vous César jusque dans ses amours?

AGRIPPINE.

Quoi! tu ne vois donc pas jusqu'où l'on me ravale,
Albine? C'est à moi qu'on donne une rivale.
Bientôt, si je ne romps ce funeste lien,
Ma place est occupée, et je ne suis plus rien.
Jusqu'ici d'un vain titre Octavie honorée,
Inutile à la cour, en étoit ignorée :
Les graces, les honneurs par moi seule versés,
M'attiroient des mortels les vœux intéressés.
Une autre de César a surpris la tendresse ;
Elle aura le pouvoir d'épouse et de maîtresse ;
Le fruit de tant de soins, la pompe des Césars,
Tout deviendra le prix d'un seul de ses regards.

Que dis-je? l'on m'évite, et déjà délaissée....
Ah! je ne puis, Albine, en souffrir la pensée.
Quand je devrois du ciel hâter l'arrêt fatal,
Néron, l'ingrat Néron.... Mais voici son rival.

SCÈNE V.

BRITANNICUS, AGRIPPINE, NARCISSE, ALBINE.

BRITANNICUS.

Nos ennemis communs ne sont pas invincibles,
Madame; nos malheurs trouvent des cœurs sensibles :
Vos amis et les miens, jusqu'alors si secrets,
Tandis que nous perdions le temps en vains regrets,
Animés du courroux qu'allume l'injustice,
Viennent de confier leur douleur à Narcisse.
Néron n'est pas encor tranquille possesseur
De l'ingrate qu'il aime au mépris de ma sœur.
Si vous êtes toujours sensible à son injure,
On peut dans son devoir ramener le parjure.
La moitié du sénat s'intéresse pour nous;
Sylla, Pison, Plautus....

AGRIPPINE.

Prince, que dites-vous?
Sylla, Pison, Plautus, les chefs de la noblesse!

BRITANNICUS.

Madame, je vois bien que ce discours vous blesse,

Et que votre courroux, tremblant, irrésolu,
Craint déjà d'obtenir tout ce qu'il a voulu.
Non, vous avez trop bien établi ma disgrace ;
D'aucun ami pour moi ne redoutez l'audace :
Il ne m'en reste plus ; et vos soins trop prudents
Les ont tous écartés ou séduits dès long-temps.

AGRIPPINE.

Seigneur, à vos soupçons donnez moins de créance ;
Notre salut dépend de notre intelligence.
J'ai promis, il suffit : malgré vos ennemis,
Je ne révoque rien de ce que j'ai promis.
Le coupable Néron fuit en vain ma colère ;
Tôt ou tard il faudra qu'il entende sa mère.
J'essaierai tour à tour la force et la douceur ;
Ou moi-même, avec moi conduisant votre sœur,
J'irai semer par-tout ma crainte et ses alarmes,
Et ranger tous les cœurs du parti de ses larmes.
Adieu. J'assiégerai Néron de toutes parts.
Vous, si vous m'en croyez, évitez ses regards.

SCÈNE VI.

BRITANNICUS, NARCISSE.

BRITANNICUS.

NE m'as-tu point flatté d'une fausse espérance ?
Puis-je sur ton récit fonder quelque assurance,
Narcisse ?

NARCISSE.

Oui. Mais, seigneur, ce n'est pas en ces lieux
Qu'il faut développer ce mystère à vos yeux.
Sortons. Qu'attendez-vous?

BRITANNICUS.

Ce que j'attends, Narcisse?
Hélas!

NARCISSE.

Expliquez-vous.

BRITANNICUS.

Si par ton artifice
Je pouvois revoir....

NARCISSE.

Qui?

BRITANNICUS.

J'en rougis. Mais enfin
D'un cœur moins agité j'attendrois mon destin.

NARCISSE.

Après tous mes discours vous la croyez fidèle?

BRITANNICUS.

Non, je la crois, Narcisse, ingrate, criminelle,
Digne de mon courroux : mais je sens, malgré moi,
Que je ne le crois pas autant que je le doi.
Dans ses égarements mon cœur opiniâtre
Lui prête des raisons, l'excuse, l'idolâtre.
Je voudrois vaincre enfin mon incrédulité :
Je la voudrois haïr avec tranquillité.

Et qui croira qu'un cœur si grand en apparence,
D'une infidèle cour ennemi dès l'enfance,
Renonce à tant de gloire, et dès le premier jour
Trame une perfidie inouie à la cour?

NARCISSE.

Et qui sait si l'ingrate, en sa longue retraite,
N'a point de l'empereur médité la défaite?
Trop sûre que ses yeux ne pouvoient se cacher,
Peut-être elle fuyoit pour se faire chercher,
Pour exciter Néron par la gloire pénible
De vaincre une fierté jusqu'alors invincible.

BRITANNICUS.

Je ne la puis donc voir?

NARCISSE.

Seigneur, en ce moment
Elle reçoit les vœux de son nouvel amant.

BRITANNICUS.

Hé bien! Narcisse, allons. Mais que vois-je? C'est elle.

NARCISSE, à part.

Ah dieux! A l'empereur portons cette nouvelle.

SCÈNE VII.

JUNIE, BRITANNICUS.

JUNIE.

Retirez-vous, seigneur, et fuyez un courroux
Que ma persévérance allume contre vous.

Néron est irrité. Je me suis échappée,
Tandis qu'à l'arrêter sa mère est occupée.
Adieu; réservez-vous, sans blesser mon amour,
Au plaisir de me voir justifier un jour.
Votre image sans cesse est présente à mon ame;
Rien ne l'en peut bannir.

BRITANNICUS.

Je vous entends, madame;
Vous voulez que ma fuite assure vos désirs,
Que je laisse un champ libre à vos nouveaux soupirs.
Sans doute, en me voyant, une pudeur secrète
Ne vous laisse goûter qu'une joie inquiète.
Hé bien, il faut partir!

JUNIE.

Seigneur, sans m'imputer....

BRITANNICUS.

Ah! vous deviez du moins plus long-temps disputer.
Je ne murmure point qu'une amitié commune
Se range du parti que flatte la fortune;
Que l'éclat d'un empire ait pu vous éblouir;
Qu'aux dépens de ma sœur vous en vouliez jouir :
Mais que, de ces grandeurs comme une autre occupée,
Vous m'en ayez paru si long-temps détrompée;
Non, je l'avoue encor, mon cœur désespéré
Contre ce seul malheur n'étoit point préparé.
J'ai vu sur ma ruine élever l'injustice;
De mes persécuteurs j'ai vu le ciel complice :

ACTE III, SCÈNE VII.

Tant d'horreurs n'avoient point épuisé son courroux,
Madame; il me restoit d'être oublié de vous.

JUNIE.

Dans un temps plus heureux, ma juste impatience
Vous feroit repentir de votre défiance :
Mais Néron vous menace; en ce pressant danger,
Seigneur, j'ai d'autres soins que de vous affliger.
Allez, rassurez-vous, et cessez de vous plaindre;
Néron nous écoutoit, et m'ordonnoit de feindre.

BRITANNICUS.

Quoi! le cruel....

JUNIE.

Témoin de tout notre entretien,
D'un visage sévère examinoit le mien,
Prêt à faire sur vous éclater la vengeance
D'un geste confident de notre intelligence.

BRITANNICUS.

Néron nous écoutoit, madame! Mais, hélas!
Vos yeux auroient pu feindre et ne m'abuser pas :
Ils pouvoient me nommer l'auteur de cet outrage.
L'amour est-il muet, ou n'a-t-il qu'un langage ?[1]

---

[1] Cette idée se trouve dans une tragédie de Quinault, représentée six ans avant Britannicus.

Astrate, acte II, scène vj :

Le silence toujours sur sa bouche a régné.
Mais un cœur pour parler n'a-t-il qu'un interprète ?
Ne dit-on rien des yeux, quand la bouche est muette ?

De quel trouble un regard pouvoit me préserver !
Il falloit....

JUNIE.

Il falloit me taire et vous sauver.
Combien de fois, hélas ! puisqu'il faut vous le dire,
Mon cœur de son désordre alloit-il vous instruire !
De combien de soupirs interrompant le cours
Ai-je évité vos yeux que je cherchois toujours !
Quel tourment de se taire en voyant ce qu'on aime,
De l'entendre gémir, de l'affliger soi-même,
Lorsque par un regard on peut le consoler !
Mais quels pleurs ce regard auroit-il fait couler !
Ah ! dans ce souvenir, inquiète, troublée,
Je ne me sentois pas assez dissimulée :
De mon front effrayé je craignois la pâleur ;
Je trouvois mes regards trop pleins de ma douleur :
Sans cesse il me sembloit que Néron en colère
Me venoit reprocher trop de soin de vous plaire :
Je craignois mon amour vainement renfermé ;
Enfin, j'aurois voulu n'avoir jamais aimé.
Hélas ! pour son bonheur, seigneur, et pour le nôtre,
Il n'est que trop instruit de mon cœur et du vôtre !
Allez, encore un coup, cachez-vous à ses yeux :
Mon cœur plus à loisir vous éclaircira mieux.
De mille autres secrets j'aurois compte à vous rendre.

BRITANNICUS.

Ah ! n'en voilà que trop : c'est trop me faire entendre,

ACTE III, SCÈNE VII.

Madame, mon bonheur, mon crime, vos bontés.
Et savez-vous pour moi tout ce que vous quittez ?
(se jetant aux pieds de Junie.)
Quand pourrai-je à vos pieds expier ce reproche ?

JUNIE.

Que faites-vous ? Hélas ! votre rival s'approche.

SCÈNE VIII.

NÉRON, BRITANNICUS, JUNIE.

NÉRON.

Prince, continuez des transports si charmants.
Je conçois vos bontés par ses remercîments,
Madame ; à vos genoux je viens de le surprendre.
Mais il auroit aussi quelque grace à me rendre ;
Ce lieu le favorise, et je vous y retiens
Pour lui faciliter de si doux entretiens.

BRITANNICUS.

Je puis mettre à ses pieds ma douleur ou ma joie
Par-tout où sa bonté consent que je la voie ;
Et l'aspect de ces lieux où vous la retenez
N'a rien dont mes regards doivent être étonnés.

NÉRON.

Et que vous montrent-ils qui ne vous avertisse
Qu'il faut qu'on me respecte et que l'on m'obéisse ?

BRITANNICUS.

Ils ne nous ont pas vu l'un et l'autre élever,
Moi pour vous obéir, et vous pour me braver ;

Et ne s'attendoient pas, lorsqu'ils nous virent naître,
Qu'un jour Domitius me dût parler en maître.

NÉRON.

Ainsi par le destin nos vœux sont traversés;
J'obéissois alors, et vous obéissez.
Si vous n'avez appris à vous laisser conduire,
Vous êtes jeune encore, et l'on peut vous instruire.

BRITANNICUS.

Et qui m'en instruira?

NÉRON.

Tout l'empire à la fois,
Rome.

BRITANNICUS.

Rome met-elle au nombre de vos droits
Tout ce qu'a de cruel l'injustice et la force,
Les emprisonnements, le rapt, et le divorce?

NÉRON.

Rome ne porte point ses regards curieux
Jusque dans des secrets que je cache à ses yeux.
Imitez son respect.

BRITANNICUS.

On sait ce qu'elle en pense.

NÉRON.

Elle se tait du moins : imitez son silence.

BRITANNICUS.

Ainsi Néron commence à ne se plus forcer.

NÉRON.

Néron de vos discours commence à se lasser.

ACTE III, SCÈNE VIII.

BRITANNICUS.
Chacun devoit bénir le bonheur de son règne.

NÉRON.
Heureux ou malheureux, il suffit qu'on me craigne.

BRITANNICUS.
Je connois mal Junie, ou de tels sentiments
Ne mériteront pas ses applaudissements.

NÉRON.
Du moins, si je ne sais le secret de lui plaire,
Je sais l'art de punir un rival téméraire.

BRITANNICUS.
Pour moi, quelque péril qui me puisse accabler,
Sa seule inimitié peut me faire trembler.

NÉRON.
Souhaitez-la; c'est tout ce que je vous puis dire.

BRITANNICUS.
Le bonheur de lui plaire est le seul où j'aspire.

NÉRON.
Elle vous l'a promis, vous lui plairez toujours.

BRITANNICUS.
Je ne sais pas du moins épier ses discours :
Je la laisse expliquer sur tout ce qui me touche;
Et ne me cache point pour lui fermer la bouche.

NÉRON.
Je vous entends. Hé bien, gardes!

JUNIE.
                    Que faites-vous?
C'est votre frère. Hélas! c'est un amant jaloux!

Seigneur, mille malheurs persécutent sa vie :
Ah! son bonheur peut-il exciter votre envie?
Souffrez que, de vos cœurs rapprochant les liens,
Je me cache à vos yeux et me dérobe aux siens.
Ma fuite arrêtera vos discordes fatales;
Seigneur, j'irai remplir le nombre des vestales.
Ne lui disputez plus mes vœux infortunés ;
Souffrez que les dieux seuls en soient importunés.

NÉRON.

L'entreprise, madame, est étrange et soudaine.
Dans son appartement, gardes, qu'on la remène.
Gardez Britannicus dans celui de sa sœur.

BRITANNICUS.

C'est ainsi que Néron sait disputer un cœur !

JUNIE.

Prince, sans l'irriter, cédons à cet orage.

NÉRON.

Gardes, obéissez sans tarder davantage.

SCÈNE IX.

NÉRON, BURRHUS.

BURRHUS.

Que vois-je! oh ciel!

NÉRON, sans voir Burrhus.

Ainsi leurs feux sont redoublés :
Je reconnais la main qui les a rassemblés.

ACTE III, SCÈNE IX.

Agrippine ne s'est présentée à ma vue,
Ne s'est dans ses discours si long-temps étendue,
Que pour faire jouer ce ressort odieux.
(apercevant Burrhus.)
Qu'on sache si ma mère est encore en ces lieux.
Burrhus, dans ce palais je veux qu'on la retienne,
Et qu'au lieu de sa garde on lui donne la mienne.

BURRHUS.

Quoi, seigneur! sans l'ouïr? une mère?

NÉRON.
Arrêtez.

J'ignore quel projet, Burrhus, vous méditez :
Mais, depuis quelques jours, tout ce que je désire
Trouve en vous un censeur prêt à me contredire.
Répondez-m'en, vous dis-je ; ou, sur votre refus,
D'autres me répondront et d'elle et de Burrhus.

FIN DU TROISIÈME ACTE.

ACTE QUATRIÈME.

SCÈNE I.

AGRIPPINE, BURRHUS.

BURRHUS.

Oui, madame, à loisir vous pourrez vous défendre :
César lui-même ici consent de vous entendre.
Si son ordre au palais vous a fait retenir,
C'est peut-être à dessein de vous entretenir.
Quoi qu'il en soit, si j'ose expliquer ma pensée,
Ne vous souvenez plus qu'il vous ait offensée;
Préparez-vous plutôt à lui tendre les bras :
Défendez-vous, madame; et ne l'accusez pas.
Vous voyez, c'est lui seul que la cour envisage.
Quoiqu'il soit votre fils, et même votre ouvrage,
Il est votre empereur : vous êtes, comme nous,
Sujette à ce pouvoir qu'il a reçu de vous.
Selon qu'il vous menace ou bien qu'il vous caresse,
La cour autour de vous ou s'écarte ou s'empresse.
C'est son appui qu'on cherche en cherchant votre appui.
Mais voici l'empereur.

AGRIPPINE.

Qu'on me laisse avec lui.

SCÈNE II.

NÉRON, AGRIPPINE.

AGRIPPINE, s'asseyant.

Approchez-vous, Néron, et prenez votre place.
On veut sur vos soupçons que je vous satisfasse.
J'ignore de quel crime on a pu me noircir :
De tous ceux que j'ai faits je vais vous éclaircir.
  Vous régnez : vous savez combien votre naissance
Entre l'empire et vous avoit mis de distance.
Les droits de mes aïeux, que Rome a consacrés,
Étoient même sans moi d'inutiles degrés.
Quand de Britannicus la mère condamnée [1]
Laissa de Claudius disputer l'hyménée,

---

[1] Annales de Tacite, livre XII, chap. j :

« Cæde Messalinæ convulsa principis domus, orto apud li-
« bertos certamine quis deligeret uxorem Claudio, cælibis vitæ
« intoleranti, et conjugum imperiis obnoxio. Nec minore ambitu
« feminæ exarserant : suam quæque nobilitatem, formam, opes
« contendere, ac digna tanto matrimonio ostentare. »

Le meurtre de Messaline bouleversa la maison de l'empereur.
Parmi les affranchis s'élevèrent aussitôt de grandes discordes
pour choisir une femme à Claude, prince incapable de supporter
le veuvage, et disposé à se laisser gouverner par une épouse. Les
intrigues des femmes ne furent ni moins vives, ni moins animées :
chacune fit valoir sa naissance, sa beauté, ses richesses : toutes
cherchèrent à se montrer dignes d'une si haute alliance.

Parmi tant de beautés qui briguèrent son choix,
Qui de ses affranchis mendièrent les voix,
Je souhaitai son lit, dans la seule pensée
De vous laisser au trône où je serois placée.
Je fléchis mon orgueil; j'allai prier Pallas. [1]
Son maître, chaque jour caressé dans mes bras,
Prit insensiblement dans les yeux de sa nièce
L'amour où je voulois amener sa tendresse.
Mais ce lien du sang qui nous joignoit tous deux [2]

---

[1] Annales de Tacite, livre XII, chap. iij :

« Prævaluêre hæc, adjuta Agrippinæ illecebris, quæ ad eum,
« per speciem necessitudinis, crebrò ventitando, pellicit pa-
« truum, ut prælata ceteris, et nondûm uxor, potentiâ uxoriâ
« jam uteretur. »

Les conseils de Pallas appuyés par les charmes d'Agrippine subjuguèrent l'esprit de Claude. Sous le prétexte de la parenté, fréquentant assidûment le palais de son oncle, elle l'enivra par ses caresses; et bientôt préférée à toutes ses rivales, sans avoir encore le nom d'épouse, elle en exerça la puissance.

[2] Tacite raconte toutes les circonstances de ce mariage, et s'étend sur la manière dont fut faite la loi dont il s'agit. Ce morceau est un des plus curieux que l'on trouve dans les annales. Il peint l'esprit du temps avec une vérité frappante. On le cite d'autant plus volontiers qu'il peut servir à montrer l'art de Racine, qui n'en a pris que la substance.

Annales de Tacite, livre XII, chap. v et vj :

« C. Pompeio, Q. Veranio consulibus pactum inter Claudium
« et Agrippinam matrimonium, jam fama, jam amore illicito
« firmabatur, nec dùm celebrare solennia nuptiarum audebant,

ACTE IV, SCÈNE II.
Écartoit Claudius d'un lit incestueux :
Il n'osoit épouser la fille de son frère.

« nullo exemplo deductæ in domum patrui fratris filiæ. Quin et
« incestum, ac si sperneretur, ne in malum publicum erumperet,
« metuebatur, Nec antè omissa cunctatio, quum Vitellius suis ar-
« tibus id perpetrandum sumpsit. Percunctatusque Cæsarem an
« jussis populi, an auctoritati senatûs cederet? Ubi ille, unum se
« civium et consensui imparem, respondit, opperiri intra pala-
« tium jubet; ipse curiam ingreditur, summamque rempublicam
« agi obtestans, veniam dicendi ante alios exposcit, orditurque :
« Gravissimos principis labores, quis orbem terræ capessat,
« egere adminiculis, ut, domesticâ curâ vacuus, in commune con-
« sulat : quod porrò honestius censoriæ mentis levamen, quàm
« adsumere conjugem prosperis dubiisque sociam, cui cogita-
« tiones intimas, cui parvos liberos tradat, non luxui aut vo-
« luptatibus adsuefactus, sed qui primâ ab juventâ legibus ob-
« temperavisset? »

« Postquàm hæc favorabili oratione præmisit, multaque pa-
« trum assentatio sequebatur; capto rursùs initio : Quando
« maritandum principem cuncti suaderent, deligi oportere fe-
« minam nobilitate, puerperiis, sanctimoniâ insignem. Nec diù
« anquirendum, quin Agrippina claritudine generis anteiret :
« datum ab eâ fecunditatis experimentum, et congruere artes
« honestas. Id verò egregium quod, provisu deûm, vidua jun-
« geretur principi sua tantùm matrimonia experto : audivisse à
« parentibus, vidisse ipsos arripi conjuges ad libita Cæsarum :
« procul id à præsenti modestiâ. Statueretur imò documentum
« quo uxorem imperator acciperet. At enim nova nobis in fra-
« trum filias conjugia; sed aliis gentibus solemnia, neque ullâ
« lege prohibita; et sobrinarum diù ignorata, tempore addito
« percrebuisse... Haud defuêre qui certatim, si cunctaretur Cæsar,
« vi acturos testificantes, erumperent curiâ. Conglobatur pro-

Le sénat fut séduit : une loi moins sévère
Mit Claude dans mon lit, et Rome à mes genoux.

« miscua multitudo, populumque Romanum eadem rogare cla-
« mitat. Nec Claudius ultrà exspectato, obvium apud forum
« præbet se gratantibus, senatumque ingressus, decretum pos-
« tulat quo justæ inter patruos fratrumque filias nuptiæ etiam in
« posterum statuerentur. »

Sous le consulat de Pompeius et de Veranius le bruit public annonçoit le mariage arrêté entre Claude et Agrippine comme existant déjà de fait par cette liaison intime que l'hymen seul permet : cependant ils n'osoient encore le célébrer publiquement, parcequ'il n'y avoit aucun exemple d'une nièce mariée à son oncle paternel. Claude craignoit l'inceste, et les fléaux publics dont il seroit suivi, s'il n'étoit expié. Cette incertitude ne cessa que lorsque Vitellius se fut chargé d'aplanir adroitement toutes les difficultés. Il presse l'empereur de lui dire s'il se soumettra aux ordres du peuple ou à l'autorité du sénat : celui-ci répond qu'il n'est qu'un citoyen, et qu'il ne résistera point au vœu général. Alors Vitellius lui dit de l'attendre au palais, court au sénat, où, attestant les dieux qu'il s'agit des plus grands intérêts de la république, il demande d'être entendu avant tout le monde : « Qui ne sait, dit-il, que les soins immenses du prince s'étendant sur l'univers entier, il a besoin dans ses affaires domestiques d'un appui qui lui permette de donner tout son temps pour le gouvernement de l'état ? et quelle consolation plus légitime et plus douce dans ses travaux que la société d'une épouse, compagne aimable de ses plaisirs et de ses chagrins, dépositaire de ses plus secrètes pensées, et seconde mère de ses jeunes enfants ? Un tel lien n'est-il pas le seul qui convienne à un prince ennemi du luxe et des voluptés, et qui, dès sa jeunesse, a donné l'exemple de la soumission aux lois ? »

Après cet exorde plein d'adresse, lorsqu'il vit que sa propo-

ACTE IV, SCÈNE II.   173

C'étoit beaucoup pour moi : ce n'étoit rien pour vous.
Je vous fis sur mes pas entrer dans sa famille ; [1]
Je vous nommai son gendre, et vous donnai sa fille :

---

sition étoit accueillie par les sénateurs avec toutes les démonstrations de la flatterie, Vitellius reprit ainsi : « Puisque vous convenez tous qu'il faut marier l'empereur, on doit lui choisir une épouse recommandable par ses mœurs, sa naissance et sa fécondité. Nos recherches ne seront pas longues. Agrippine l'emporte sur toutes les femmes par l'illustration de sa famille, et par des vertus qui y répondent ; nous avons un gage de sa fécondité. Par un effet de la bonté des dieux, Agrippine veuve semble destinée par eux à un prince qui n'a jamais connu que des nœuds légitimes. Nos pères nous l'ont appris, nous l'avons vu nousmêmes : les Césars enlevoient des femmes et s'unissoient à elles au gré de leurs caprices, violences inconnues du prince sous lequel nous vivons. Il faut aujourd'hui établir un exemple qui serve à ses successeurs. Il est vrai que, parmi nous, c'est une nouveauté que le mariage d'un oncle avec sa nièce; mais d'autres nations l'ont consacré, et il n'est défendu par aucune loi. Autrefois nous rejetions les alliances entre les cousins germains ; et le temps les a mises en usage... » A ce discours, il ne manqua pas de flatteurs assurant qu'ils emploieroient la force à l'égard du prince, s'il persistoit encore dans son incertitude. La multitude s'assemble en tumulte, et crie que tout le peuple romain partage le vœu du sénat. Claude ne balance plus ; il se prodigue dans le forum à cette foule d'adulateurs, entre dans le sénat, et sollicite une loi qui déclare légitime à l'avenir le mariage d'un oncle avec sa nièce.

[1] Annales de Tacite, livre XII, chap. iij.

« Nam ubi sui matrimonii certa fuit, struere majora, nuptias-
« que Domitii quem ex Cn. Ænobarbo genuerat, et Octaviæ,

Silanus, qui l'aimoit, s'en vit abandonné,
Et marqua de son sang ce jour infortuné.
Ce n'étoit rien encore. Eussiez-vous pu prétendre
Qu'un jour Claude à son fils dût préférer son gendre?
De ce même Pallas j'implorai le secours :
Claude vous adopta, vaincu par ses discours,
Vous appela Néron, et du pouvoir suprême
Voulut avant le temps vous faire part lui-même.
C'est alors que chacun, rappelant le passé,
Découvrit mon dessein déjà trop avancé;
Que de Britannicus la disgrace future
Des amis de son père excita le murmure.
Mes promesses aux uns éblouirent les yeux;
L'exil me délivra des plus séditieux ; [1]

« Cæsaris filiæ, moliri : quod sine scelere perpetrari non poterat,
« quia L. Silano desponderat Octaviam Cæsar. »

Assurée de la main de Claude, Agrippine porte encore plus haut son ambition; elle prépare de loin le mariage de Domitius, qu'elle avoit eu de Cn. Énobarbus, avec Octavie, fille de Claude; projet qui ne pouvoit s'exécuter sans un crime, parceque l'empereur avoit fiancé Octavie avec L. Silanus.

[1] Cette fermentation fut excitée par une fête où Néron parut avec les ornements du triomphe, et Britannicus en robe prétexte.

Annales de Tacite, livre XII, chap. xlj :

« Simul qui centurionum tribunorumque sortem Britannici
« miserabantur, remoti fictis causis, et alii per speciem honoris. »

En même temps, parmi les centurions et les tribuns qui plaignoient le sort de Britannicus, les uns furent exilés sous de faux prétextes, les autres éloignés par des honneurs apparents.

ACTE IV, SCÈNE II.

Claude même, lassé de ma plainte éternelle,
Éloigna de son fils tous ceux de qui le zèle,
Engagé dès long-temps à suivre son destin,
Pouvoit du trône encor lui rouvrir le chemin.
Je fis plus : je choisis moi-même dans ma suite
Ceux à qui je voulois qu'on livrât sa conduite.
J'eus soin de vous nommer, par un contraire choix,
Des gouverneurs que Rome honoroit de sa voix :
Je fus sourde à la brigue, et crus la renommée ;
J'appelai de l'exil, je tirai de l'armée,
Et ce même Sénèque, et ce même Burrhus,
Qui depuis.... Rome alors estimoit leurs vertus.
De Claude en même temps épuisant les richesses,
Ma main sous votre nom répandoit ses largesses.
Les spectacles, les dons, invincibles appas,
Vous attiroient les cœurs du peuple et des soldats,
Qui d'ailleurs, réveillant leur tendresse première,
Favorisoient en vous Germanicus mon père.

   Cependant Claudius penchoit vers son déclin.
Ses yeux, long-temps fermés, s'ouvrirent à la fin :
Il connut son erreur. Occupé de sa crainte,
Il laissa pour son fils échapper quelque plainte,
Et voulut, mais trop tard, assembler ses amis :
Ses gardes, son palais, son lit, m'étoient soumis.
Je lui laissai sans fruit consumer sa tendresse ;
De ses derniers soupirs je me rendis maîtresse :
Mes soins, en apparence épargnant ses douleurs,
De son fils, en mourant, lui cachèrent les pleurs.

Il mourut. Mille bruits en courent à ma honte.
J'arrêtai de sa mort la nouvelle trop prompte ; [1]
Et tandis que Burrhus alloit secrètement
De l'armée en vos mains exiger le serment,
Que vous marchiez au camp, conduit sous mes auspices,
Dans Rome les autels fumoient de sacrifices :
Par mes ordres trompeurs tout le peuple excité
Du prince déjà mort demandoit la santé.
Enfin, des légions l'entière obéissance
Ayant de votre empire affermi la puissance,

---

[1] Annales de Tacite, livre XII, chap. lxviij :

« Vocabatur interim senatus ; votaque pro incolumitate prin-
« cipis consules et sacerdotes nuncupabant, quum jam exanimis
« vestibus et fomentis obtegeretur, dùm res firmando Neronis
« imperio componuntur..... Cunctos aditus custodiis clauserat,
« crebròque vulgabat ire in melius valetudinem principis, quò
« miles bonâ in spe ageret... Tunc medio diei, tertium ante idus
« octobris, foribus palatii diductis, comitante Burrho, Nero
« egreditur ad cohortem quæ, more militiæ, excubiis adest. »

Cependant le sénat étoit convoqué ; les consuls et les prêtres adressoient des vœux pour la santé du prince qu'on accabloit de soin, et qu'on couvroit de vêtements, quoique déjà mort, pour avoir le temps d'assurer l'empire à Néron...... Toutes les issues du palais étoient scrupuleusement gardées, et l'on annonçoit de temps en temps que la santé du prince alloit mieux, afin d'entretenir l'espoir du soldat... Enfin le troisième jour avant les ides d'octobre, les portes du palais s'ouvrent tout à coup, et Néron, accompagné de Burrhus, s'avance selon l'usage vers la cohorte qui étoit en faction.

ACTE IV, SCÈNE II.

On vit Claude; et le peuple, étonné de son sort,
Apprit en même temps votre règne et sa mort.
  C'est le sincère aveu que je voulois vous faire :
Voilà tous mes forfaits. En voici le salaire :
  Du fruit de tant de soins à peine jouissant
En avez-vous six mois paru reconnoissant,
Que, lassé d'un respect qui vous gênoit peut-être,
Vous avez affecté de ne me plus connoître.
J'ai vu Burrhus, Sénèque, aigrissant vos soupçons,
De l'infidélité vous tracer des leçons,
Ravis d'être vaincus dans leur propre science.
J'ai vu favorisés de votre confiance *a*
Othon, Sénécion, jeunes voluptueux,
Et de tous vos plaisirs flatteurs respectueux; [1]
Et lorsque, vos mépris excitant mes murmures,

---

[1] Annales de Tacite, livre XIII, chap. xij :

« Simul adsumptis in conscientiam Othone et Claudio Sene-
« cione, adolescentulis decoris : quorum Otho familiâ consulari,
« Senecio liberto Cæsaris patre genitus, ignarâ matre, dein
« frustrà obnitente, penitùs irrepserant per luxum et ambigua
« secreta. »

Néron avoit donné toute sa confiance à Othon et à Claudius
Sénécion, jeunes gens d'une grande beauté : Othon d'une famille
consulaire, Sénécion, fils d'un affranchi de Claude, avoient su
pénétrer fort avant dans son esprit par leur luxe et par leur secrète dépravation. Agrippine d'abord ignora cette liaison; quand
elle la sut, elle s'y opposa vainement.

a J'ai vu favoriser de votre confiance, etc.

Je vous ai demandé raison de tant d'injures,
(Seul recours d'un ingrat qui se voit confondu),
Par de nouveaux affronts vous m'avez répondu.
Aujourd'hui je promets Junie à votre frère ;
Ils se flattent tous deux du choix de votre mère :
Que faites-vous ? Junie enlevée à la cour
Devient en une nuit l'objet de votre amour :
Je vois de votre cœur Octavie effacée
Prête à sortir du lit où je l'avois placée :
Je vois Pallas banni, votre frère arrêté :
Vous attentez enfin jusqu'à ma liberté :
Burrhus ose sur moi porter ses mains hardies.
Et lorsque, convaincu de tant de perfidies,
Vous deviez ne me voir que pour les expier,
C'est vous qui m'ordonnez de me justifier.

NÉRON.

Je me souviens toujours que je vous dois l'empire ;
Et sans vous fatiguer du soin de le redire,
Votre bonté, madame, avec tranquillité
Pouvoit se reposer sur ma fidélité.
Aussi-bien ces soupçons, ces plaintes assidues,
Ont fait croire à tous ceux qui les ont entendues
Que jadis, j'ose ici vous le dire entre nous,
Vous n'aviez sous mon nom travaillé que pour vous.
« Tant d'honneurs, disoient-ils, et tant de déférences,
« Sont-ce de ses bienfaits de foibles récompenses ?
« Quel crime a donc commis ce fils tant condamné ?
« Est-ce pour obéir qu'elle l'a couronné ?

ACTE IV, SCÈNE II.

« N'est-il de son pouvoir que le dépositaire ? »
Non que, si jusque-là j'avois pu vous complaire,
Je n'eusse pris plaisir, madame, à vous céder
Ce pouvoir que vos cris sembloient redemander :
Mais Rome veut un maître, et non une maîtresse. [1]
Vous entendiez les bruits qu'excitoit ma foiblesse :
Le sénat chaque jour et le peuple, irrités
De s'ouïr par ma voix dicter vos volontés,
Publioient qu'en mourant Claude avec sa puissance
M'avoit encor laissé sa simple obéissance.
Vous avez vu cent fois nos soldats en courroux
Porter en murmurant leurs aigles devant vous ;
Honteux de rabaisser par cet indigne usage
Les héros dont encore elles portent l'image.

---

[1] Allusion à une anecdote racontée par Tacite. Lorsque Caractacus fut fait prisonnier et amené à Rome, il présenta ses hommages à Agrippine, assise sur un trône peu éloigné de celui de Claude : les Romains furent indignés que cet honneur fût rendu à une femme.

Annales de Tacite, livre XII, chap. xxxvij :

« Illi vinclis exsoluti, Agrippinam quoque, haud procul alio
« suggestu conspicuam, iisdem quibus principem, laudibus gra-
« tibusque venerati sunt. Novum sane, et moribus veterum in-
« solitum, feminam signis Romanis præsidere ! »

Caractacus et sa famille délivrés de leurs fers s'avancèrent vers Agrippine, élevée sur un trône peu éloigné de celui de Claude, et lui rendirent les mêmes hommages qu'au prince. Spectacle nouveau pour nous et tout-à-fait contraire aux anciennes mœurs ! Les aigles romaines s'abaissoient devant une femme !

Toute autre se seroit rendue à leurs discours :
Mais, si vous ne régnez, vous vous plaignez toujours.[1]
Avec Britannicus contre moi réunie,
Vous le fortifiez du parti de Junie;
Et la main de Pallas trame tous ces complots.
Et, lorsque malgré moi j'assure mon repos,
On vous voit de colère et de haine animée :
Vous voulez présenter mon rival à l'armée;
Déjà jusques au camp le bruit en a couru.

AGRIPPINE.

Moi! le faire empereur? Ingrat! l'avez-vous cru?
Quel seroit mon dessein? qu'aurois-je pu prétendre?
Quels honneurs dans sa cour, quel rang pourrois-je attendre?
Ah! si sous votre empire on ne m'épargne pas,
Si mes accusateurs observent tous mes pas,
Si de leur empereur ils poursuivent la mère,
Que ferois-je au milieu d'une cour étrangère?[2]

---

[1] Tibère adressa le même reproche à Agrippine : « Si non do-
« minaris, inquit, injuriam te accipere existimas. »

Sueton. in Tiberio.

[2] Annales de Tacite, livre XIII, chap. xx) :

« Vivere ego, Britannico potiente rerum, poteram! ac si
« Plautus, aut quis alius, rempublicam judicaturus obtinuerit,
« desunt scilicet mihi accusatores, qui non verba, impatientiâ
« caritatis aliquandò incauta, sed ea crimina objiciant, quibus,
« nisi à filio, absolvi non possim. »

Britannicus régnant me laisseroit-il vivre? et si Plautus ou

Ils me reprocheroient, non des cris impuissants,
Des desseins étouffés aussitôt que naissants,
Mais des crimes pour vous commis à votre vue,
Et dont je ne serois que trop tôt convaincue.
Vous ne me trompez point, je vois tous vos détours;
Vous êtes un ingrat, vous le fûtes toujours :
Dès vos plus jeunes ans mes soins et mes tendresses
N'ont arraché de vous que de feintes caresses.
Rien ne vous a pu vaincre; et votre dureté
Auroit dû dans son cours arrêter ma bonté.
Que je suis malheureuse! Et par quelle infortune
Faut-il que tous mes soins me rendent importune!
Je n'ai qu'un fils : ô ciel, qui m'entends aujourd'hui,
T'ai-je fait quelques vœux qui ne fussent pour lui?
Remords, crainte, périls, rien ne m'a retenue.
J'ai vaincu ses mépris; j'ai détourné ma vue
Des malheurs qui dès-lors me furent annoncés;
J'ai fait ce que j'ai pu : vous régnez; c'est assez.
Avec ma liberté, que vous m'avez ravie,
Si vous le souhaitez, prenez encor ma vie,
Pourvu que par ma mort tout le peuple irrité
Ne vous ravisse pas ce qui m'a tant coûté.

NÉRON.

Hé bien donc, prononcez. Que voulez-vous qu'on fasse?

---

quelque autre s'emparoit du trône, manquerois-je d'accusateurs qui me reprocheroient, non des discours échappés à ma tendresse blessée, mais des crimes dont mon fils seul peut m'absoudre.

AGRIPPINE.

De mes accusateurs qu'on punisse l'audace;
Que de Britannicus on calme le courroux;
Que Junie à son choix puisse prendre un époux;
Qu'ils soient libres tous deux; et que Pallas demeure;
Que vous me permettiez de vous voir à toute heure;
(apercevant Burrhus dans le fond du théâtre.)
Que ce même Burrhus, qui nous vient écouter,
A votre porte enfin n'ose plus m'arrêter.

NÉRON.

Oui, madame, je veux que ma reconnoissance
Désormais dans les cœurs grave votre puissance;
Et je bénis déjà cette heureuse froideur
Qui de notre amitié va rallumer l'ardeur.
Quoi que Pallas ait fait, il suffit, je l'oublie :
Avec Britannicus je me réconcilie;
Et, quant à cet amour qui nous a séparés,
Je vous fais notre arbitre, et vous nous jugerez.
Allez donc, et portez cette joie à mon frère.
Gardes, qu'on obéisse aux ordres de ma mère.

SCÈNE III.

NÉRON, BURRHUS.

BURRHUS.

Que cette paix, seigneur, et ces embrassements
Vont offrir à mes yeux de spectacles charmants!

Vous savez si jamais ma voix lui fut contraire,
Si de son amitié j'ai voulu vous distraire,
Et si j'ai mérité cet injuste courroux.

NÉRON.

Je ne vous flatte point, je me plaignois de vous,
Burrhus; je vous ai crus tous deux d'intelligence :
Mais son inimitié vous rend ma confiance.
Elle se hâte trop, Burrhus, de triompher :
J'embrasse mon rival, mais c'est pour l'étouffer.

BURRHUS.

Quoi, seigneur!

NÉRON.

C'en est trop; il faut que sa ruine
Me délivre à jamais des fureurs d'Agrippine :
Tant qu'il respirera, je ne vis qu'à demi.
Elle m'a fatigué de ce nom ennemi;
Et je ne prétends pas que sa coupable audace
Une seconde fois lui promette ma place.

BURRHUS.

Elle va donc bientôt pleurer Britannicus?

NÉRON.

Avant la fin du jour je ne le craindrai plus.

BURRHUS.

Et qui de ce dessein vous inspire l'envie?

NÉRON.

Ma gloire, mon amour, ma sûreté, ma vie.

BURRHUS.

Non, quoi que vous disiez, cet horrible dessein
Ne fut jamais, seigneur, conçu dans votre sein.

NÉRON.

Burrhus!

BURRHUS.

De votre bouche, ô ciel! puis-je l'apprendre?
Vous-même sans frémir avez-vous pu l'entendre?
Songez-vous dans quel sang vous allez vous baigner?
Néron dans tous les cœurs est-il las de régner?
Que dira-t-on de vous? Quelle est votre pensée?

NÉRON.

Quoi! toujours enchaîné de ma gloire passée,
J'aurai devant les yeux je ne sais quel amour
Que le hasard nous donne et nous ôte en un jour?
Soumis à tous leurs vœux, à mes désirs contraire,
Suis-je leur empereur seulement pour leur plaire?

BURRHUS.

Et ne suffit-il pas, seigneur, à vos souhaits
Que le bonheur public soit un de vos bienfaits?
C'est à vous à choisir, vous êtes encor maître.
Vertueux jusqu'ici, vous pouvez toujours l'être :
Le chemin est tracé, rien ne vous retient plus ;
Vous n'avez qu'à marcher de vertus en vertus.
Mais si de vos flatteurs vous suivez la maxime,
Il vous faudra, seigneur, courir de crime en crime,
Soutenir vos rigueurs par d'autres cruautés,
Et laver dans le sang vos bras ensanglantés.

ACTE IV, SCÈNE III.

Britannicus mourant excitera le zèle
De ses amis, tout prêts à prendre sa querelle.
Ces vengeurs trouveront de nouveaux défenseurs,
Qui, même après leur mort, auront des successeurs :
Vous allumez un feu qui ne pourra s'éteindre.
Craint de tout l'univers, il vous faudra tout craindre,
Toujours punir, toujours trembler dans vos projets,
Et pour vos ennemis compter tous vos sujets.
 Ah! de vos premiers ans l'heureuse expérience
Vous fait-elle, seigneur, haïr votre innocence?
Songez-vous au bonheur qui les a signalés?
Dans quel repos, oh ciel! les avez-vous coulés!
Quel plaisir de penser et de dire en vous-même : [1]
« Par-tout en ce moment on me bénit, on m'aime ;
« On ne voit point le peuple à mon nom s'alarmer ;
« Le ciel dans tous leurs pleurs ne m'entend point nommer ;
« Leur sombre inimitié ne fuit point mon visage ;
« Je vois voler par-tout les cœurs à mon passage! »

---

[1] Sénèque, Traité de la Clémence, livre I, chap. viij et ix :

« Possum in quâlibet parte urbis solus incedere, sine timore,
« quamvis nullus sequatur comes, nullus sit domi, nullus ad
« latus gladius.... Quid pulchrius quàm vivere optantibus cunc-
« tis et vota non sub custode nuncupantibus! »

Je peux aller seul dans toutes les parties de la ville, sans crainte et sans que personne me suive : aucun glaive n'est tiré à la porte de mon palais, aucun ne brille à mes côtés..... Qu'il est doux pour un prince de vivre au milieu d'un peuple dont il est chéri, et d'entendre des vœux librement adressés au ciel pour son bonheur!

Tels étoient vos plaisirs. Quel changement, oh dieux!
Le sang le plus abject vous étoit précieux :
Un jour, il m'en souvient, le sénat équitable
Vous pressoit de souscrire à la mort d'un coupable ;
Vous résistiez, seigneur, à leur sévérité ;
Votre cœur s'accusoit de trop de cruauté ;
Et, plaignant les malheurs attachés à l'empire,
Je voudrois, disiez-vous, ne savoir pas écrire.
Non, ou vous me croirez, ou bien de ce malheur
Ma mort m'épargnera la vue et la douleur :
On ne me verra point survivre à votre gloire.
Si vous allez commettre une action si noire,

(se jetant aux pieds de Néron.)

Me voilà prêt, seigneur ; avant que de partir,
Faites percer ce cœur qui n'y peut consentir :
Appelez les cruels qui vous l'ont inspirée ;
Qu'ils viennent essayer leur main mal assurée....
Mais je vois que mes pleurs touchent mon empereur
Je vois que sa vertu frémit de leur fureur.
Ne perdez point de temps, nommez-moi les perfides
Qui vous osent donner ces conseils parricides ;
Appelez votre frère, oubliez dans ses bras....

NÉRON.

Ah ! que demandez-vous ?

BURRHUS.

Non, il ne vous hait pas,
Seigneur ; on le trahit : je sais son innocence ;

Je vous réponds pour lui de son obéissance.
J'y cours. Je vais presser un entretien si doux.

NÉRON.

Dans mon appartement qu'il m'attende avec vous.

SCÈNE IV.

NÉRON, NARCISSE.

NARCISSE.

Seigneur, j'ai tout prévu pour une mort si juste ;
Le poison est tout prêt. La fameuse Locuste
A redoublé pour moi ses soins officieux : [1]
Elle a fait expirer un esclave à mes yeux ;
Et le fer est moins prompt pour trancher une vie,
Que le nouveau poison que sa main me confie. [2]

NÉRON.

Narcisse, c'est assez ; je reconnois ce soin,
Et ne souhaite pas que vous alliez plus loin,

---

[1] Locuste, dit Tacite, autrefois condamnée pour crime d'empoisonnement, et regardée depuis long-temps comme un instrument nécessaire de l'autorité souveraine.

« Locusta, nuper veneficii damnata, et diù inter instrumenta
« regni habita. »

Annal. lib. XII, cap. lxvj.

[2] Trait tiré de Tacite : « Promittentibus dein tàm præcipitem
« necem, quàm si ferro urgeretur. »

Annal. lib. XIII, cap. xv.

NARCISSE.

Quoi! pour Britannicus votre haine affoiblie
Me défend....

NÉRON.

Oui, Narcisse; on nous réconcilie.

NARCISSE.

Je me garderai bien de vous en détourner,
Seigneur. Mais il s'est vu tantôt emprisonner :
Cette offense en son cœur sera long-temps nouvelle.
Il n'est point de secrets que le temps ne révèle :
Il saura que ma main lui devoit présenter
Un poison que votre ordre avoit fait apprêter.
Les dieux de ce dessein puissent-ils le distraire!
Mais peut-être il fera ce que vous n'osez faire.

NÉRON.

On répond de son cœur; et je vaincrai le mien.

NARCISSE.

Et l'hymen de Junie en est-il le lien?
Seigneur, lui faites-vous encor ce sacrifice?

NÉRON.

C'est prendre trop de soin. Quoi qu'il en soit, Narcisse,
Je ne le compte plus parmi mes ennemis.

NARCISSE.

Agrippine, seigneur, se l'étoit bien promis :
Elle a repris sur vous son souverain empire.

NÉRON.

Quoi donc? Qu'a-t-elle dit? Et que voulez-vous dire?

NARCISSE.

Elle s'en est vantée assez publiquement.

NÉRON.

De quoi?

NARCISSE.

Qu'elle n'avoit qu'à vous voir un moment ;
Qu'à tout ce grand éclat, à ce courroux funeste,
On verroit succéder un silence modeste ;
Que vous-même à la paix souscririez le premier :
Heureux que sa bonté daignât tout oublier.

NÉRON.

Mais, Narcisse, dis-moi, que veux-tu que je fasse ?
Je n'ai que trop de pente à punir son audace ;
Et, si je m'en croyois, ce triomphe indiscret
Seroit bientôt suivi d'un éternel regret.
Mais de tout l'univers quel sera le langage ?
Sur les pas des tyrans veux-tu que je m'engage,
Et que Rome, effaçant tant de titres d'honneur,
Me laisse pour tous noms celui d'empoisonneur ?
Ils mettront ma vengeance au rang des parricides.

NARCISSE.

Et prenez-vous, seigneur, leurs caprices pour guides ?
Avez-vous prétendu qu'ils se tairoient toujours ?
Est-ce à vous de prêter l'oreille à leurs discours ?
De vos propres désirs perdrez-vous la mémoire ?
Et serez-vous le seul que vous n'oserez croire ?
Mais, seigneur, les Romains ne vous sont pas connus ;

Non, non : dans leurs discours ils sont plus retenus.
Tant de précaution affoiblit votre règne :
Ils croiront, en effet, mériter qu'on les craigne.
Au joug, depuis long-temps, ils se sont façonnés ;
Ils adorent la main qui les tient enchaînés.
Vous les verrez toujours ardents à vous complaire :
Leur prompte servitude a fatigué Tibère.
Moi-même, revêtu d'un pouvoir emprunté
Que je reçus de Claude avec la liberté,
J'ai cent fois, dans le cours de ma gloire passée,
Tenté leur patience, et ne l'ai point lassée.
D'un empoisonnement vous craignez la noirceur ?
Faites périr le frère, abandonnez la sœur :
Rome sur les autels prodiguant les victimes,
Fussent-ils innocents, leur trouvera des crimes ;
Vous verrez mettre au rang des jours infortunés
Ceux où jadis la sœur et le frère sont nés.

NÉRON.

Narcisse, encore un coup, je ne puis l'entreprendre.
J'ai promis à Burrhus, il a fallu me rendre.
Je ne veux point encore, en lui manquant de foi,
Donner à sa vertu des armes contre moi.
J'oppose à ses raisons un courage inutile ;
Je ne l'écoute point avec un cœur tranquille.

NARCISSE.

Burrhus ne pense pas, seigneur, tout ce qu'il dit :
Son adroite vertu ménage son crédit.
Ou plutôt ils n'ont tous qu'une même pensée :

Ils verroient par ce coup leur puissance abaissée :
Vous seriez libre alors, seigneur; et, devant vous,
Ces maîtres orgueilleux fléchiroient comme nous.
Quoi donc! ignorez-vous tout ce qu'ils osent dire?
« Néron, s'ils en sont crus, n'est point né pour l'empire.
« Il ne dit, il ne fait que ce qu'on lui prescrit :
« Burrhus conduit son cœur, Sénèque son esprit.
« Pour toute ambition, pour vertu singulière,
« Il excelle à conduire un char dans la carrière ;
« A disputer des prix indignes de ses mains ;
« A se donner lui-même en spectacle aux Romains ;
« A venir prodiguer sa voix sur un théâtre ;
« A réciter des chants qu'il veut qu'on idolâtre ;
« Tandis que des soldats, de moments en moments,
« Vont arracher pour lui les applaudissements. »
Ah! ne voulez-vous pas les forcer à se taire?

NÉRON.

Viens, Narcisse : allons voir ce que nous devons faire.

FIN DU QUATRIÈME ACTE.

ACTE CINQUIÈME.

SCÈNE I.

BRITANNICUS, JUNIE.

BRITANNICUS.

Oui, madame, Néron, qui l'auroit pu penser !
Dans son appartement m'attend pour m'embrasser.
Il y fait de sa cour inviter la jeunesse :
Il veut que d'un festin la pompe et l'allégresse
Confirment à leurs yeux la foi de nos serments,
Et réchauffent l'ardeur de nos embrassements.
Il éteint cet amour source de tant de haine ;
Il vous fait de mon sort arbitre souveraine.
Pour moi, quoique banni du rang de mes aïeux,
Quoique de leur dépouille il se pare à mes yeux ;
Depuis qu'à mon amour cessant d'être contraire
Il semble me céder la gloire de vous plaire,
Mon cœur, je l'avoûrai, lui pardonne en secret,
Et lui laisse le reste avec moins de regret.
Quoi ! je ne serai plus séparé de vos charmes !
Quoi ! même en ce moment, je puis voir sans alarmes
Ces yeux que n'ont émus ni soupirs ni terreur,
Qui m'ont sacrifié l'empire et l'empereur !

ACTE V, SCÈNE I.

Ah, madame!.... Mais quoi! quelle nouvelle crainte
Tient parmi mes transports votre joie en contrainte?
D'où vient qu'en m'écoutant, vos yeux, vos tristes yeux,
Avec de longs regards se tournent vers les cieux?
Qu'est-ce que vous craignez?

JUNIE.

Je l'ignore moi-même :
Mais je crains.

BRITANNICUS.

Vous m'aimez?

JUNIE.

Hélas! si je vous aime!

BRITANNICUS.

Néron ne trouble plus notre félicité.

JUNIE.

Mais me répondez-vous de sa sincérité?

BRITANNICUS.

Quoi! vous le soupçonnez d'une haine couverte?

JUNIE.

Néron m'aimoit tantôt, il juroit votre perte;
Il me fuit, il vous cherche : un si grand changement
Peut-il être, seigneur, l'ouvrage d'un moment?

BRITANNICUS.

Cet ouvrage, madame, est un coup d'Agrippine :
Elle a cru que ma perte entraînoit sa ruine.
Grace aux préventions de son esprit jaloux,
Nos plus grands ennemis ont combattu pour nous.

Je m'en fie aux transports qu'elle m'a fait paroître ;
Je m'en fie à Burrhus : j'en crois même son maître ;
Je crois qu'à mon exemple, impuissant à trahir,
Il hait à cœur ouvert, ou cesse de haïr.

JUNIE.

Seigneur, ne jugez pas de son cœur par le vôtre ;
Sur des pas différents vous marchez l'un et l'autre.
Je ne connois Néron et la cour que d'un jour :
Mais, si je l'ose dire, hélas ! dans cette cour
Combien tout ce qu'on dit est loin de ce qu'on pense !
Que la bouche et le cœur sont peu d'intelligence !
Avec combien de joie on y trahit sa foi !
Quel séjour étranger et pour vous et pour moi !

BRITANNICUS.

Mais que son amitié soit véritable ou feinte,
Si vous craignez Néron, lui-même est-il sans crainte ?
Non, non, il n'ira point, par un lâche attentat,
Soulever contre lui le peuple et le sénat.
Que dis-je ? il reconnoît sa dernière injustice ;
Ses remords ont paru, même aux yeux de Narcisse.
Ah ! s'il vous avoit dit, ma princesse, à quel point....

JUNIE.

Mais Narcisse, seigneur, ne vous trahit-il point ? *a*

a Racine a supprimé les huit vers suivants qui commençoient la réplique de Britannicus :

Lui me trahir ! Hé quoi ! vous voulez donc, madame,
Qu'à d'éternels soupçons j'abandonne mon ame !

ACTE V, SCÈNE I.

BRITANNICUS.

Et pourquoi voulez-vous que mon cœur s'en défie?

JUNIE.

Et que sais-je? il y va, seigneur, de votre vie :
Tout m'est suspect : je crains que tout ne soit séduit;
Je crains Néron; je crains le malheur qui me suit.
D'un noir pressentiment malgré moi prévenue,
Je vous laisse à regret éloigner de ma vue.
Hélas! si cette paix dont vous vous repaissez
Couvroit contre vos jours quelques pièges dressés;
Si Néron, irrité de notre intelligence,
Avoit choisi la nuit pour cacher sa vengeance;
S'il préparoit ses coups tandis que je vous vois;
Et si je vous parlois pour la dernière fois!
Ah, prince!

BRITANNICUS.

Vous pleurez! ah, ma chère princesse!
Et pour moi jusque-là votre cœur s'intéresse!
Quoi, madame! en un jour où plein de sa grandeur
Néron croit éblouir vos yeux de sa splendeur,
Dans des lieux où chacun me fuit et le révère,
Aux pompes de sa cour préférer ma misère!

<blockquote>
Seul de tous mes amis, Narcisse m'est resté.
L'a-t-on vu de mon père oublier la bonté?
S'est-il rendu, madame, indigne de la mienne?
Néron, de temps en temps, souffre qu'il l'entretienne;
Je le sais. Mais il peut, sans violer sa foi,
Tenir lieu d'interprète entre Néron et moi.
Et pourquoi, etc.
</blockquote>

Quoi ! dans ce même jour et dans ces mêmes lieux,
Refuser un empire, et pleurer à mes yeux !
Mais, madame, arrêtez ces précieuses larmes ;
Mon retour va bientôt dissiper vos alarmes.
Je me rendrois suspect par un plus long séjour :
Adieu. Je vais, le cœur tout plein de mon amour,
Au milieu des transports d'une aveugle jeunesse,
Ne voir, n'entretenir que ma belle princesse.
Adieu.

JUNIE.

Prince....

BRITANNICUS.

On m'attend, madame, il faut partir.

JUNIE.

Mais du moins attendez qu'on vous vienne avertir.

SCÈNE II.

AGRIPPINE, BRITANNICUS, JUNIE.

AGRIPPINE.

Prince, que tardez-vous ? Partez en diligence.
Néron impatient se plaint de votre absence.
La joie et le plaisir de tous les conviés
Attend, pour éclater, que vous vous embrassiez.
Ne faites point languir une si juste envie ;
Allez. Et nous, madame, allons, chez Octavie.

ACTE V, SCÈNE II.

BRITANNICUS.

Allez, belle Junie, et, d'un esprit content,
Hâtez-vous d'embrasser ma sœur qui vous attend.
Dès que je le pourrai, je reviens sur vos traces,
Madame, et de vos soins j'irai vous rendre graces.

SCÈNE III.

AGRIPPINE, JUNIE.

AGRIPPINE.

Madame, ou je me trompe, ou durant vos adieux
Quelques pleurs répandus ont obscurci vos yeux.
Puis-je savoir quel trouble a formé ce nuage?
Doutez-vous d'une paix dont je fais mon ouvrage?

JUNIE.

Après tous les ennuis que ce jour m'a coûtés,
Ai-je pu rassurer mes esprits agités?
Hélas! à peine encor je conçois ce miracle.
Quand même à vos bontés je craindrois quelque obstacle,
Le changement, madame, est commun à la cour,
Et toujours quelque crainte accompagne l'amour.

AGRIPPINE.

Il suffit, j'ai parlé, tout a changé de face :
Mes soins à vos soupçons ne laissent point de place.
Je réponds d'une paix jurée entre mes mains;
Néron m'en a donné des gages trop certains.
Ah! si vous aviez vu par combien de caresses
Il m'a renouvelé la foi de ses promesses!

Par quels embrassements il vient de m'arrêter !
Ses bras dans nos adieux ne pouvoient me quitter.
Sa facile bonté, sur son front répandue,
Jusqu'aux moindres secrets est d'abord descendue.
Il s'épanchoit en fils qui vient en liberté
Dans le sein de sa mère oublier sa fierté.
Mais bientôt reprenant un visage sévère,
Tel que d'un empereur qui consulte sa mère,
Sa confidence auguste a mis entre mes mains
Des secrets d'où dépend le destin des humains.
Non, il le faut ici confesser à sa gloire,
Son cœur n'enferme point une malice noire ;
Et nos seuls ennemis, altérant sa bonté,
Abusoient contre nous de sa facilité.
Mais enfin à son tour leur puissance décline ;
Rome encore une fois va connoître Agrippine :
Déjà de ma faveur on adore le bruit.
Cependant en ces lieux n'attendons pas la nuit :
Passons chez Octavie, et donnons-lui le reste
D'un jour autant heureux que je l'ai cru funeste.
Mais qu'est-ce que j'entends ? quel tumulte confus ?
Que peut-on faire ?

JUNIE.

O ciel, sauvez Britannicus !

SCÈNE IV.

AGRIPPINE, JUNIE, BURRHUS.

AGRIPPINE.

Burrhus, où courez-vous ? arrêtez. Que veut dire....

BURRHUS.

Madame, c'en est fait, Britannicus expire.

JUNIE.

Ah ! mon prince !

AGRIPPINE.

Il expire ?

BURRHUS.

Ou plutôt il est mort, Madame.

JUNIE.

Pardonnez, madame, à ce transport.
Je vais le secourir, si je puis, ou le suivre.

SCÈNE V.

AGRIPPINE, BURRHUS.

AGRIPPINE.

Quel attentat, Burrhus !

BURRHUS.

Je n'y pourrai survivre,
Madame ; il faut quitter la cour et l'empereur.

AGRIPPINE.

Quoi ! du sang de son frère il n'a point eu d'horreur !

BURRHUS.

Ce dessein s'est conduit avec plus de mystère.
A peine l'empereur a vu venir son frère,
Il se lève, il l'embrasse, on se tait; et soudain
César prend le premier une coupe à la main :
« Pour achever ce jour sous de meilleurs auspices,
« Ma main de cette coupe épanche les prémices,
« Dit-il : Dieux ; que j'appelle à cette effusion,
« Venez favoriser notre réunion. »
Par les mêmes serments Britannicus se lie.
La coupe dans ses mains par Narcisse est remplie : [1]

---

[1] Annales de Tacite, livre XIII, chap. xvj :

« Dein postquam fervore adspernabatur, frigidâ in aquâ ad-
« funditur venenum, quod ita cunctos ejus artus pervasit, ut
« vox pariter et spiritus ejus raperentur. Trepidatur à circum-
« sedentibus, diffugiunt imprudentes. At quibus altior intel-
« lectus, resistunt defixi, et Neronem intuentes. Ille, ut erat
« reclinis, et nescio similis : Solitum ita, ait, per comitialem
« morbum quo primum ab infantiâ adflictaretur Britannicus,
« et redituros paullatim visus sensusque... Ita post breve silen-
« tium, repetita convivii lætitia. »

Britannicus ayant refusé le breuvage trop chaud qu'on lui
présentoit, on lui versa de l'eau froide où étoit le poison qui
pénétra si rapidement dans tous ses membres, qu'il perdit en
même temps la respiration et la voix. Grand trouble parmi ceux
qui l'entourent; les moins expérimentés prennent la fuite. Mais
ceux qui ont un plus grand usage de la cour restent immobiles,
et regardent fixement Néron. Lui étendu sur son lit, et comme
ignorant ce qui se passe : « C'est, dit-il, une maladie à laquelle

ACTE V, SCÈNE V.

Mais ses lèvres à peine en ont touché les bords,
Le fer ne produit point de si puissants efforts,
Madame, la lumière à ses yeux est ravie,
Il tombe sur son lit sans chaleur et sans vie.
Jugez combien ce coup frappe tous les esprits :
La moitié s'épouvante et sort avec des cris ;
Mais ceux qui de la cour ont un plus long usage
Sur les yeux de César composent leur visage.
Cependant sur son lit il demeure penché,
D'aucun étonnement il ne paroît touché :
« Ce mal dont vous craignez, dit-il, la violence
« A souvent sans péril attaqué son enfance. »
Narcisse veut en vain affecter quelque ennui,
Et sa perfide joie éclate malgré lui.
Pour moi, dût l'empereur punir ma hardiesse,
D'une odieuse cour j'ai traversé la presse ;
Et j'allois, accablé de cet assassinat,
Pleurer Britannicus, César, et tout l'état.

AGRIPPINE.

Le voici. Vous verrez si c'est moi qui l'inspire. *a*

Britannicus est sujet depuis son enfance : le sentiment et la vue lui reviendront bientôt..... » Après un moment de silence on reprit le festin avec la même gaîeté.

a Racine a supprimé dans la scène suivante le rôle de Junie. Le dernier vers de la scène précédente étoit ainsi :

— Le voici. Vous verrez si je suis sa complice.
Demeurez.

BRITANNICUS.

SCÈNE VI.[a]

AGRIPPINE, NÉRON, BURRHUS, NARCISSE.

NÉRON, voyant Agrippine.

Dieux!

AGRIPPINE.

Arrêtez, Néron; j'ai deux mots à vous dire.
Britannicus est mort : je reconnois les coups;
Je connois l'assassin.

NÉRON.

Et qui, madame?

[a] Voici la scène qui précédoit celle-ci :

NÉRON, à Junie.

De vos pleurs j'approuve la justice.
Mais, madame, évitez ce spectacle odieux;
Moi-même, en frémissant, j'en détourne les yeux.
Il est mort : tôt ou tard il faut qu'on vous l'avoue.
Ainsi de nos destins la fortune se joue;
Quand nous nous rapprochons, le ciel nous désunit.

JUNIE.

J'aimois Britannicus, seigneur, je vous l'ai dit.
Si de quelque pitié ma misère est suivie,
Qu'on me laisse chercher dans le sein d'Octavie
Un entretien conforme à l'état où je suis.

NÉRON.

Belle Junie, allez; moi-même je vous suis.
Je vais, par tous les soins que la tendresse inspire,
Vous.....

AGRIPPINE.

Arrêtez, Néron; j'ai deux mots à vous dire.

ACTE V, SCÈNE VI.

AGRIPPINE.

Vous.

NÉRON.

Moi! voilà les soupçons dont vous êtes capable.
Il n'est point de malheur dont je ne sois coupable;
Et si l'on veut, madame, écouter vos discours,
Ma main de Claude même aura tranché les jours.
Son fils vous étoit cher, sa mort peut vous confondre :
Mais des coups du destin je ne puis pas répondre.

AGRIPPINE.

Non, non; Britannicus est mort empoisonné :
Narcisse a fait le coup; vous l'avez ordonné.

NÉRON.

Madame!.... Mais qui peut vous tenir ce langage?

NARCISSE.

Hé, seigneur! ce soupçon vous fait-il tant d'outrage?
Britannicus, madame, eut des desseins secrets
Qui vous auroient coûté de plus justes regrets :
Il aspiroit plus loin qu'à l'hymen de Junie;
De vos propres bontés il vous auroit punie.
Il vous trompoit vous-même, et son cœur offensé *a*
Prétendoit tôt ou tard rappeler le passé.
Soit donc que malgré vous le sort vous ait servie :
Soit qu'instruit des complots qui menaçoient sa vie
Sur ma fidélité César s'en soit remis,

a Madame, il vous trompoit, et son cœur offensé
Prétendoit, etc.

Laissez les pleurs, madame, à vos seuls ennemis;
Qu'ils mettent ce malheur au rang des plus sinistres :
Mais vous...

AGRIPPINE.

Poursuis, Néron; avec de tels ministres,
Par des faits glorieux tu te vas signaler :
Poursuis. Tu n'as pas fait ce pas pour reculer :
Ta main a commencé par le sang de ton frère;
Je prévois que tes coups viendront jusqu'à ta mère :
Dans le fond de ton cœur je sais que tu me hais;
Tu voudras t'affranchir du joug de mes bienfaits. *a*
Mais je veux que ma mort te soit même inutile :
Ne crois pas qu'en mourant je te laisse tranquille;
Rome, ce ciel, ce jour que tu reçus de moi,
Par-tout, à tout moment, m'offriront devant toi.
Tes remords te suivront comme autant de furies :
Tu croiras les calmer par d'autres barbaries;
Ta fureur, s'irritant soi-même dans son cours,
D'un sang toujours nouveau marquera tous tes jours.
Mais j'espère qu'enfin le ciel, las de tes crimes,
Ajoutera ta perte à tant d'autres victimes;
Qu'après t'être couvert de leur sang et du mien
Tu te verras forcé de répandre le tien ;
Et ton nom paroîtra, dans la race future,
Aux plus cruels tyrans une cruelle injure.
Voilà ce que mon cœur se présage de toi.
Adieu : tu peux sortir.

a Tu te fatigueras d'entendre tes forfaits.

NÉRON.

Narcisse, suivez-moi.

SCÈNE VII.

AGRIPPINE, BURRHUS.

AGRIPPINE.

Ah ciel! de mes soupçons quelle étoit l'injustice!
Je condamnois Burrhus pour écouter Narcisse!
Burrhus, avez-vous vu quels regards furieux
Néron en me quittant m'a laissés pour adieux?
C'en est fait, le cruel n'a plus rien qui l'arrête;
Le coup qu'on m'a prédit va tomber sur ma tête.
Il vous accablera vous-même à votre tour.

BURRHUS.

Ah, madame! pour moi j'ai vécu trop d'un jour.
Plût au ciel que sa main, heureusement cruelle,
Eût fait sur moi l'essai de sa fureur nouvelle!
Qu'il ne m'eût pas donné, par ce triste attentat,
Un gage trop certain des malheurs de l'état!
Son crime seul n'est pas ce qui me désespère;
Sa jalousie a pu l'armer contre son frère:
Mais, s'il vous faut, madame, expliquer ma douleur,
Néron l'a vu mourir sans changer de couleur.
Ses yeux indifférents ont déjà la constance
D'un tyran dans le crime endurci dès l'enfance.

Qu'il achève, madame, et qu'il fasse périr
Un ministre importun qui ne le peut souffrir.
Hélas! loin de vouloir éviter sa colère,
La plus soudaine mort me sera la plus chère.

SCÈNE VIII.

AGRIPPINE, BURRHUS, ALBINE.

ALBINE.

Ah, madame! ah, seigneur! courez vers l'empereur,
Venez sauver César de sa propre fureur;
Il se voit pour jamais séparé de Junie.

AGRIPPINE.

Quoi! Junie elle-même a terminé sa vie?

ALBINE.

Pour accabler César d'un éternel ennui,
Madame, sans mourir elle est morte pour lui.
Vous savez de ces lieux comme elle s'est ravie :
Elle a feint de passer chez la triste Octavie;
Mais bientôt elle a pris des chemins écartés,
Où mes yeux ont suivi ses pas précipités.
Des portes du palais elle sort éperdue.
D'abord elle a d'Auguste aperçu la statue;
Et mouillant de ses pleurs le marbre de ses pieds
Que de ses bras pressants elle tenoit liés :
« Prince, par ces genoux, dit-elle, que j'embrasse,
« Protège en ce moment le reste de ta race :

ACTE V, SCÈNE VIII.

« Rome, dans ton palais, vient de voir immoler
« Le seul de tes neveux qui te pût ressembler.
« On veut après sa mort que je lui sois parjure.
« Mais pour lui conserver une foi toujours pure,
« Prince, je me dévoue à ces dieux immortels
« Dont ta vertu t'a fait partager les autels. »
Le peuple cependant, que ce spectacle étonne,
Vole de toutes parts, se presse, l'environne,
S'attendrit à ses pleurs, et, plaignant son ennui,
D'une commune voix la prend sous son appui.
Ils la mènent au temple, où depuis tant d'années
Au culte des autels nos vierges destinées
Gardent fidèlement le dépôt précieux
Du feu toujours ardent qui brûle pour nos dieux.
César les voit partir sans oser les distraire.
Narcisse, plus hardi, s'empresse pour lui plaire ;
Il vole vers Junie, et, sans s'épouvanter,
D'une profane main commence à l'arrêter.
De mille coups mortels son audace est punie ;
Son infidèle sang rejaillit sur Junie.
César, de tant d'objets en même temps frappé,
Le laisse entre les mains qui l'ont enveloppé.
Il rentre. Chacun fuit son silence farouche :
Le seul nom de Junie échappe de sa bouche.
Il marche sans dessein : ses yeux mal assurés
N'osent lever au ciel leurs regards égarés :
Et l'on craint, si la nuit jointe à la solitude
Vient de son désespoir aigrir l'inquiétude,

Si vous l'abandonnez plus long-temps sans secours,
Que sa douleur bientôt n'attente sur ses jours.
Le temps presse : courez. Il ne faut qu'un caprice ;
Il se perdroit, madame.

AGRIPPINE.

Il se feroit justice.
Mais, Burrhus, allons voir jusqu'où vont ses transports :
Voyons quel changement produiront ses remords ;
S'il voudra désormais suivre d'autres maximes.

BURRHUS.

Plût aux dieux que ce fût le dernier de ses crimes !

FIN DE BRITANNICUS.

BÉRÉNICE,

TRAGÉDIE.

1670.

A MONSEIGNEUR
COLBERT,

Secrétaire d'état, contrôleur général des finances, surintendant des bâtiments, grand trésorier des ordres du roi, marquis de Seignelay, etc.

MONSEIGNEUR,

Quelque juste défiance que j'aie de moi-même et de mes ouvrages, j'ose espérer que vous ne condamnerez pas la liberté que je prends de vous dédier cette tragédie.

ÉPITRE

Vous ne l'avez pas jugée tout-à-fait indigne de votre approbation. Mais ce qui fait son plus grand mérite auprès de vous, c'est, Monseigneur, que vous avez été témoin du bonheur qu'elle a eu de ne pas déplaire à sa majesté.

L'on sait que les moindres choses vous deviennent considérables, pour peu qu'elles puissent servir ou à sa gloire ou à son plaisir; et c'est ce qui fait qu'au milieu de tant d'importantes occupations, où le zèle de votre prince et le bien public vous tiennent continuellement attaché, vous ne dédaignez pas quelquefois de descendre jusqu'à nous, pour nous demander compte de notre loisir.

J'aurois ici une belle occasion de m'étendre sur vos louanges, si vous me permettiez de vous louer. Et que ne dirois-je point de tant de rares qualités qui vous ont attiré l'admiration de toute la France; de cette pénétration à laquelle rien n'échappe; de cet esprit vaste qui embrasse, qui exécute tout à la fois tant de grandes choses; de cette ame que rien n'étonne, que rien ne fatigue!

Mais, Monseigneur, il faut être plus retenu à vous parler de vous-même, et je craindrois de m'exposer, par un éloge importun, à vous faire repentir de l'attention favorable dont vous m'avez honoré; il vaut mieux que je

songe à la mériter par quelques nouveaux ouvrages :
aussi-bien c'est le plus agréable remercîment qu'on vous
puisse faire. Je suis avec un profond respect,

MONSEIGNEUR,

Votre très humble et très
obéissant serviteur,
RACINE.

PRÉFACE.

Titus reginam Berenicen, cui etiam nuptias pollicitus ferebatur.... statim ab urbe dimisit invitus invitam.

C'est-à-dire que Titus, qui aimoit passionnément Bérénice, et qui même, à ce qu'on croyoit, lui avoit promis de l'épouser, la renvoya de Rome, malgré lui, et malgré elle, dès les premiers jours de son empire.

Cette action est très fameuse dans l'histoire; et je l'ai trouvée très propre pour le théâtre, par la violence des passions qu'elle y pouvoit exciter. En effet, nous n'avons rien de plus touchant dans tous les poëtes, que la séparation d'Énée et de Didon, dans Virgile. Et qui doute que ce qui a pu fournir assez de matière pour tout un chant d'un poëme héroïque, où l'action dure plusieurs jours, ne puisse suffire pour le sujet d'une tragédie, dont la durée ne doit être que de quelques heures? Il est vrai que je n'ai point poussé Bérénice jusqu'à se tuer comme Didon, parceque Bérénice n'ayant pas ici avec Titus les derniers engagements que Didon avoit avec Énée, elle n'est pas obligée, comme elle, de renoncer à la vie. A cela près, le dernier adieu qu'elle dit à Titus, et l'effort qu'elle se fait pour s'en séparer, n'est pas le moins tragique de la pièce ; et j'ose dire qu'il renouvelle assez bien dans le cœur des spectateurs l'émotion que le reste y avoit pu exciter. Ce n'est point une nécessité qu'il y ait du sang et des morts dans une tragédie ; il suffit que l'action en soit grande, que les acteurs en soient héroïques, que les passions y soient excitées, et que tout s'y ressente de cette tristesse majestueuse qui fait tout le plaisir de la tragédie.

Je crus que je pourrois rencontrer toutes ces parties dans mon sujet. Mais ce qui m'en plut davantage, c'est que je le trouvai extrêmement simple. Il y avoit long-temps que je voulois essayer si je pourrois faire une tragédie avec cette simplicité d'action qui a été si fort du goût des anciens : car c'est un des premiers préceptes qu'ils nous ont laissés. « Que ce que vous ferez, dit Horace, soit toujours simple, et ne soit qu'un. » Ils ont admiré l'Ajax de Sophocle, qui n'est autre chose qu'Ajax qui se tue de regret à cause de la fureur où il étoit tombé après le refus qu'on lui avoit fait des armes d'Achille. Ils ont admiré le PHILOCTÈTE, dont tout le sujet est Ulysse qui vient pour surprendre les flèches d'Hercule. L'ŒDIPE même, quoique tout plein de reconnoissances, est moins chargé de matière que la plus simple tragédie de nos jours. Nous voyons enfin que les partisans de Térence, qui l'élèvent avec raison au-dessus de tous les poëtes comiques, pour l'élégance de sa diction et pour la vraisemblance de ses mœurs, ne laissent pas de confesser que Plaute a un grand avantage sur lui par la simplicité qui est dans la plupart des sujets de Plaute. Et c'est sans doute cette simplicité merveilleuse qui a attiré à ce dernier toutes les louanges que les anciens lui ont données. Combien Ménandre étoit-il encore plus simple, puisque Térence est obligé de prendre deux comédies de ce poëte pour en faire une des siennes!

Et il ne faut point croire que cette règle ne soit fondée que sur la fantaisie de ceux qui l'ont faite. Il n'y a que le vraisemblable qui touche dans la tragédie. Et quelle vraisemblance y a-t-il qu'il arrive en un jour une multitude de choses qui pourroient à peine arriver en plusieurs semaines? Il y en a qui pensent que cette simplicité est une marque de peu d'invention. Ils ne songent pas qu'au contraire toute l'invention consiste à faire quelque chose de rien, et que tout ce grand nombre d'incidents a toujours été le refuge des poëtes qui ne sentoient dans leur génie ni assez d'abondance ni assez de force pour attacher durant cinq actes leurs spectateurs par une action simple, soutenue de la violence des passions, de la beauté des sentiments, et de l'élégance de l'expression. Je suis bien éloigné de croire que toutes ces choses se rencontrent dans mon ouvrage; mais aussi je ne puis croire que le public

PRÉFACE.

me sache mauvais gré de lui avoir donné une tragédie qui a été honorée de tant de larmes, et dont la trentième représentation a été aussi suivie que la première.

Ce n'est pas que quelques personnes ne m'aient reproché cette même simplicité que j'avois recherchée avec tant de soin. Ils ont cru qu'une tragédie qui étoit si peu chargée d'intrigues ne pouvoit être selon les règles du théâtre. Je m'informai s'ils se plaignoient qu'elle les eût ennuyés. On me dit qu'ils avouoient tous qu'elle n'ennuyoit point, qu'elle les touchoit même en plusieurs endroits, et qu'ils la verroient encore avec plaisir. Que veulent-ils davantage? Je les conjure d'avoir assez bonne opinion d'eux-mêmes pour ne pas croire qu'une pièce qui les touche et qui leur donne du plaisir puisse être absolument contre les règles. La principale règle est de plaire et de toucher : toutes les autres ne sont faites que pour parvenir à cette première. Mais toutes ces règles sont d'un long détail, dont je ne leur conseille pas de s'embarrasser : ils ont des occupations plus importantes. Qu'ils se reposent sur nous de la fatigue d'éclaircir les difficultés de la poétique d'Aristote; qu'ils se réservent le plaisir de pleurer et d'être attendris; et qu'ils me permettent de leur dire ce qu'un musicien disoit à Philippe, roi de Macédoine, qui prétendoit qu'une chanson n'étoit pas selon les règles : « A Dieu ne plaise, seigneur, que vous soyez

« jamais si malheureux que de savoir ces choses-là mieux
« que moi ! »

Voilà tout ce que j'ai à dire à ces personnes, à qui je
ferai toujours gloire de plaire : car pour le libelle que l'on
a fait contre moi, je crois que les lecteurs me dispenseront volontiers d'y répondre. Et que répondrois-je à un
homme qui ne pense rien, et qui ne sait pas même construire ce qu'il pense ? Il parle de protase comme s'il entendoit ce mot, et veut que cette première des quatre
parties de la tragédie soit toujours la plus proche de la
dernière, qui est la catastrophe. Il se plaint que la trop
grande connoissance des règles l'empêche de se divertir à
la comédie. Certainement, si l'on en juge par sa dissertation, il n'y eut jamais de plainte plus mal fondée. Il paroît bien qu'il n'a jamais lu Sophocle, qu'il loue très injustement « d'une grande multiplicité d'incidents »; et
qu'il n'a même jamais rien lu de la poétique, que dans
quelques préfaces de tragédies. Mais je lui pardonne de
ne pas savoir les règles du théâtre, puisqu'heureusement
pour le public il ne s'applique pas à ce genre d'écrire. Ce
que je ne lui pardonne pas, c'est de savoir si peu les règles
de la bonne plaisanterie, lui qui ne veut pas dire un mot
sans plaisanter. Croit-il réjouir beaucoup les honnêtes
gens par ces « hélas de poche, ces mesdemoiselles mes
règles », et quantité d'autres basses affectations qu'il

trouvera condamnées dans tous les bons auteurs, s'il se mêle jamais de les lire?

Toutes ces critiques sont le partage de quatre ou cinq petits auteurs infortunés, qui n'ont jamais pu par eux-mêmes exciter la curiosité du public. Ils attendent toujours l'occasion de quelque ouvrage qui réussisse, pour l'attaquer; non point par jalousie, car sur quel fondement seroient-ils jaloux? mais dans l'espérance qu'on se donnera la peine de leur répondre, et qu'on les tirera de l'obscurité où leurs propres ouvrages les auroient laissés toute leur vie.

PERSONNAGES.

TITUS, empereur de Rome.
BÉRÉNICE, reine de Palestine.
ANTIOCHUS, roi de Comagène.
PAULIN, confident de Titus.
ARSACE, confident d'Antiochus.
PHÉNICE, confidente de Bérénice.
RUTILE, Romain.
Suite de Titus.

La scène est à Rome, dans un cabinet qui est entre l'appartement de Titus et celui de Bérénice.

BÉRÉNICE.

ACTE PREMIER.

SCÈNE I.

ANTIOCHUS, ARSACE.

ANTIOCHUS.

Arrêtons un moment : la pompe de ces lieux,
Je le vois bien, Arsace, est nouvelle à tes yeux.
Souvent ce cabinet, superbe et solitaire,
Des secrets de Titus est le dépositaire :
C'est ici quelquefois qu'il se cache à sa cour,
Lorsqu'il vient à la reine expliquer son amour.
De son appartement cette porte est prochaine,
Et cette autre conduit dans celui de la reine.
Va chez elle : dis-lui qu'importun à regret
J'ose lui demander un entretien secret.

ARSACE.

Vous, seigneur, importun? vous, cet ami fidèle
Qu'un soin si généreux intéresse pour elle?
Vous, cet Antiochus son amant autrefois?
Vous, que l'Orient compte entre ses plus grands rois?
Quoi! déjà de Titus épouse en espérance,
Ce rang entre elle et vous met-il tant de distance?

ANTIOCHUS.

Va, dis-je; et, sans vouloir te charger d'autres soins,
Vois si je puis bientôt lui parler sans témoins.

SCÈNE II.

ANTIOCHUS.

Hé bien! Antiochus, es-tu toujours le même?
Pourrai-je, sans trembler, lui dire, Je vous aime?
Mais quoi! déjà je tremble; et mon cœur agité
Craint autant ce moment que je l'ai souhaité.
Bérénice autrefois m'ôta toute espérance;
Elle m'imposa même un éternel silence.
Je me suis tu cinq ans; et, jusques à ce jour,
D'un voile d'amitié j'ai couvert mon amour.
Dois-je croire qu'au rang où Titus la destine
Elle m'écoute mieux que dans la Palestine?
Il l'épouse. Ai-je donc attendu ce moment
Pour me venir encor déclarer son amant?
Quel fruit me reviendra d'un aveu téméraire?
Ah! puisqu'il faut partir, partons sans lui déplaire.
Retirons-nous, sortons; et, sans nous découvrir,
Allons loin de ses yeux l'oublier, ou mourir.
Hé quoi! souffrir toujours un tourment qu'elle ignore!
Toujours verser des pleurs qu'il faut que je dévore!
Quoi! même en la perdant redouter son courroux!
Belle reine, et pourquoi vous offenseriez-vous?

Viens-je vous demander que vous quittiez l'empire?
Que vous m'aimiez? Hélas! je ne viens que vous dire
Qu'après m'être long-temps flatté que mon rival
Trouveroit à ses vœux quelque obstacle fatal,
Aujourd'hui qu'il peut tout, que votre hymen s'avance,
Exemple infortuné d'une longue constance;
Après cinq ans d'amour et d'espoir superflus,
Je pars, fidèle encor quand je n'espère plus.
Au lieu de s'offenser, elle pourra me plaindre. *a*
Quoi qu'il en soit, parlons; c'est assez nous contraindre.
Et que peut craindre, hélas! un amant sans espoir
Qui peut bien se résoudre à ne la jamais voir?

SCÈNE III.

ANTIOCHUS, ARSACE.

ANTIOCHUS.

Arsace, entrerons-nous?

ARSACE.

Seigneur, j'ai vu la reine;
Mais pour me faire voir je n'ai percé qu'à peine
Les flots toujours nouveaux d'un peuple adorateur
Qu'attire sur ses pas sa prochaine grandeur.
Titus, après huit jours d'une retraite austère,
Cesse enfin de pleurer Vespasien son père :
Cet amant se redonne aux soins de son amour;
Et, si j'en crois, seigneur, l'entretien de la cour,

---

a Non, loin de s'offenser, elle pourra me plaindre.

Peut-être avant la nuit l'heureuse Bérénice
Change le nom de reine au nom d'impératrice.

ANTIOCHUS.

Hélas !

ARSACE.

Quoi ! ce discours pourroit-il vous troubler ?

ANTIOCHUS.

Ainsi donc sans témoins je ne lui puis parler ?

ARSACE.

Vous la verrez, seigneur : Bérénice est instruite
Que vous voulez ici la voir seule et sans suite.
La reine d'un regard a daigné m'avertir
Qu'à votre empressement elle alloit consentir;
Et sans doute elle attend le moment favorable
Pour disparoître aux yeux d'une cour qui l'accable. *a*

ANTIOCHUS.

Il suffit. Cependant n'as-tu rien négligé
Des ordres importants dont je t'avois chargé ?

ARSACE.

Seigneur, vous connoissez ma prompte obéissance.
Des vaisseaux dans Ostie armés en diligence,
Prêts à quitter le port de moments en moments,
N'attendent pour partir que vos commandements.
Mais qui renvoyez-vous dans votre Comagène ?

ANTIOCHUS.

Arsace, il faut partir quand j'aurai vu la reine.

a De disparoître aux yeux d'une cour qui l'accable.

ACTE I, SCÈNE III.

ARSACE.

Qui doit partir?

ANTIOCHUS.

Moi.

ARSACE.

Vous?

ANTIOCHUS.

En sortant du palais,
Je sors de Rome, Arsace, et j'en sors pour jamais.

ARSACE.

Je suis surpris sans doute, et c'est avec justice.
Quoi! depuis si long-temps la reine Bérénice
Vous arrache, seigneur, du sein de vos états;
Depuis trois ans dans Rome elle arrête vos pas :
Et lorsque cette reine, assurant sa conquête,
Vous attend pour témoin de cette illustre fête,
Quand l'amoureux Titus, devenant son époux,
Lui prépare un éclat qui rejaillit sur vous....

ANTIOCHUS.

Arsace, laisse-la jouir de sa fortune,
Et quitte un entretien dont le cours m'importune.

ARSACE.

Je vous entends, seigneur : ces mêmes dignités
Ont rendu Bérénice ingrate à vos bontés;
L'inimitié succède à l'amitié trahie.

ANTIOCHUS.

Non, Arsace, jamais je ne l'ai moins haïe.

ARSACE.

Quoi donc! de sa grandeur déjà trop prévenu,
Le nouvel empereur vous a-t-il méconnu?
Quelque pressentiment de son indifférence
Vous fait-il loin de Rome éviter sa présence?

ANTIOCHUS.

Titus n'a point pour moi paru se démentir:
J'aurois tort de me plaindre.

ARSACE.

Et pourquoi donc partir?
Quel caprice vous rend ennemi de vous-même?
Le ciel met sur le trône un prince qui vous aime,
Un prince qui, jadis témoin de vos combats,
Vous vit chercher la gloire et la mort sur ses pas,
Et de qui la valeur, par vos soins secondée,
Mit enfin sous le joug la rebelle Judée.
Il se souvient du jour illustre et douloureux [1]

---

[1] Ce ne fut point Antiochus qui le premier entra dans Jérusalem: c'est une fiction du poëte pour relever le caractère du héros. Les autres circonstances du siège sont parfaitement conformes à l'histoire:

« Titus s'approcha de la ville, dit l'historien Josephe, et y entra par une brèche le troisième jour de mai. Il se trouva maître de toute la partie septentrionale jusqu'à la vallée de Cédron. Mais, de ce côté-là, Jérusalem avoit trois murailles. Cinq jours après, Titus fit une brèche à la seconde enceinte, gagna la ville neuve, et vint à la troisième muraille et à la tour Antonin. »

Histoire de la guerre des Juifs, chapitre XXI.

Qui décida du sort d'un long siège douteux.
Sur leur triple rempart les ennemis tranquilles
Contemploient sans péril nos assauts inutiles ;
Le bélier impuissant les menaçoit en vain :
Vous seul, seigneur, vous seul, une échelle à la main,
Vous portâtes la mort jusque sur leurs murailles.
Ce jour presque éclaira vos propres funérailles :
Titus vous embrassa mourant entre mes bras,
Et tout le camp vainqueur pleura votre trépas.
Voici le temps, seigneur, où vous devez attendre
Le fruit de tant de sang qu'ils vous ont vu répandre.
Si, pressé du désir de revoir vos états,
Vous vous lassez de vivre où vous ne régnez pas,
Faut-il que sans honneurs l'Euphrate vous revoie ?
Attendez pour partir que César vous renvoie
Triomphant et chargé des titres souverains
Qu'ajoute encore aux rois l'amitié des Romains.
Rien ne peut-il, seigneur, changer votre entreprise ?
Vous ne répondez point !

ANTIOCHUS.

Que veux-tu que je dise ?
J'attends de Bérénice un moment d'entretien.

ARSACE.

Hé bien, seigneur ?

ANTIOCHUS.

Son sort décidera du mien.

ARSACE.

Comment ?

ANTIOCHUS.

Sur son hymen j'attends qu'elle s'explique.
Si sa bouche s'accorde avec la voix publique,
S'il est vrai qu'on l'élève au trône des Césars,
Si Titus a parlé, s'il l'épouse, je pars.

ARSACE.

Mais qui rend à vos yeux cet hymen si funeste ?

ANTIOCHUS.

Quand nous serons partis, je te dirai le reste.

ARSACE.

Dans quel trouble, seigneur, jetez-vous mon esprit !

ANTIOCHUS.

La reine vient. Adieu. Fais tout ce que j'ai dit.

SCÈNE IV.

BÉRÉNICE, ANTIOCHUS, PHÉNICE.

BÉRÉNICE.

Enfin je me dérobe à la joie importune
De tant d'amis nouveaux que me fait la fortune :
Je fuis de leurs respects l'inutile longueur,
Pour chercher un ami qui me parle du cœur.
Il ne faut point mentir, ma juste impatience
Vous accusoit déjà de quelque négligence.
Quoi ! cet Antiochus, disois-je, dont les soins
Ont eu tout l'Orient et Rome pour témoins ;

Lui que j'ai vu toujours, constant dans mes traverses,
Suivre d'un pas égal mes fortunes diverses;
Aujourd'hui que les dieux semblent me présager *a*
Un honneur qu'avec lui je prétends partager,
Ce même Antiochus, se cachant à ma vue,
Me laisse à la merci d'une foule inconnue!

ANTIOCHUS.

Il est donc vrai, madame? et, selon ce discours,
L'hymen va succéder à vos longues amours?

BÉRÉNICE.

Seigneur, je vous veux bien confier mes alarmes.
Ces jours ont vu mes yeux baignés de quelques larmes :
Ce long deuil que Titus imposoit à sa cour
Avoit, même en secret, suspendu son amour;
Il n'avoit plus pour moi cette ardeur assidue,
Lorsqu'il passoit les jours attaché sur ma vue;
Muet, chargé de soins, et les larmes aux yeux,
Il ne me laissoit plus que de tristes adieux.
Jugez de ma douleur, moi dont l'ardeur extrême,
Je vous l'ai dit cent fois, n'aime en lui que lui-même;
Moi qui, loin des grandeurs dont il est revêtu,
Aurois choisi son cœur et cherché sa vertu.

ANTIOCHUS.

Il a repris pour vous sa tendresse première?

a Aujourd'hui que le ciel semble me présager
Un honneur qu'avec vous je prétends partager.

BÉRÉNICE.

Vous fûtes spectateur de cette nuit dernière,
Lorsque, pour seconder ses soins religieux,
Le sénat a placé son père entre les dieux.
De ce juste devoir sa piété contente
A fait place, seigneur, aux soins de son amante ;
Et même en ce moment, sans qu'il m'en ait parlé,
Il est dans le sénat par son ordre assemblé.
Là, de la Palestine il étend la frontière ;
Il y joint l'Arabie et la Syrie entière :
Et, si de ses amis j'en dois croire la voix,
Si j'en crois ses serments redoublés mille fois,
Il va sur tant d'états couronner Bérénice,
Pour joindre à plus de noms le nom d'impératrice.
Il m'en viendra lui-même assurer en ce lieu.

ANTIOCHUS.

Et je viens donc vous dire un éternel adieu.

BÉRÉNICE.

Que dites-vous ? Ah ciel ! quel adieu ! quel langage !
Prince, vous vous troublez et changez de visage !

ANTIOCHUS.

Madame, il faut partir.

BÉRÉNICE.

Quoi ! ne puis-je savoir
Quel sujet....

ANTIOCHUS, à part.

Il falloit partir sans la revoir.

ACTE I, SCÈNE IV.

BÉRÉNICE.

Que craignez-vous? Parlez; c'est trop long-temps se taire.*a*
Seigneur, de ce départ quel est donc le mystère?

ANTIOCHUS.

Au moins souvenez-vous que je cède à vos lois,
Et que vous m'écoutez pour la dernière fois.
Si, dans ce haut degré de gloire et de puissance,
Il vous souvient des lieux où vous prîtes naissance,
Madame, il vous souvient que mon cœur en ces lieux
Reçut le premier trait qui partit de vos yeux :
J'aimai. J'obtins l'aveu d'Agrippa votre frère :
Il vous parla pour moi. Peut-être sans colère
Alliez-vous de mon cœur recevoir le tribut ;
Titus, pour mon malheur, vint, vous vit, et vous plut.
Il parut devant vous dans tout l'éclat d'un homme
Qui porte entre ses mains la vengeance de Rome.
La Judée en pâlit : le triste Antiochus
Se compta le premier au nombre des vaincus.
Bientôt de mon malheur interprète sévère
Votre bouche à la mienne ordonna de se taire.
Je disputai long-temps ; je fis parler mes yeux :
Mes pleurs et mes soupirs vous suivoient en tous lieux.
Enfin votre rigueur emporta la balance ;
Vous sûtes m'imposer l'exil ou le silence.
Il fallut le promettre, et même le jurer :
Mais, puisqu'en ce moment j'ose me déclarer,

a Au nom des dieux, parlez; c'est trop long-temps se taire.

Lorsque vous m'arrachiez cette injuste promesse,
Mon cœur faisoit serment de vous aimer sans cesse.

BÉRÉNICE.

Ah! que me dites-vous?

ANTIOCHUS.

Je me suis tu cinq ans,
Madame, et vais encor me taire plus long-temps.
De mon heureux rival j'accompagnai les armes;
J'espérai de verser mon sang après mes larmes, *a*
Ou qu'au moins jusqu'à vous porté par mille exploits
Mon nom pourroit parler, au défaut de ma voix.
Le ciel sembla promettre une fin à ma peine :
Vous pleurâtes ma mort, hélas! trop peu certaine.
Inutiles périls! Quelle étoit mon erreur!
La valeur de Titus surpassoit ma fureur :
Il faut qu'à sa vertu mon estime réponde.
Quoiqu'attendu, madame, à l'empire du monde,
Chéri de l'univers, enfin aimé de vous,
Il sembloit à lui seul appeler tous les coups;
Tandis que, sans espoir, haï, lassé de vivre,
Son malheureux rival ne sembloit que le suivre.
Je vois que votre cœur m'applaudit en secret;
Je vois que l'on m'écoute avec moins de regret,
Et que, trop attentive à ce récit funeste,
En faveur de Titus vous pardonnez le reste.
Enfin, après un siège aussi cruel que lent,

a J'espérai d'y verser mon sang après mes larmes.

ACTE I, SCÈNE IV.

Il domta les mutins, reste pâle et sanglant [1]
Des flammes, de la faim, des fureurs intestines ;
Et laissa leurs remparts cachés sous leurs ruines :
Rome vous vit, madame, arriver avec lui.
Dans l'Orient désert quel devint mon ennui ! [2]
Je demeurai long-temps errant dans Césarée,
Lieux charmants, où mon cœur vous avoit adorée :
Je vous redemandois à vos tristes états ;
Je cherchois, en pleurant, les traces de vos pas. [3]
Mais enfin, succombant à ma mélancolie,
Mon désespoir tourna mes pas vers l'Italie :
Le sort m'y réservoit le dernier de ses coups.

---

[1] Il domta les mutins, reste pâle et sanglant
Des flammes, de la faim, des fureurs intestines ;
Et laissa leurs remparts cachés sous leurs ruines.

Ces trois vers sont un excellent résumé de tout ce que raconte Josephe sur le siège de Jérusalem. Après avoir peint les horreurs de la famine, et celles qui suivirent la victoire, l'historien ajoute : « Titus acheva de faire abattre ce qui restoit du temple et de la ville, et y fit passer la charrue. »

Histoire de la guerre des Juifs, chapitre XL.

[2] Cette image paroît prise dans un vers d'Ovide.

Ariadne Theseo, epist. X, v. 59 :

« Quid faciam ? quò sola ferar ? vacat insula cultu. »

L'inverse de cette pensée se trouve dans Tibulle :

« In solis tu mihi turba locis. »

[3] Ovidius, epistola X, vers 53. *Ariadne Theseo* :

« Et tua, quâ possum, pro te vestigia tango. »

Titus en m'embrassant m'amena devant vous :
Un voile d'amitié vous trompa l'un et l'autre,
Et mon amour devint le confident du vôtre.
Mais toujours quelque espoir flattoit mes déplaisirs :
Rome, Vespasien, traversoient vos soupirs;
Après tant de combats Titus cédoit peut-être.
Vespasien est mort, et Titus est le maître.
Que ne fuyois-je alors ! J'ai voulu quelques jours
De son nouvel empire examiner le cours.
Mon sort est accompli : votre gloire s'apprête.
Assez d'autres, sans moi, témoins de cette fête,
A vos heureux transports viendront joindre les leurs :
Pour moi, qui ne pourrois y mêler que des pleurs,
D'un inutile amour trop constante victime,
Heureux dans mes malheurs d'en avoir pu sans crime
Conter toute l'histoire aux yeux qui les ont faits,
Je pars plus amoureux que je ne fus jamais.

BÉRÉNICE.

Seigneur, je n'ai pas cru que, dans une journée
Qui doit avec César unir ma destinée,
Il fût quelque mortel qui pût impunément
Se venir à mes yeux déclarer mon amant.
Mais de mon amitié mon silence est un gage :
J'oublie en sa faveur un discours qui m'outrage.
Je n'en ai point troublé le cours injurieux;
Je fais plus, à regret je reçois vos adieux.
Le ciel sait qu'au milieu des honneurs qu'il m'envoie
Je n'attendois que vous pour témoin de ma joie :

ACTE I, SCÈNE IV.

Avec tout l'univers j'honorois vos vertus ;
Titus vous chérissoit, vous admiriez Titus.
Cent fois je me suis fait une douceur extrême
D'entretenir Titus dans un autre lui-même.

ANTIOCHUS.

Et c'est ce que je fuis. J'évite, mais trop tard,
Ces cruels entretiens où je n'ai point de part.
Je fuis Titus ; je fuis ce nom qui m'inquiète,
Ce nom qu'à tous moments votre bouche répète :
Que vous dirai-je enfin ? je fuis des yeux distraits,
Qui, me voyant toujours, ne me voyoient jamais.
Adieu. Je vais, le cœur trop plein de votre image,
Attendre, en vous aimant, la mort pour mon partage.
Sur-tout ne craignez point qu'une aveugle douleur
Remplisse l'univers du bruit de mon malheur ;
Madame, le seul bruit d'une mort que j'implore
Vous fera souvenir que je vivois encore.
Adieu.

SCÈNE V.
BÉRÉNICE, PHÉNICE.

PHÉNICE.

Que je le plains ! Tant de fidélité,
Madame, méritoit plus de prospérité.
Ne le plaignez-vous pas ?

BÉRÉNICE.

Cette prompte retraite
Me laisse, je l'avoue, une douleur secrète.

PHÉNICE.

Je l'aurois retenu.

BÉRÉNICE.

Qui? moi, le retenir!
J'en dois perdre plutôt jusques au souvenir.
Tu veux donc que je flatte une ardeur insensée?

PHÉNICE.

Titus n'a point encore expliqué sa pensée.
Rome vous voit, madame, avec des yeux jaloux :
La rigueur de ses lois m'épouvante pour vous.
L'hymen chez les Romains n'admet qu'une Romaine :
Rome hait tous les rois; et Bérénice est reine.

BÉRÉNICE.

Le temps n'est plus, Phénice, où je pouvois trembler.
Titus m'aime; il peut tout; il n'a plus qu'à parler,
Il verra le sénat m'apporter ses hommages, *a*
Et le peuple de fleurs couronner ses images.
De cette nuit, Phénice, as-tu vu la splendeur?[1]
Tes yeux ne sont-ils pas tout pleins de sa grandeur?

---

[1] Bérénice fait ici une description rapide de la cérémonie de l'apothéose des empereurs. Hérodien, livre IV, apothéose de Sévère, en donne une description détaillée :

On élève au milieu de la place une charpente carrée en forme de pavillon; le dedans est rempli de matières combustibles, et le dehors revêtu de drap d'or, de compartiments d'ivoire, et de belles peintures..... On y place le lit de parade de l'empereur, autour duquel on entasse toutes sortes de parfums, de

a Tu verras le sénat m'apporter ses hommages,
Et le peuple de fleurs couronner ses images.

Ces flambeaux, ce bûcher, cette nuit enflammée,
Ces aigles, ces faisceaux, ce peuple, cette armée,
Cette foule de rois, ces consuls, ce sénat,
Qui tous de mon amant empruntoient leur éclat;
Cette pourpre, cet or, que rehaussoit sa gloire,
Et ces lauriers encor témoins de sa victoire;
Tous ces yeux qu'on voyoit venir de toutes parts
Confondre sur lui seul leurs avides regards;
Ce port majestueux, cette douce présence....
Ciel! avec quel respect et quelle complaisance *a*
Tous les cœurs en secret l'assuroient de leur foi!
Parle : peut-on le voir sans penser, comme moi,
Qu'en quelque obscurité que le sort l'eût fait naître
Le monde en le voyant eût reconnu son maître? [1]

---

fruits, d'herbes odoriférantes..... Quand le lieu où repose le corps en est tout rempli, on fait à l'entour une cavalcade. Les chevaliers en cérémonie font avec mesure plusieurs tours et retours; ils sont suivis de plusieurs chariots dont les conducteurs ont des robes de pourpre, et sur lesquels sont les images des empereurs dont le règne a été heureux, et des généraux d'armée de grande réputation. Lorsque toute cette pompe est passée, le nouvel empereur, tenant à la main une torche, va mettre le feu au bûcher; les aromates et les autres matières combustibles prennent en un moment. Alors on lâche du faîte de cet édifice un aigle qui, au milieu de la flamme et de la fumée s'envolant dans les airs, va, à ce que croit le peuple, porter au ciel l'ame de l'empereur.

[1] Vers qui s'appliquent à Louis XIV. Jamais roi n'eut plus

a Dieux! avec quel respect et quelle complaisance.

Mais, Phénice, où m'emporte un souvenir charmant ?
Cependant Rome entière, en ce même moment,
Fait des vœux pour Titus, et, par des sacrifices,
De son règne naissant célèbre les prémices. *a*
Que tardons-nous ? allons pour son empire heureux *b*
Au ciel qui le protège offrir aussi nos vœux.
Aussitôt, sans l'attendre, et sans être attendue,
Je reviens le chercher, et dans cette entrevue
Dire tout ce qu'aux cœurs l'un de l'autre contents
Inspirent des transports retenus si long-temps.

---

de dignité dans ses manières. Aux premières représentations, l'application fut sentie généralement. Les historiens ne disent point que Titus ait eu les qualités extérieures qui sont exprimées dans ces deux vers.

a De son règne naissant consacre les prémices.
b Je prétends quelque part à des souhaits si doux,
  Phénice ; allons nous joindre aux vœux qu'on fait pour nous.

FIN DU PREMIER ACTE.

ACTE SECOND.

SCÈNE I.

TITUS, PAULIN, SUITE.

TITUS.

A-t-on vu de ma part le roi de Comagène ?
Sait-il que je l'attends ?

PAULIN.

J'ai couru chez la reine :
Dans son appartement ce prince avoit paru ;
Il en étoit sorti, lorsque j'y suis couru.
De vos ordres, seigneur, j'ai dit qu'on l'avertisse.

TITUS.

Il suffit. Et que fait la reine Bérénice ?

PAULIN.

La reine, en ce moment, sensible à vos bontés,
Charge le ciel de vœux pour vos prospérités.
Elle sortoit, seigneur.

TITUS.

Trop aimable princesse !
Hélas !

PAULIN.

En sa faveur d'où naît cette tristesse ?

L'Orient presque entier va fléchir sous sa loi :
Vous la plaignez ?

TITUS.

Paulin, qu'on vous laisse avec moi.

SCÈNE II.

TITUS, PAULIN.

TITUS.

Hé bien, de mes desseins Rome encore incertaine
Attend que deviendra le destin de la reine,
Paulin ; et les secrets de son cœur et du mien
Sont de tout l'univers devenus l'entretien.
Voici le temps enfin qu'il faut que je m'explique.
De la reine et de moi que dit la voix publique ?
Parlez : qu'entendez-vous ?

PAULIN.

J'entends de tous côtés
Publier vos vertus, seigneur, et ses beautés.

TITUS.

Que dit-on des soupirs que je pousse pour elle ?
Quel succès attend-on d'un amour si fidèle ?

PAULIN.

Vous pouvez tout : aimez, cessez d'être amoureux ;
La cour sera toujours du parti de vos vœux.

TITUS.

Et je l'ai vue aussi cette cour peu sincère,

ACTE II, SCENE II.

A ses maîtres toujours trop soigneuse de plaire,
Des crimes de Néron approuver les horreurs;
Je l'ai vue à genoux consacrer ses fureurs.
Je ne prends point pour juge une cour idolâtre,
Paulin : je me propose un plus ample théâtre; *a*
Et, sans prêter l'oreille à la voix des flatteurs,
Je veux par votre bouche entendre tous les cœurs;
Vous me l'avez promis. Le respect et la crainte
Ferment autour de moi le passage à la plainte :
Pour mieux voir, cher Paulin, et pour entendre mieux,
Je vous ai demandé des oreilles, des yeux;
J'ai mis même à ce prix mon amitié secrète :
J'ai voulu que des cœurs vous fussiez l'interprète;
Qu'au travers des flatteurs votre sincérité
Fît toujours jusqu'à moi passer la vérité.
Parlez donc. Que faut-il que Bérénice espère?
Rome lui sera-t-elle indulgente ou sévère?
Dois-je croire qu'assise au trône des Césars
Une si belle reine offensât ses regards?

PAULIN.

N'en doutez point, seigneur : soit raison, soit caprice, *b*
Rome ne l'attend point pour son impératrice.
On sait qu'elle est charmante, et de si belles mains
Semblent vous demander l'empire des humains;
Elle a même, dit-on, le cœur d'une Romaine,

a Je me propose un plus noble théâtre.
b N'en doutez point, seigneur : soit raison, ou caprice.

Elle a mille vertus : mais, seigneur, elle est reine.
Rome, par une loi qui ne se peut changer,
N'admet avec son sang aucun sang étranger,
Et ne reconnoît point les fruits illégitimes
Qui naissent d'un hymen contraire à ses maximes.
D'ailleurs, vous le savez, en bannissant ses rois,
Rome à ce nom, si noble et si saint autrefois,
Attacha pour jamais une haine puissante;
Et quoiqu'à ses Césars fidèle, obéissante,
Cette haine, seigneur, reste de sa fierté,
Survit dans tous les cœurs après la liberté.
Jules, qui le premier la soumit à ses armes,
Qui fit taire les lois dans le bruit des alarmes,
Brûla pour Cléopâtre; et, sans se déclarer,
Seule dans l'Orient la laissa soupirer.
Antoine, qui l'aima jusqu'à l'idolâtrie,
Oublia dans son sein sa gloire et sa patrie,
Sans oser toutefois se nommer son époux:
Rome l'alla chercher jusques à ses genoux;
Et ne désarma point sa fureur vengeresse
Qu'elle n'eût accablé l'amant et la maîtresse.
Depuis ce temps, seigneur, Caligula, Néron,
Monstres dont à regret je cite ici le nom,
Et qui, ne conservant que la figure d'homme,
Foulèrent à leurs pieds toutes les lois de Rome,
Ont craint cette loi seule, et n'ont point à nos yeux
Allumé le flambeau d'un hymen odieux.
Vous m'avez commandé sur-tout d'être sincère.

De l'affranchi Pallas nous avons vu le frère, [1]
Des fers de Claudius Félix encor flétri,
De deux reines, seigneur, devenir le mari;
Et, s'il faut jusqu'au bout que je vous obéisse,
Ces deux reines étoient du sang de Bérénice.
Et vous croiriez pouvoir, sans blesser nos regards,
Faire entrer une reine au lit de nos Césars,
Tandis que l'Orient dans le lit de ses reines
Voit passer un esclave au sortir de nos chaînes!
C'est ce que les Romains pensent de votre amour.
Et je ne réponds pas, avant la fin du jour,
Que le sénat, chargé des vœux de tout l'empire,
Ne vous redise ici ce que je viens de dire;
Et que Rome avec lui tombant à vos genoux
Ne vous demande un choix digne d'elle et de vous.
Vous pouvez préparer, seigneur, votre réponse.

TITUS.

Hélas! à quel amour on veut que je renonce!

---

[1] Corneille, dans Othon, joué cinq ans avant Bérénice, avoit exprimé la même idée.

Othon, acte II, scène ij.

C'est l'affranchi Martian qui parle:

Quelque tache en mon sang que laissent mes ancêtres,
Depuis que les Romains ont accepté des maîtres,
Ces maîtres ont toujours fait choix de mes pareils
Pour les premiers emplois et les secrets conseils.
On nous élève au trône au sortir de nos chaînes.
Sous Claude, on vit Félix le mari de trois reines.

PAULIN.

Cet amour est ardent, il le faut confesser.

TITUS.

Plus ardent mille fois que tu ne peux penser,
Paulin. Je me suis fait un plaisir nécessaire
De la voir chaque jour, de l'aimer, de lui plaire.
J'ai fait plus, je n'ai rien de secret à tes yeux,
J'ai pour elle cent fois rendu graces aux dieux
D'avoir choisi mon père au fond de l'Idumée,
D'avoir rangé sous lui l'Orient et l'armée,
Et, soulevant encor le reste des humains,
Remis Rome sanglante en ses paisibles mains :
J'ai même souhaité la place de mon père ;
Moi, Paulin, qui, cent fois, si le sort moins sévère
Eût voulu de sa vie étendre les liens,
Aurois donné mes jours pour prolonger les siens : [1]
Tout cela (qu'un amant sait mal ce qu'il désire!)
Dans l'espoir d'élever Bérénice à l'empire,
De reconnoître un jour son amour et sa foi,
Et de voir à ses pieds tout le monde avec moi.
Malgré tout mon amour, Paulin, et tous ses charmes,[a]
Après mille serments appuyés de mes larmes,
Maintenant que je puis couronner tant d'attraits,
Maintenant que je l'aime encor plus que jamais,

---

[1] Imitation de ce vers d'Ovide :

« Deme meis annis, et demptos adde parenti. »

[a] Avec tout mon amour, Paulin, et tous ses charmes.

Lorsqu'un heureux hymen joignant nos destinées
Peut payer en un jour les vœux de cinq années,
Je vais, Paulin.... oh ciel! puis-je le déclarer!

PAULIN.

Quoi, seigneur

TITUS.

Pour jamais je vais m'en séparer.
Mon cœur en ce moment ne vient pas de se rendre :
Si je t'ai fait parler, si j'ai voulu t'entendre,
Je voulois que ton zèle achevât en secret
De confondre un amour qui se tait à regret.
Bérénice a long-temps balancé la victoire ;
Et si je penche enfin du côté de ma gloire,
Crois qu'il m'en a coûté, pour vaincre tant d'amour,
Des combats dont mon cœur saignera plus d'un jour.
J'aimois, je soupirois dans une paix profonde ;
Un autre étoit chargé de l'empire du monde :
Maître de mon destin, libre dans mes soupirs,
Je ne rendois qu'à moi compte de mes désirs.
Mais à peine le ciel eut rappelé mon père,
Dès que ma triste main eut fermé sa paupière,
De mon aimable erreur je fus désabusé :
Je sentis le fardeau qui m'étoit imposé ;
Je connus que bientôt, loin d'être à ce que j'aime,
Il falloit, cher Paulin, renoncer à moi-même ;
Et que le choix des dieux, contraire à mes amours,
Livroit à l'univers le reste de mes jours.

Rome observe aujourd'hui ma conduite nouvelle :
Quelle honte pour moi, quel présage pour elle,
Si, dès le premier pas renversant tous ses droits,
Je fondois mon bonheur sur le débris des lois !
Résolu d'accomplir ce cruel sacrifice,
J'y voulus préparer la triste Bérénice :
Mais par où commencer ? Vingt fois, depuis huit jours,
J'ai voulu devant elle en ouvrir le discours ;
Et, dès le premier mot, ma langue embarrassée
Dans ma bouche vingt fois a demeuré glacée.
J'espérois que du moins mon trouble et ma douleur
Lui feroient pressentir notre commun malheur :
Mais, sans me soupçonner, sensible à mes alarmes,
Elle m'offre sa main pour essuyer mes larmes ;
Et ne prévoit rien moins, dans cette obscurité,
Que la fin d'un amour qu'elle a trop mérité. *a*
Enfin, j'ai ce matin rappelé ma constance :
Il faut la voir, Paulin, et rompre le silence.
J'attends Antiochus pour lui recommander
Ce dépôt précieux que je ne puis garder :
Jusque dans l'Orient je veux qu'il la remène.
Demain Rome avec lui verra partir la reine.
Elle en sera bientôt instruite par ma voix ;
Et je vais lui parler pour la dernière fois.

PAULIN.

Je n'attendois pas moins de cet amour de gloire
Qui par-tout après vous attacha la victoire.

a Que la perte d'un cœur qu'elle a trop mérité.

La Judée asservie, et ses remparts fumants,
De cette noble ardeur éternels monuments,
Me répondoient assez que votre grand courage
Ne voudroit pas, seigneur, détruire son ouvrage,
Et qu'un héros vainqueur de tant de nations
Sauroit bien tôt ou tard vaincre ses passions.

TITUS.

Ah! que sous de beaux noms cette gloire est cruelle!
Combien mes tristes yeux la trouveroient plus belle,
S'il ne falloit encor qu'affronter le trépas!
Que dis-je? cette ardeur que j'ai pour ses appas,
Bérénice en mon sein l'a jadis allumée.
Tu ne l'ignores pas : toujours la renommée
Avec le même éclat n'a pas semé mon nom ;
Ma jeunesse, nourrie à la cour de Néron,
S'égaroit, cher Paulin, par l'exemple abusée,
Et suivoit du plaisir la pente trop aisée.
Bérénice me plut. Que ne fait point un cœur
Pour plaire à ce qu'il aime, et gagner son vainqueur?
Je prodiguai mon sang : tout fit place à mes armes :
Je revins triomphant. Mais le sang et les larmes
Ne me suffisoient pas pour mériter ses vœux :
J'entrepris le bonheur de mille malheureux.
On vit de toutes parts mes bontés se répandre ; *a*
Heureux, et plus heureux que tu ne peux comprendre,
Quand je pouvois paroître à ses yeux satisfaits
Chargé de mille cœurs conquis par mes bienfaits!

a Ma main avec plaisir apprit à se répandre.

Je lui dois tout, Paulin. Récompense cruelle !
Tout ce que je lui dois va retomber sur elle :
Pour prix de tant de gloire et de tant de vertus,
Je lui dirai : Partez, et ne me voyez plus.

PAULIN.

Hé quoi, seigneur ! hé quoi ! cette magnificence
Qui va jusqu'à l'Euphrate étendre sa puissance,
Tant d'honneurs dont l'excès a surpris le sénat,
Vous laissent-ils encor craindre le nom d'ingrat ?
Sur cent peuples nouveaux Bérénice commande.

TITUS.

Foibles amusements d'une douleur si grande !
Je connois Bérénice, et ne sais que trop bien
Que son cœur n'a jamais demandé que le mien.
Je l'aimai; je lui plus. Depuis cette journée,
(Dois-je dire funeste, hélas ! ou fortunée ?)
Sans avoir, en aimant, d'objet que son amour,
Étrangère dans Rome, inconnue à la cour,
Elle passe ses jours, Paulin, sans rien prétendre
Que quelque heure à me voir, et le reste à m'attendre.
Encor, si quelquefois un peu moins assidu
Je passe le moment où je suis attendu,
Je la revois bientôt de pleurs toute trempée :
Ma main à les sécher est long-temps occupée.
Enfin, tout ce qu'amour a de nœuds plus puissants,
Doux reproches, transports sans cesse renaissants,
Soin de plaire sans art, crainte toujours nouvelle,
Beauté, gloire, vertu, je trouve tout en elle.

Depuis cinq ans entiers chaque jour je la vois,
Et crois toujours la voir pour la première fois. [1]
N'y songeons plus. Allons, cher Paulin : plus j'y pense,
Plus je sens chanceler ma cruelle constance.
Quelle nouvelle, oh ciel! je lui vais annoncer!
Encore un coup, allons, il n'y faut plus penser.
Je connois mon devoir, c'est à moi de le suivre :
Je n'examine point si j'y pourrai survivre.

SCÈNE III.

TITUS, PAULIN, RUTILE.

RUTILE.

BÉRÉNICE, seigneur, demande à vous parler.

TITUS.

Ah, Paulin!

PAULIN.

Quoi! déjà vous semblez reculer!
De vos nobles projets, seigneur, qu'il vous souvienne;
Voici le temps.

TITUS.

Hé bien, voyons-la. Qu'elle vienne.

---

[1] Le grand Condé se servoit de ces vers pour exprimer le jugement qu'il portoit sur la tragédie de Bérénice.

SCÈNE IV.

BÉRÉNICE, TITUS, PAULIN, PHÉNICE.

BÉRÉNICE.

Ne vous offensez pas si mon zèle indiscret
De votre solitude interrompt le secret.
Tandis qu'autour de moi votre cour assemblée
Retentit des bienfaits dont vous m'avez comblée,
Est-il juste, seigneur, que seule en ce moment
Je demeure sans voix et sans ressentiment?
Mais, seigneur, (car je sais que cet ami sincère
Du secret de nos cœurs connoît tout le mystère)
Votre deuil est fini, rien n'arrête vos pas,
Vous êtes seul enfin, et ne me cherchez pas.
J'entends que vous m'offrez un nouveau diadème,
Et ne puis cependant vous entendre vous-même.
Hélas! plus de repos, seigneur, et moins d'éclat:
Votre amour ne peut-il paroître qu'au sénat?
Ah, Titus! (car enfin l'amour fuit la contrainte
De tous ces noms que suit le respect et la crainte)
De quel soin votre amour va-t-il s'importuner?
N'a-t-il que des états qu'il me puisse donner?
Depuis quand croyez-vous que ma grandeur me touche?
Un soupir, un regard, un mot de votre bouche,
Voilà l'ambition d'un cœur comme le mien:
Voyez-moi plus souvent, et ne me donnez rien.
Tous vos moments sont-ils dévoués à l'empire?

ACTE II, SCÈNE IV.

Ce cœur après huit jours n'a-t-il rien à me dire?
Qu'un mot va rassurer mes timides esprits!
Mais parliez-vous de moi quand je vous ai surpris?
Dans vos secrets discours étois-je intéressée,
Seigneur? étois-je au moins présente à la pensée?

TITUS.

N'en doutez point, madame; et j'atteste les dieux
Que toujours Bérénice est présente à mes yeux.
L'absence ni le temps, je vous le jure encore,
Ne vous peuvent ravir ce cœur qui vous adore.

BÉRÉNICE.

Hé quoi! vous me jurez une éternelle ardeur,
Et vous me la jurez avec cette froideur!
Pourquoi même du ciel attester la puissance?
Faut-il par des serments vaincre ma défiance?
Mon cœur ne prétend point, seigneur, vous démentir;
Et je vous en croirai sur un simple soupir.

TITUS.

Madame....

BÉRÉNICE.

Hé bien, seigneur? Mais quoi! sans me répondre,
Vous détournez les yeux, et semblez vous confondre!
Ne m'offrirez-vous plus qu'un visage interdit?
Toujours la mort d'un père occupe votre esprit:
Rien ne peut-il charmer l'ennui qui vous dévore?

TITUS.

Plût aux dieux que mon père, hélas! vécût encore!
Que je vivois heureux!

BÉRÉNICE.
Seigneur, tous ces regrets
De votre piété sont de justes effets.
Mais vos pleurs ont assez honoré sa mémoire;
Vous devez d'autres soins à Rome, à votre gloire :
De mon propre intérêt je n'ose vous parler.
Bérénice autrefois pouvoit vous consoler :
Avec plus de plaisir vous m'avez écoutée.
De combien de malheurs pour vous persécutée
Vous ai-je pour un mot sacrifié mes pleurs!
Vous regrettez un père : hélas! foibles douleurs!
Et moi (ce souvenir me fait frémir encore)
On vouloit m'arracher de tout ce que j'adore,
Moi, dont vous connoissez le trouble et le tourment
Quand vous ne me quittez que pour quelque moment,
Moi, qui mourrois le jour qu'on voudroit m'interdire
De vous....

TITUS.
Madame, hélas! que me venez-vous dire?
Quel temps choisissez-vous? Ah! de grace, arrêtez :
C'est trop pour un ingrat prodiguer vos bontés.

BÉRÉNICE.
Pour un ingrat, seigneur! Et le pouvez-vous être?
Ainsi donc mes bontés vous fatiguent peut-être?

TITUS.
Non, madame : jamais, puisqu'il faut vous parler,
Mon cœur de plus de feux ne se sentit brûler.
Mais....

ACTE II, SCÈNE IV.

BÉRÉNICE.

Achevez.

TITUS.

Hélas!

BÉRÉNICE.

Parlez.

TITUS.

Rome.... L'empire....

BÉRÉNICE.

Hé bien?

TITUS.

Sortons, Paulin; je ne lui puis rien dire.

SCÈNE V.

BÉRÉNICE, PHÉNICE.

BÉRÉNICE.

Quoi! me quitter sitôt! et ne me dire rien!
Chère Phénice, hélas! quel funeste entretien!
Qu'ai-je fait? Que veut-il? Et que dit ce silence?

PHÉNICE.

Comme vous je me perds d'autant plus que j'y pense.
Mais ne s'offre-t-il rien à votre souvenir
Qui contre vous, madame, ait pu le prévenir?
Voyez, examinez.

BÉRÉNICE.

Hélas! tu peux m'en croire;
Plus je veux du passé rappeler la mémoire,

Du jour que je le vis, jusqu'à ce triste jour,
Plus je vois qu'on me peut reprocher trop d'amour.
Mais tu nous entendois. Il ne faut rien me taire ;
Parle. N'ai-je rien dit qui lui puisse déplaire ?
Que sais-je ? j'ai peut-être avec trop de chaleur
Rabaissé ses présents, ou blâmé sa douleur.
N'est-ce point que de Rome il redoute la haine ?
Il craint peut-être, il craint d'épouser une reine.
Hélas ! s'il étoit vrai.... Mais non, il a cent fois
Rassuré mon amour contre leurs dures lois ;
Cent fois.... Ah ! qu'il m'explique un silence si rude :
Je ne respire pas dans cette incertitude.
Moi, je vivrois, Phénice, et je pourrois penser
Qu'il me néglige, ou bien que j'ai pu l'offenser ?
Retournons sur ses pas. Mais, quand je m'examine,
Je crois de ce désordre entrevoir l'origine.
Phénice, il aura su tout ce qui s'est passé :
L'amour d'Antiochus l'a peut-être offensé.
Il attend, m'a-t-on dit, le roi de Comagène.
Ne cherchons point ailleurs le sujet de ma peine.
Sans doute, ce chagrin qui vient de m'alarmer
N'est qu'un léger soupçon facile à désarmer.
Je ne te vante point cette foible victoire ;
Titus : ah ! plût au ciel que, sans blesser ta gloire,
Un rival plus puissant voulût tenter ma foi,
Et pût mettre à mes pieds plus d'empires que toi ;
Que de sceptres sans nombre il pût payer ma flamme ;
Que ton amour n'eût rien à donner que ton ame !

ACTE II, SCÈNE V.

C'est alors, cher Titus, qu'aimé, victorieux,
Tu verrois de quel prix ton cœur est à mes yeux.
Allons, Phénice; un mot pourra le satisfaire.
Rassurons-nous, mon cœur, je puis encor lui plaire;
Je me comptois trop tôt au rang des malheureux :
Si Titus est jaloux, Titus est amoureux.

FIN DU SECOND ACTE.

ACTE TROISIÈME.

SCÈNE I.

TITUS, ANTIOCHUS, ARSACE.

TITUS.

Quoi! prince, vous partiez! quelle raison subite
Presse votre départ, ou plutôt votre fuite?
Vouliez-vous me cacher jusques à vos adieux?
Est-ce comme ennemi que vous quittez ces lieux?
Que diront, avec moi, la cour, Rome, l'empire?
Mais, comme votre ami, que ne puis-je point dire?
De quoi m'accusez-vous? Vous avois-je sans choix
Confondu jusqu'ici dans la foule des rois?
Mon cœur vous fut ouvert tant qu'a vécu mon père;
C'étoit le seul présent que je pouvois vous faire :
Et lorsqu'avec mon cœur ma main peut s'épancher,
Vous fuyez mes bienfaits tout prêts à vous chercher!
Pensez-vous qu'oubliant ma fortune passée
Sur ma seule grandeur j'arrête ma pensée,
Et que tous mes amis s'y présentent de loin
Comme autant d'inconnus dont je n'ai plus besoin?
Vous-même, à mes regards qui vouliez vous soustraire,
Prince, plus que jamais vous m'êtes nécessaire.

ANTIOCHUS.

Moi, seigneur?

TITUS.

Vous.

ANTIOCHUS.

Hélas! d'un prince malheureux
Que pouvez-vous, seigneur, attendre que des vœux?

TITUS.

Je n'ai pas oublié, prince, que ma victoire
Devoit à vos exploits la moitié de sa gloire;
Que Rome vit passer au nombre des vaincus
Plus d'un captif chargé des fers d'Antiochus;
Que dans le Capitole elle voit attachées
Les dépouilles des Juifs par vos mains arrachées.
Je n'attends pas de vous de ces sanglants exploits,
Et je veux seulement emprunter votre voix.
Je sais que Bérénice, à vos soins redevable,
Croit posséder en vous un ami véritable :
Elle ne voit dans Rome et n'écoute que vous :
Vous ne faites qu'un cœur et qu'une ame avec nous.
Au nom d'une amitié si constante et si belle,
Employez le pouvoir que vous avez sur elle :
Voyez-la de ma part.

ANTIOCHUS.

Moi, paroître à ses yeux?
La reine pour jamais a reçu mes adieux.

TITUS.

Prince, il faut que pour moi vous lui parliez encore.

ANTIOCHUS.

Ah! parlez-lui, seigneur. La reine vous adore :
Pourquoi vous dérober vous-même en ce moment
Le plaisir de lui faire un aveu si charmant?
Elle l'attend, seigneur, avec impatience.
Je réponds, en partant, de son obéissance;
Et même elle m'a dit que, prêt à l'épouser,
Vous ne la verrez plus que pour l'y disposer.

TITUS.

Ah! qu'un aveu si doux auroit lieu de me plaire!
Que je serois heureux, si j'avois à le faire!
Mes transports aujourd'hui s'attendoient d'éclater;
Cependant aujourd'hui, prince, il faut la quitter.

ANTIOCHUS.

La quitter! Vous, seigneur?

TITUS.

Telle est ma destinée :
Pour elle et pour Titus il n'est plus d'hyménée.
D'un espoir si charmant je me flattois en vain :
Prince, il faut avec vous qu'elle parte demain.

ANTIOCHUS.

Qu'entends-je? Oh ciel!

TITUS.

Plaignez ma grandeur importune :
Maître de l'univers, je règle sa fortune;
Je puis faire les rois, je puis les déposer;
Cependant de mon cœur je ne puis disposer.

ACTE III, SCÈNE I.

Rome, contre les rois de tout temps soulevée,
Dédaigne une beauté dans la pourpre élevée :
L'éclat du diadème, et cent rois pour aïeux,
Déshonorent ma flamme et blessent tous les yeux.
Mon cœur, libre d'ailleurs, sans craindre les murmures,
Peut brûler à son choix dans des flammes obscures :
Et Rome avec plaisir recevroit de ma main
La moins digne beauté qu'elle cache en son sein.
Jules céda lui-même au torrent qui m'entraîne.
Si le peuple demain ne voit partir la reine,
Demain elle entendra ce peuple furieux
Me venir demander son départ à ses yeux.
Sauvons de cet affront mon nom et sa mémoire ;
Et puisqu'il faut céder, cédons à notre gloire.
Ma bouche et mes regards, muets depuis huit jours,
L'auront pu préparer à ce triste discours :
Et même en ce moment, inquiète, empressée,
Elle veut qu'à ses yeux j'explique ma pensée.
D'un amant interdit soulagez le tourment ;
Épargnez à mon cœur cet éclaircissement.
Allez, expliquez-lui mon trouble et mon silence ;
Sur-tout, qu'elle me laisse éviter sa présence :
Soyez le seul témoin de ses pleurs et des miens ;
Portez-lui mes adieux, et recevez les siens.
Fuyons tous deux, fuyons un spectacle funeste
Qui de notre constance accableroit le reste.
Si l'espoir de régner et de vivre en mon cœur
Peut de son infortune adoucir la rigueur,

Ah, prince ! jurez-lui que, toujours trop fidèle,
Gémissant dans ma cour, et plus exilé qu'elle,
Portant jusqu'au tombeau le nom de son amant,
Mon règne ne sera qu'un long bannissement,
Si le ciel, non content de me l'avoir ravie,
Veut encor m'affliger par une longue vie.
Vous, que l'amitié seule attache sur ses pas,
Prince, dans son malheur ne l'abandonnez pas :
Que l'Orient vous voie arriver à sa suite ;
Que ce soit un triomphe, et non pas une fuite.
Qu'une amitié si belle ait d'éternels liens ;
Que mon nom soit toujours dans tous vos entretiens.
Pour rendre vos états plus voisins l'un de l'autre,
L'Euphrate bornera son empire et le vôtre.
Je sais que le sénat, tout plein de votre nom,
D'une commune voix confirmera ce don.
Je joins la Cilicie à votre Comagène.
Adieu. Ne quittez point ma princesse, ma reine,
Tout ce qui de mon cœur fut l'unique désir,
Tout ce que j'aimerai jusqu'au dernier soupir.

SCÈNE II.

ANTIOCHUS, ARSACE.

ARSACE.

Ainsi le ciel s'apprête à vous rendre justice.
Vous partirez, seigneur, mais avec Bérénice ;
Loin de vous la ravir, on va vous la livrer.

ANTIOCHUS.

Arsace, laisse-moi le temps de respirer.
Ce changement est grand, ma surprise est extrême :
Titus entre mes mains remet tout ce qu'il aime !
Dois-je croire, grands dieux ! ce que je viens d'ouïr ?
Et, quand je le croirois, dois-je m'en réjouir ?

ARSACE.

Mais, moi-même, seigneur, que faut-il que je croie ?
Quel obstacle nouveau s'oppose à votre joie ?
Me trompiez-vous tantôt au sortir de ces lieux,
Lorsqu'encor tout ému de vos derniers adieux,
Tremblant d'avoir osé s'expliquer devant elle,
Votre cœur me contoit son audace nouvelle ?
Vous fuyiez un hymen qui vous faisoit trembler.
Cet hymen est rompu : quel soin peut vous troubler ?
Suivez les doux transports où l'amour vous invite.

ANTIOCHUS.

Arsace, je me vois chargé de sa conduite :
Je jouirai long-temps de ses chers entretiens;
Ses yeux même pourront s'accoutumer aux miens,
Et peut-être son cœur fera la différence
Des froideurs de Titus à ma persévérance.
Titus m'accable ici du poids de sa grandeur;
Tout disparoît dans Rome auprès de sa splendeur :
Mais quoique l'Orient soit plein de sa mémoire,
Bérénice y verra des traces de ma gloire.

ARSACE.

N'en doutez point, seigneur, tout succède à vos vœux.

ANTIOCHUS.

Ah! que nous nous plaisons à nous tromper tous deux!

ARSACE.

Et pourquoi nous tromper?

ANTIOCHUS.

Quoi! je lui pourrois plaire?
Bérénice à mes vœux ne seroit plus contraire?
Bérénice d'un mot flatteroit mes douleurs?
Penses-tu seulement que parmi ses malheurs,
Quand l'univers entier négligeroit ses charmes,
L'ingrate me permît de lui donner des larmes,
Ou qu'elle s'abaissât jusques à recevoir
Des soins qu'à mon amour elle croiroit devoir?

ARSACE.

Et qui peut mieux que vous consoler sa disgrace?
Sa fortune, seigneur, va prendre une autre face :
Titus la quitte.

ANTIOCHUS.

Hélas! de ce grand changement,
Il ne me reviendra que le nouveau tourment
D'apprendre par ses pleurs à quel point elle l'aime :
Je la verrai gémir; je la plaindrai moi-même.
Pour fruit de tant d'amour, j'aurai le triste emploi
De recueillir des pleurs qui ne sont pas pour moi.

ARSACE.

Quoi! ne vous plairez-vous qu'à vous gêner sans cesse?
Jamais dans un grand cœur vit-on plus de foiblesse?
Ouvrez les yeux, seigneur, et songeons entre nous

ACTE III, SCÈNE II.

Par combien de raisons Bérénice est à vous.
Puisqu'aujourd'hui Titus ne prétend plus lui plaire,
Songez que votre hymen lui devient nécessaire.

ANTIOCHUS.

Nécessaire?

ARSACE.

A ses pleurs accordez quelques jours;
De ses premiers sanglots laissez passer le cours :
Tout parlera pour vous, le dépit, la vengeance,
L'absence de Titus, le temps, votre présence,
Trois sceptres que son bras ne peut seul soutenir,
Vos deux états voisins qui cherchent à s'unir;
L'intérêt, la raison, l'amitié, tout vous lie.

ANTIOCHUS.

Ah! je respire, Arsace; et tu me rends la vie :
J'accepte avec plaisir un présage si doux.
Que tardons-nous? faisons ce qu'on attend de nous.
Entrons chez Bérénice; et, puisqu'on nous l'ordonne,
Allons lui déclarer que Titus l'abandonne....
Mais plutôt demeurons. Que faisois-je? Est-ce à moi,
Arsace, à me charger de ce cruel emploi?
Soit vertu, soit amour, mon cœur s'en effarouche.
L'aimable Bérénice entendroit de ma bouche
Qu'on l'abandonne! Ah, reine! et qui l'auroit pensé
Que ce mot dût jamais vous être prononcé!

ARSACE.

La haine sur Titus tombera toute entière.
Seigneur, si vous parlez, ce n'est qu'à sa prière.

ANTIOCHUS.

Non, ne la voyons point; respectons sa douleur :
Assez d'autres viendront lui conter son malheur.
Et ne la crois-tu pas assez infortunée
D'apprendre à quel mépris Titus l'a condamnée,
Sans lui donner encor le déplaisir fatal
D'apprendre ce mépris par son propre rival?
Encore un coup, fuyons; et par cette nouvelle
N'allons point nous charger d'une haine immortelle.

ARSACE.

Ah! la voici, seigneur; prenez votre parti.

ANTIOCHUS.

Oh ciel!

SCÈNE III.

BÉRÉNICE, ANTIOCHUS, ARSACE, PHÉNICE.

BÉRÉNICE.

Hé quoi, Seigneur! vous n'êtes point parti!

ANTIOCHUS.

Madame, je vois bien que vous êtes déçue,
Et que c'étoit César que cherchoit votre vue.
Mais n'accusez que lui si, malgré mes adieux,
De ma présence encor j'importune vos yeux.
Peut-être en ce moment je serois dans Ostie,
S'il ne m'eût de sa cour défendu la sortie.

ACTE III, SCÈNE III.

BÉRÉNICE.

Il vous cherche vous seul. Il nous évite tous.

ANTIOCHUS.

Il ne m'a retenu que pour parler de vous.

BÉRÉNICE.

De moi, prince?

ANTIOCHUS.

Oui, madame.

BÉRÉNICE.

Et qu'a-t-il pu vous dire?

ANTIOCHUS.

Mille autres mieux que moi pourront vous en instruire.

BÉRÉNICE.

Quoi, seigneur!....

ANTIOCHUS.

Suspendez votre ressentiment.
D'autres, loin de se taire en ce même moment,
Triompheroient peut-être, et, pleins de confiance,
Cèderoient avec joie à votre impatience :
Mais moi, toujours tremblant, moi, vous le savez bien,
A qui votre repos est plus cher que le mien,
Pour ne le point troubler j'aime mieux vous déplaire,
Et crains votre douleur plus que votre colère.
Avant la fin du jour vous me justifierez.
Adieu, madame.

BÉRÉNICE.

Oh ciel! quel discours! Demeurez.

Prince, c'est trop cacher mon trouble à votre vue.
Vous voyez devant vous une reine éperdue,
Qui, la mort dans le sein, vous demande deux mots :
Vous craignez, dites-vous, de troubler mon repos;
Et vos refus cruels, loin d'épargner ma peine,
Excitent ma douleur, ma colère, ma haine.
Seigneur, si mon repos vous est si précieux,
Si moi-même jamais je fus chère à vos yeux,
Éclaircissez le trouble où vous voyez mon ame.
Que vous a dit Titus ?

ANTIOCHUS.

Au nom des dieux, madame....

BÉRÉNICE.

Quoi! vous craignez si peu de me désobéir?

ANTIOCHUS.

Je n'ai qu'à vous parler pour me faire haïr.

BÉRÉNICE.

Je veux que vous parliez.

ANTIOCHUS.

Dieux! quelle violence!
Madame, encore un coup, vous louerez mon silence.

BÉRÉNICE.

Prince, dès ce moment contentez mes souhaits,
Ou soyez de ma haine assuré pour jamais.

ANTIOCHUS.

Madame, après cela je ne puis plus me taire.
Hé bien, vous le voulez, il faut vous satisfaire.

ACTE III, SCÈNE III.

Mais ne vous flattez point : je vais vous annoncer
Peut-être des malheurs où vous n'osez penser.
Je connois votre cœur : vous devez vous attendre
Que je le vais frapper par l'endroit le plus tendre.
Titus m'a commandé....

BÉRÉNICE.
Quoi ?

ANTIOCHUS.
De vous déclarer
Qu'à jamais l'un de l'autre il faut vous séparer.

BÉRÉNICE.

Nous séparer ! Qui ? moi ? Titus de Bérénice ?

ANTIOCHUS.

Il faut que, devant vous je lui rende justice :
Tout ce que, dans un cœur sensible et généreux,
L'amour au désespoir peut rassembler d'affreux,
Je l'ai vu dans le sien. Il pleure, il vous adore.
Mais enfin que lui sert de vous aimer encore ?
Une reine est suspecte à l'empire romain.
Il faut vous séparer, et vous partez demain.

BÉRÉNICE.

Nous séparer ! Hélas, Phénice !

PHÉNICE.
Hé bien, madame,
Il faut ici montrer la grandeur de votre ame.
Ce coup sans doute est rude, il doit vous étonner.

BÉRÉNICE.

Après tant de serments Titus m'abandonner ! [1]
Titus qui me juroit.... Non, je ne le puis croire;
Il ne me quitte point, il y va de sa gloire.
Contre son innocence on veut me prévenir.
Ce piège n'est tendu que pour nous désunir.
Titus m'aime, Titus ne veut point que je meure.
Allons le voir : je veux lui parler tout à l'heure.
Allons.

ANTIOCHUS.

Quoi ! vous pourriez ici me regarder....

BÉRÉNICE.

Vous le souhaitez trop pour me persuader.
Non, je ne vous crois point. Mais, quoi qu'il en puisse être,
Pour jamais à mes yeux gardez-vous de paroître.
(à Phénice.)
Ne m'abandonne pas dans l'état où je suis.
Hélas ! pour me tromper je fais ce que je puis.

---

[1] Le même mouvement se trouve dans la troisième élégie de Regnier :

> Aussi, qui pourroit croire, après tant de serments,
> De larmes, de soupirs, de propos véhéments,
> Dont elle me juroit que jamais de sa vie
> Elle ne permettroit d'un autre estre servie.....

SCÈNE IV.

ANTIOCHUS, ARSACE.

ANTIOCHUS.

Ne me trompé-je point? l'ai-je bien entendue?
Que je me garde, moi, de paroître à sa vue!
Je m'en garderai bien. Eh! ne partois-je pas,
Si Titus malgré moi n'eût arrêté mes pas?
Sans doute il faut partir. Continuons, Arsace.
Elle croit m'affliger; sa haine me fait grace.
Tu me voyois tantôt inquiet, égaré;
Je partois amoureux, jaloux, désespéré;
Et maintenant, Arsace, après cette défense,
Je partirai peut-être avec indifférence.

ARSACE.

Moins que jamais, seigneur, il faut vous éloigner.

ANTIOCHUS.

Moi, je demeurerai pour me voir dédaigner?
Des froideurs de Titus je serai responsable?
Je me verrai puni parcequ'il est coupable?
Avec quelle injustice et quelle indignité
Elle doute, à mes yeux, de ma sincérité!
Titus l'aime, dit-elle, et moi je l'ai trahie.
L'ingrate! m'accuser de cette perfidie!
Et dans quel temps encor? dans le moment fatal
Que j'étale à ses yeux les pleurs de mon rival;

BÉRÉNICE.

Que pour la consoler je le faisois paroître
Amoureux et constant, plus qu'il ne l'est peut-être.

ARSACE.

Et de quel soin, seigneur, vous allez vous troubler?
Laissez à ce torrent le temps de s'écouler :
Dans huit jours, dans un mois, n'importe, il faut qu'il passe.
Demeurez seulement.

ANTIOCHUS.

Non; je la quitte, Arsace.
Je sens qu'à sa douleur je pourrois compatir :
Ma gloire, mon repos, tout m'excite à partir.
Allons; et de si loin évitons la cruelle,
Que de long-temps, Arsace, on ne nous parle d'elle.
Toutefois il nous reste encore assez de jour :
Je vais dans mon palais attendre ton retour;
Va voir si la douleur ne l'a point trop saisie.
Cours; et partons du moins assurés de sa vie.

FIN DU TROISIÈME ACTE.

ACTE QUATRIÈME.

SCÈNE I.
BÉRÉNICE.

Phénice ne vient point! Moments trop rigoureux,
Que vous paroissez lents à mes rapides vœux!
Je m'agite, je cours; languissante, abattue,
La force m'abandonne; et le repos me tue.
Phénice ne vient point! Ah! que cette longueur
D'un présage funeste épouvante mon cœur!
Phénice n'aura point de réponse à me rendre :
Titus, l'ingrat Titus n'a point voulu l'entendre;
Il fuit, il se dérobe à ma juste fureur.

SCÈNE II.
BÉRÉNICE, PHÉNICE.

BÉRÉNICE.
Chère Phénice, hé bien! as-tu vu l'empereur?
Qu'a-t-il dit? viendra-t-il?

PHÉNICE.
     Oui, je l'ai vu, madame,
Et j'ai peint à ses yeux le trouble de votre ame.
J'ai vu couler des pleurs qu'il vouloit retenir.

BÉRÉNICE.
Vient-il?

PHÉNICE.

N'en doutez point, madame, il va venir.
Mais voulez-vous paroître en ce désordre extrême?
Remettez-vous, madame, et rentrez en vous-même.
Laissez-moi relever ces voiles détachés,
Et ces cheveux épars dont vos yeux sont cachés.
Souffrez que de vos pleurs je répare l'outrage.

BÉRÉNICE.

Laisse, laisse, Phénice; il verra son ouvrage.
Eh! que m'importe, hélas! de ces vains ornements?
Si ma foi, si mes pleurs, si mes gémissements,
Mais que dis-je, mes pleurs! si ma perte certaine,
Si ma mort toute prête enfin ne le ramène,
Dis-moi, que produiront tes secours superflus,
Et tout ce foible éclat qui ne le touche plus?

PHÉNICE.

Pourquoi lui faites-vous cet injuste reproche?
J'entends du bruit, madame, et l'empereur s'approche.
Venez, fuyez la foule, et rentrons promptement;
Vous l'entretiendrez seul dans votre appartement.

SCÈNE III.

TITUS, PAULIN, suite.

TITUS.

DE la reine, Paulin, flattez l'inquiétude:
Je vais la voir. Je veux un peu de solitude:
Que l'on me laisse.

ACTE IV, SCÈNE III.

PAULIN, à part.

Oh ciel ! que je crains ce combat !
Grands dieux, sauvez sa gloire et l'honneur de l'état !
Voyons la reine.

SCÈNE IV.

TITUS.

Hé bien ! Titus, que viens-tu faire ?
Bérénice t'attend. Où viens-tu, téméraire ?
Tes adieux sont-ils prêts ? T'es-tu bien consulté ?
Ton cœur te promet-il assez de cruauté ?
Car enfin au combat qui pour toi se prépare
C'est peu d'être constant, il faut être barbare.
Soutiendrai-je ces yeux dont la douce langueur
Sait si bien découvrir les chemins de mon cœur ?
Quand je verrai ces yeux armés de tous leurs charmes,
Attachés sur les miens, m'accabler de leurs larmes,
Me souviendrai-je alors de mon triste devoir ?
Pourrai-je dire enfin : Je ne veux plus vous voir ?
Je viens percer un cœur que j'adore, qui m'aime.
Et pourquoi le percer ? Qui l'ordonne ? Moi-même.
Car enfin Rome a-t-elle expliqué ses souhaits ?
L'entendons-nous crier autour de ce palais ?
Vois-je l'état penchant au bord du précipice ?
Ne le puis-je sauver que par ce sacrifice ?
Tout se tait ; et moi seul, trop prompt à me troubler,
J'avance des malheurs que je puis reculer.

Et qui sait si, sensible aux vertus de la reine,
Rome ne voudra point l'avouer pour Romaine?
Rome peut par son choix justifier le mien :
Non, non, encore un coup, ne précipitons rien.
Que Rome avec ses lois mette dans la balance
Tant de pleurs, tant d'amour, tant de persévérance;
Rome sera pour nous.... Titus, ouvre les yeux :
Quel air respires-tu? N'es-tu pas dans ces lieux
Où la haine des rois, avec le lait sucée,
Par crainte ou par amour ne peut être effacée?
Rome jugea ta reine en condamnant ses rois.
N'as-tu pas en naissant entendu cette voix?
Et n'as-tu pas encore oui la renommée
T'annoncer ton devoir jusque dans ton armée?
Et lorsque Bérénice arriva sur tes pas,
Ce que Rome en jugeoit ne l'entendis-tu pas?
Faut-il donc tant de fois te le faire redire?
Ah, lâche! fais l'amour, et renonce à l'empire;
Au bout de l'univers va, cours te confiner,
Et fais place à des cœurs plus dignes de régner.
Sont-ce là ces projets de grandeur et de gloire
Qui devoient dans les cœurs consacrer ma mémoire?
Depuis huit jours je règne, et, jusques à ce jour,
Qu'ai-je fait pour l'honneur? J'ai tout fait pour l'amour.
D'un temps si précieux quel compte puis-je rendre?
Où sont ces heureux jours que je faisois attendre?
Quels pleurs ai-je séchés? dans quels yeux satisfaits
Ai-je déjà goûté le fruit de mes bienfaits?

L'univers a-t-il vu changer ses destinées ?
Sais-je combien le ciel m'a compté de journées ?
Et de ce peu de jours, si long-temps attendus,
Ah malheureux ! combien j'en ai déjà perdus ! [1]
Ne tardons plus : faisons ce que l'honneur exige ;
Rompons le seul lien....

SCÈNE V.

BÉRÉNICE, TITUS.

BÉRÉNICE, en sortant de son appartement.

Non, laissez-moi, vous dis-je.
En vain tous vos conseils me retiennent ici ;
Il faut que je le voie.... Ah, seigneur ! vous voici !
Hé bien, il est donc vrai que Titus m'abandonne !
Il faut nous séparer ! et c'est lui qui l'ordonne !

TITUS.

N'accablez point, madame, un prince malheureux.
Il ne faut point ici nous attendrir tous deux.
Un trouble assez cruel m'agite et me dévore,
Sans que des pleurs si chers me déchirent encore.
Rappelez bien plutôt ce cœur qui tant de fois
M'a fait de mon devoir reconnoître la voix :
Il en est temps. Forcez votre amour à se taire ;
Et d'un œil que la gloire et la raison éclaire

---

[1] Allusion au mot si connu de Titus : « Amici, diem perdidi. »
SUETON. lib. VIII, cap. vij.

Contemplez mon devoir dans toute sa rigueur.
Vous-même contre vous fortifiez mon cœur;
Aidez-moi, s'il se peut, à vaincre ma foiblesse,
A retenir des pleurs qui m'échappent sans cesse :
Ou, si nous ne pouvons commander à nos pleurs,
Que la gloire du moins soutienne nos douleurs;
Et que tout l'univers reconnoisse sans peine
Les pleurs d'un empereur et les pleurs d'une reine.
Car enfin, ma princesse, il faut nous séparer.

BÉRÉNICE.

Ah, cruel! est-il temps de me le déclarer?
Qu'avez-vous fait? Hélas! je me suis crue aimée; [1]
Au plaisir de vous voir mon ame accoutumée
Ne vit plus que pour vous : ignoriez-vous vos lois
Quand je vous l'avouai pour la première fois?
A quel excès d'amour m'avez-vous amenée!
Que ne me disiez-vous, Princesse infortunée,
Où vas-tu t'engager, et quel est ton espoir?
Ne donne point un cœur qu'on ne peut recevoir!
Ne l'avez-vous reçu, cruel, que pour le rendre
Quand de vos seules mains ce cœur voudroit dépendre?

---

[1] Quelques rapports avec les reproches que Médée adresse à Jason dans Ovide. Elle a vu son amant, elle a appris à le connoître; et cet amour a causé sa ruine.

Medea Jasoni, epist. XII, vers 31 :

« Tunc ego te vidi; tunc cœpi scire quid esses.
« Illa fuit mentis prima ruina meæ.
« Ut vidi, ut perii; nec notis ignibus arsi.

ACTE IV, SCÈNE V.

Tout l'empire a vingt fois conspiré contre nous :
Il étoit temps encor ; que ne me quittiez-vous ?
Mille raisons alors consoloient ma misère :
Je pouvois de ma mort accuser votre père,
Le peuple, le sénat, tout l'empire romain,
Tout l'univers, plutôt qu'une si chère main.
Leur haine, dès long-temps contre moi déclarée,
M'avoit à mon malheur dès long-temps préparée.
Je n'aurois pas, seigneur, reçu ce coup cruel
Dans le temps que j'espère un bonheur immortel,
Quand votre heureux amour peut tout ce qu'il désire,
Lorsque Rome se tait, quand votre père expire,
Lorsque tout l'univers fléchit à vos genoux,
Enfin quand je n'ai plus à redouter que vous.

TITUS.

Et c'est moi seul aussi qui pouvois me détruire.
Je pouvois vivre alors et me laisser séduire ;
Mon cœur se gardoit bien d'aller dans l'avenir
Chercher ce qui pouvoit un jour nous désunir.
Je voulois qu'à mes vœux rien ne fût invincible ;
Je n'examinois rien, j'espérois l'impossible.
Que sais-je ? j'espérois de mourir à vos yeux,
Avant que d'en venir à ces cruels adieux.
Les obstacles sembloient renouveler ma flamme.
Tout l'empire parloit : mais la gloire, madame,
Ne s'étoit point encor fait entendre à mon cœur
Du ton dont elle parle au cœur d'un empereur.
Je sais tous les tourments où ce dessein me livre :

Je sens bien que sans vous je ne saurois plus vivre,
Que mon cœur de moi-même est prêt à s'éloigner;
Mais il ne s'agit plus de vivre, il faut régner.

BÉRÉNICE.

Hé bien, régnez, cruel, contentez votre gloire :
Je ne dispute plus. J'attendois, pour vous croire,
Que cette même bouche, après mille serments
D'un amour qui devoit unir tous nos moments,
Cette bouche, à mes yeux s'avouant infidèle,
M'ordonnât elle-même une absence éternelle.
Moi-même j'ai voulu vous entendre en ce lieu.
Je n'écoute plus rien : et, pour jamais, adieu....
Pour jamais! Ah, seigneur! songez-vous en vous-même
Combien ce mot cruel est affreux quand on aime?
Dans un mois, dans un an, comment souffrirons-nous, [1]
Seigneur, que tant de mers me séparent de vous;
Que le jour recommence et que le jour finisse
Sans que jamais Titus puisse voir Bérénice,
Sans que de tout le jour je puisse voir Titus?
Mais quelle est mon erreur, et que de soins perdus!

---

[1] Ce calcul si tendre et si délicat paroît emprunté de Marot, qui, se servant de l'exagération que permet le badinage, parle ainsi de sa dame :

> Dès que m'amye est un jour sans me veoir,
> Elle me dict que j'en ay tardé quatre;
> Tardant deux jours, elle dict ne m'avoir
> Veu de quatorze, et n'en veut point rabattre.

ACTE IV, SCÈNE V.

L'ingrat, de mon départ consolé par avance,
Daignera-t-il compter les jours de mon absence?
Ces jours si longs pour moi lui sembleront trop courts.[1]

TITUS.

Je n'aurai pas, madame, à compter tant de jours :
J'espère que bientôt la triste renommée
Vous fera confesser que vous étiez aimée.
Vous verrez que Titus n'a pu, sans expirer...

BÉRÉNICE.

Ah, seigneur! s'il est vrai, pourquoi nous séparer?[2]

---

[1] Imitation des reproches de Didon à Énée.

Énéide, livre IV, v. 368 :

« Nam quid dissimulo?.................
« Num fletu ingemuit nostro? num lumina flexit?
« Num lacrymas victus dedit? aut miseratus amantem est. »

Pourquoi dissimuler? l'ingrat a-t-il accordé un soupir à mes larmes? a-t-il jeté un seul regard sur moi? m'a-t-il témoigné son attendrissement par quelques pleurs? a-t-il eu quelque pitié pour une amante au désespoir?

[2] Didon exprime les mêmes sentiments quand elle prie sa sœur d'inviter Énée à rester quelque temps à Carthage.

Énéide, livre IV, v. 431 :

« Non jam conjugium antiquum, quod prodidit, oro;
« Nec pulchro Latio ut careat, regnumque relinquat.
« Tempus inane peto, requiem spatiumque furori,
« Dum mea me victam doceat fortuna dolere. »

Je ne l'implore plus au nom des nœuds sacrés qu'il a trahis; je ne demande pas qu'il se prive du riche Latium, et qu'il abandonne l'espoir d'y régner : je le supplie de me consacrer un temps

Je ne vous parle point d'un heureux hyménée :
Rome à ne vous plus voir m'a-t-elle condamnée ?
Pourquoi m'enviez-vous l'air que vous respirez ?

TITUS.

Hélas! vous pouvez tout, madame. Demeurez :
Je n'y résiste point. Mais je sens ma foiblesse :
Il faudra vous combattre et vous craindre sans cesse,
Et sans cesse veiller à retenir mes pas,
Que vers vous à toute heure entraînent vos appas.
Que dis-je ? En ce moment, mon cœur, hors de lui-même,
S'oublie, et se souvient seulement qu'il vous aime.

BÉRÉNICE.

Hé bien, seigneur, hé bien, qu'en peut-il arriver?
Voyez-vous les Romains prêts à se soulever?

TITUS.

Et qui sait de quel œil ils prendront cette injure?
S'ils parlent, si les cris succèdent au murmure,
Faudra-t-il par le sang justifier mon choix?
S'ils se taisent, madame, et me vendent leurs lois,
A quoi m'exposez-vous ? par quelle complaisance
Faudra-t-il quelque jour payer leur patience?
Que n'oseront-ils point alors me demander?
Maintiendrai-je des lois que je ne puis garder?

---

qui lui est inutile pour son entreprise; qu'un peu de repos donne
à ma passion le moyen de se calmer, et que j'apprenne dans ma
disgrace à me familiariser avec ma douleur.

BÉRÉNICE.

Vous ne comptez pour rien les pleurs de Bérénice !

TITUS.

Je les compte pour rien ! Ah ciel ! quelle injustice !

BÉRÉNICE.

Quoi ! pour d'injustes lois que vous pouvez changer,
En d'éternels chagrins vous-même vous plonger !
Rome a ses droits, seigneur : n'avez-vous pas les vôtres ?
Ses intérêts sont-ils plus sacrés que les nôtres ?
Dites, parlez.

TITUS.

Hélas ! que vous me déchirez !

BÉRÉNICE.

Vous êtes empereur, seigneur, et vous pleurez ! [1]

TITUS.

Oui, madame, il est vrai, je pleure, je soupire,
Je frémis. Mais enfin, quand j'acceptai l'empire,
Rome me fit jurer de maintenir ses droits.
Il les faut maintenir. Déjà plus d'une fois
Rome a de mes pareils exercé la constance.
Ah ! si vous remontiez jusques à sa naissance,
Vous les verriez toujours à ses ordres soumis :
L'un, jaloux de sa foi, va chez les ennemis
Chercher, avec la mort, la peine toute prête ;
D'un fils victorieux l'autre proscrit la tête ;

---

[1] Avant de partir, mademoiselle Mancini dit à Louis XIV, dont elle étoit aimée : « Vous pleurez, vous êtes roi, et je pars. »

L'autre, avec des yeux secs et presque indifférents,
Voit mourir ses deux fils par son ordre expirants.
Malheureux! Mais toujours la patrie et la gloire
Ont parmi les Romains remporté la victoire.
Je sais qu'en vous quittant le malheureux Titus
Passe l'austérité de toutes leurs vertus;
Qu'elle n'approche point de cet effort insigne :
Mais, madame, après tout, me croyez-vous indigne
De laisser un exemple à la postérité,
Qui sans de grands efforts ne puisse être imité?

BÉRÉNICE.

Non, je crois tout facile à votre barbarie :
Je vous crois digne, ingrat! de m'arracher la vie.
De tous vos sentiments mon cœur est éclairci.
Je ne vous parle plus de me laisser ici : [1]

---

[1] Didon rejette également la pensée de suivre les Troyens, dont elle sait qu'elle est haïe et méprisée.

Énéide, livre IV, v. 536 :

« Iliacas igitur classes atque ultima Teucrum
« Jussa sequar?....................
« ....Ratibusque superbis
« Invisam accipiet? Nescis, heu! perdita, nec dùm
« Laomedonteæ sentis perjuria gentis? »

Qui, moi! je voudrois, m'embarquant sur sa flotte, devenir la vile esclave des Troyens?.... Moi, qu'il déteste, me recevroit-il sur ses superbes vaisseaux? Ne sais-tu pas, malheureuse, et n'as-tu pas senti jusqu'où peut aller la perfidie de la race de Laomédon?

ACTE IV, SCÈNE V.

Qui? moi, j'aurois voulu, honteuse et méprisée,
D'un peuple qui me hait soutenir la risée?
J'ai voulu vous pousser jusques à ce refus.
C'en est fait, et bientôt vous ne me craindrez plus.
N'attendez pas ici que j'éclate en injures,
Que j'atteste le ciel, ennemi des parjures;
Non : si le ciel encore est touché de mes pleurs,
Je le prie, en mourant, d'oublier mes douleurs.
Si je forme des vœux contre votre injustice,
Si, devant que mourir, la triste Bérénice
Vous veut de son trépas laisser quelque vengeur,
Je ne le cherche, ingrat, qu'au fond de votre cœur.
Je sais que tant d'amour n'en peut être effacée;
Que ma douleur présente, et ma bonté passée,
Mon sang qu'en ce palais je veux même verser,
Sont autant d'ennemis que je vais vous laisser :
Et, sans me repentir de ma persévérance,
Je me remets sur eux de toute ma vengeance.
Adieu.

SCÈNE VI.

TITUS, PAULIN.

PAULIN.

Dans quel dessein vient-elle de sortir,
Seigneur? Est-elle enfin disposée à partir?

TITUS.

Paulin, je suis perdu! je n'y pourrai survivre,

La reine veut mourir. Allons, il faut la suivre.
Courons à son secours.

PAULIN.

Hé quoi! n'avez-vous pas
Ordonné dès tantôt qu'on observe ses pas?
Ses femmes, à toute heure autour d'elle empressées,
Sauront la détourner de ces tristes pensées.
Non, non, ne craignez rien. Voilà les plus grands coups,
Seigneur; continuez, la victoire est à vous.
Je sais que sans pitié vous n'avez pu l'entendre;
Moi-même en la voyant je n'ai pu m'en défendre.
Mais regardez plus loin : songez, en ce malheur,
Quelle gloire va suivre un moment de douleur,
Quels applaudissements l'univers vous prépare,
Quel rang dans l'avenir...

TITUS.

Non; je suis un barbare.
Moi-même je me hais. Néron, tant détesté,
N'a point à cet excès poussé sa cruauté.
Je ne souffrirai point que Bérénice expire.
Allons, Rome en dira ce qu'elle en voudra dire.

PAULIN.

Quoi, seigneur!

TITUS.

Je ne sais, Paulin, ce que je dis :
L'excès de ma douleur accable mes esprits.

PAULIN.

Ne troublez point le cours de votre renommée :

Déjà de vos adieux la nouvelle est semée ;
Rome, qui gémissoit, triomphe avec raison ;
Tous les temples ouverts fument en votre nom ;
Et le peuple, élevant vos vertus jusqu'aux nues,
Va par-tout de lauriers couronner vos statues.

TITUS.

Ah, Rome! Ah, Bérénice! Ah, prince malheureux!
Pourquoi suis-je empereur? Pourquoi suis-je amoureux?

SCÈNE VII.

TITUS, ANTIOCHUS, PAULIN, ARSACE.

ANTIOCHUS.

Qu'avez-vous fait, seigneur ? l'aimable Bérénice
Va peut-être expirer dans les bras de Phénice.
Elle n'entend ni pleurs, ni conseil, ni raison ;
Elle implore à grands cris le fer et le poison.
Vous seul vous lui pouvez arracher cette envie ;
On vous nomme, et ce nom la rappelle à la vie ;
Ses yeux toujours tournés vers votre appartement
Semblent vous demander de moment en moment.
Je n'y puis résister, ce spectacle me tue.
Que tardez-vous ? allez vous montrer à sa vue. *a*
Sauvez tant de vertus, de graces, de beauté,
Ou renoncez, seigneur, à toute humanité.
Dites un mot.

a Allez, seigneur, allez vous montrer à sa vue.

TITUS.

Hélas! quel mot puis-je lui dire?
Moi-même en ce moment sais-je si je respire?

SCÈNE VIII.

TITUS, ANTIOCHUS, PAULIN, ARSACE, RUTILE.

RUTILE.

Seigneur, tous les tribuns, les consuls, le sénat,
Viennent vous demander au nom de tout l'état :
Un grand peuple les suit, qui, plein d'impatience,
Dans votre appartement attend votre présence.

TITUS.

Je vous entends, grands dieux, vous voulez rassurer
Ce cœur que vous voyez tout prêt à s'égarer.

PAULIN.

Venez, seigneur : passons dans la chambre prochaine;
Allons voir le sénat.

ANTIOCHUS.

Ah! courez chez la reine.

PAULIN.

Quoi! vous pourriez, seigneur, par cette indignité,
De l'empire à vos pieds fouler la majesté?
Rome....

TITUS.

Il suffit, Paulin; nous allons les entendre.
(à Antiochus.)
Prince, de ce devoir je ne puis me défendre.

Voyez la reine. Allez. J'espère, à mon retour,*a*
Qu'elle ne pourra plus douter de mon amour.

a Racine a supprimé la scène suivante qui terminoit le quatrième acte :

ANTIOCHUS, à Arsace.

Arsace, que dis-tu de toute ma conduite ?
Rien ne pouvoit tantôt s'opposer à ma fuite.
Bérénice et Titus offensoient mes regards.
Je partois pour jamais. Voilà comme je pars.
Je rentre, et dans les pleurs je retrouve la reine.
J'oublie en même temps ma vengeance et sa haine.
Je m'attendris aux pleurs qu'un rival fait couler ;
Moi-même à son secours je le viens appeler ;
Et, si sa diligence eût secondé mon zèle,
J'allois, victorieux, le conduire auprès d'elle.
Malheureux que je suis ! Avec quelle chaleur
Je travaille sans cesse à mon propre malheur ?
C'en est trop. De Titus porte-lui les promesses,
Arsace. Je rougis de toutes mes foiblesses.
Désespéré, confus, à moi-même odieux,
Laisse-moi : je me veux cacher même à tes yeux.

FIN DU QUATRIÈME ACTE.

ACTE CINQUIÈME.

SCÈNE I.

ARSACE.

Où pourrai-je trouver ce prince trop fidèle ?
Ciel, conduisez mes pas, et secondez mon zèle :
Faites qu'en ce moment je lui puisse annoncer
Un bonheur où peut-être il n'ose plus penser !

SCÈNE II.

ANTIOCHUS, ARSACE.

ARSACE.

Ah ! quel heureux destin en ces lieux vous renvoie,
Seigneur !

ANTIOCHUS.

Si mon retour t'apporte quelque joie,
Arsace, rends-en grace à mon seul désespoir.

ARSACE.

La reine part, seigneur.

ANTIOCHUS.

Elle part ?

ARSACE.

Dès ce soir :

Ses ordres sont donnés. Elle s'est offensée
Que Titus à ses pleurs l'ait si long-temps laissée.
Un généreux dépit succède à sa fureur :
Bérénice renonce à Rome, à l'empereur,
Et même veut partir avant que Rome instruite
Puisse voir son désordre et jouir de sa fuite.
Elle écrit à César.

ANTIOCHUS.

Oh ciel ! qui l'auroit cru ?
Et Titus ?

ARSACE.

A ses yeux Titus n'a point paru.
Le peuple avec transport l'arrête et l'environne,
Applaudissant aux noms que le sénat lui donne;
Et ces noms, ces respects, ces applaudissements,
Deviennent pour Titus autant d'engagements,
Qui, le liant, seigneur, d'une honorable chaîne,
Malgré tous ses soupirs, et les pleurs de la reine,
Fixent dans son devoir ses vœux irrésolus.
C'en est fait; et peut-être il ne la verra plus.

ANTIOCHUS.

Que de sujets d'espoir, Arsace ! je l'avoue :
Mais d'un soin si cruel la fortune me joue,
J'ai vu tous mes projets tant de fois démentis,
Que j'écoute en tremblant tout ce que tu me dis;
Et mon cœur, prévenu d'une crainte importune,
Croit, même en espérant, irriter la fortune.

Mais que vois-je ? Titus porte vers nous ses pas !
Que veut-il ?

SCÈNE III.

TITUS, ANTIOCHUS, ARSACE.

TITUS, à sa suite.

Demeurez : qu'on ne me suive pas.
(à Antiochus.)
Enfin, prince, je viens dégager ma promesse.
Bérénice m'occupe et m'afflige sans cesse :
Je viens, le cœur percé de vos pleurs et des siens,
Calmer des déplaisirs moins cruels que les miens.
Venez, prince, venez : je veux bien que vous-même
Pour la dernière fois vous voyiez si je l'aime.

SCÈNE IV.

ANTIOCHUS, ARSACE.

ANTIOCHUS.

Hé bien, voilà l'espoir que tu m'avois rendu !
Et tu vois le triomphe où j'étois attendu !
Bérénice partoit justement irritée !
Pour ne la plus revoir Titus l'avoit quittée !
Qu'ai-je donc fait, grands dieux ? quel cours infortuné
A ma funeste vie aviez-vous destiné ?
Tous mes moments ne sont qu'un éternel passage
De la crainte à l'espoir, de l'espoir à la rage.

ACTE V, SCÈNE IV.

Et je respire encor! Bérénice, Titus!
Dieux cruels! de mes pleurs vous ne vous rirez plus.

SCÈNE V.

TITUS, BÉRÉNICE, PHÉNICE.

BÉRÉNICE.

Non, je n'écoute rien. Me voilà résolue;
Je veux partir. Pourquoi vous montrer à ma vue?
Pourquoi venir encore aigrir mon désespoir?
N'êtes-vous pas content? Je ne veux plus vous voir.

TITUS.

Mais, de grace, écoutez.

BÉRÉNICE.

Il n'est plus temps.

TITUS.

Madame,
Un mot.

BÉRÉNICE.

Non.

TITUS.

Dans quel trouble elle jette mon ame!
Ma princesse, d'où vient ce changement soudain?

BÉRÉNICE.

C'en est fait. Vous voulez que je parte demain;
Et moi j'ai résolu de partir tout à l'heure :
Et je pars.

TITUS.

Demeurez.

BÉRÉNICE.

Ingrat! que je demeure?
Et pourquoi? pour entendre un peuple injurieux
Qui fait de mon malheur retentir tous ces lieux?
Ne l'entendez-vous pas cette cruelle joie,
Tandis que dans les pleurs moi seule je me noie?
Quel crime, quelle offense a pu les animer?
Hélas! et qu'ai-je fait que de vous trop aimer?

TITUS.

Écoutez-vous, madame, une foule insensée?

BÉRÉNICE.

Je ne vois rien ici dont je ne sois blessée.
Tout cet appartement préparé par vos soins,
Ces lieux, de mon amour si long-temps les témoins,
Qui sembloient pour jamais me répondre du vôtre,
Ces festons, où nos noms enlacés l'un dans l'autre
A mes tristes regards viennent par-tout s'offrir,
Sont autant d'imposteurs que je ne puis souffrir.
Allons, Phénice.

TITUS.

Oh ciel! que vous êtes injuste!

BÉRÉNICE.

Retournez, retournez vers ce sénat auguste
Qui vient vous applaudir de votre cruauté.
Hé bien! avec plaisir l'avez-vous écouté?

ACTE V, SCENE V.

Êtes-vous pleinement content de votre gloire?
Avez-vous bien promis d'oublier ma mémoire?
Mais ce n'est pas assez expier vos amours :
Avez-vous bien promis de me haïr toujours?

TITUS.

Non, je n'ai rien promis. Moi, que je vous haïsse?
Que je puisse jamais oublier Bérénice?
Ah dieux! dans quel moment son injuste rigueur
De ce cruel soupçon vient affliger mon cœur!
Connoissez-moi, madame, et depuis cinq années
Comptez tous les moments et toutes les journées
Où, par plus de transports et par plus de soupirs,
Je vous ai de mon cœur exprimé les désirs;
Ce jour surpasse tout. Jamais, je le confesse,
Vous ne fûtes aimée avec tant de tendresse;
Et jamais....

BÉRÉNICE.

Vous m'aimez, vous me le soutenez;
Et cependant je pars; et vous me l'ordonnez!
Quoi! dans mon désespoir trouvez-vous tant de charmes?
Craignez-vous que mes yeux versent trop peu de larmes?
Que me sert de ce cœur l'inutile retour?
Ah, cruel! par pitié montrez-moi moins d'amour;
Ne me rappelez point une trop chère idée;
Et laissez-moi du moins partir persuadée
Que, déjà de votre ame exilée en secret,
J'abandonne un ingrat qui me perd sans regret.

(Titus lit une lettre.)

Vous m'avez arraché ce que je viens d'écrire.
Voilà de votre amour tout ce que je désire :
Lisez, ingrat, lisez, et me laissez sortir.

TITUS.

Vous ne sortirez point, je n'y puis consentir.
Quoi ! ce départ n'est donc qu'un cruel stratagème !
Vous cherchez à mourir ! et de tout ce que j'aime
Il ne restera plus qu'un triste souvenir !
Qu'on cherche Antiochus ; qu'on le fasse venir.

(Bérénice se laisse tomber sur un siège.)

SCÈNE VI.

TITUS, BÉRÉNICE.

TITUS.

Madame, il faut vous faire un aveu véritable.
Lorsque j'envisageai le moment redoutable
Où, pressé par les lois d'un austère devoir,
Il falloit pour jamais renoncer à vous voir ;
Quand de ce triste adieu je prévis les approches,
Mes craintes, mes combats, vos larmes, vos reproches,
Je préparai mon ame à toutes les douleurs *a*
Que peut faire sentir le plus grand des malheurs :
Mais, quoi que je craignisse, il faut que je le die,
Je n'en avois prévu que la moindre partie ;
Je croyois ma vertu moins prête à succomber,

a Je m'attendis, madame, à toutes les douleurs
   Que peut faire, etc.

Et j'ai honte du trouble où je la vois tomber.
J'ai vu devant mes yeux Rome entière assemblée ;
Le sénat m'a parlé : mais mon ame accablée
Écoutoit sans entendre, et ne leur a laissé,
Pour prix de leurs transports, qu'un silence glacé.
Rome de votre sort est encore incertaine :
Moi-même à tous moments je me souviens à peine
Si je suis empereur, ou si je suis Romain.
Je suis venu vers vous sans savoir mon dessein :
Mon amour m'entraînoit, et je venois peut-être
Pour me chercher moi-même, et pour me reconnoître.
Qu'ai-je trouvé ? Je vois la mort peinte en vos yeux ;
Je vois pour la chercher que vous quittez ces lieux.
C'en est trop. Ma douleur, à cette triste vue,
A son dernier excès est enfin parvenue :
Je ressens tous les maux que je puis ressentir.
Mais je vois le chemin par où j'en puis sortir.
Ne vous attendez point que, las de tant d'alarmes,
Par un heureux hymen je tarisse vos larmes ;
En quelque extrémité que vous m'ayez réduit,
Ma gloire inexorable à toute heure me suit ;
Sans cesse elle présente à mon ame étonnée
L'empire incompatible avec votre hyménée,
Me dit qu'après l'éclat et les pas que j'ai faits
Je dois vous épouser encor moins que jamais.
   Oui, madame, et je dois moins encore vous dire
Que je suis prêt pour vous d'abandonner l'empire,
De vous suivre, et d'aller, trop content de mes fers,

Soupirer avec vous au bout de l'univers :
Vous-même rougiriez de ma lâche conduite :
Vous verriez à regret marcher à votre suite
Un indigne empereur sans empire, sans cour,
Vil spectacle aux humains des foiblesses d'amour.
Pour sortir des tourments dont mon ame est la proie,
Il est, vous le savez, une plus noble voie :
Je me suis vu, madame, enseigner ce chemin
Et par plus d'un héros et par plus d'un Romain :
Lorsque trop de malheurs ont lassé leur constance,
Ils ont tous expliqué cette persévérance
Dont le sort s'attachoit à les persécuter
Comme un ordre secret de n'y plus résister.
Si vos pleurs plus long-temps viennent frapper ma vue,
Si toujours à mourir je vous vois résolue,
S'il faut qu'à tous moments je tremble pour vos jours,
Si vous ne me jurez d'en respecter le cours,
Madame, à d'autres pleurs vous devez vous attendre ;
En l'état où je suis je puis tout entreprendre ;
Et je ne réponds pas que ma main à vos yeux
N'ensanglante à la fin nos funestes adieux.

BÉRÉNICE.

Hélas !

TITUS.

Non, il n'est rien dont je ne sois capable.
Vous voilà de mes jours maintenant responsable :
Songez-y bien, madame ; et si je vous suis cher....

SCÈNE VII.

TITUS, BÉRÉNICE, ANTIOCHUS.

TITUS.

Venez, prince, venez, je vous ai fait chercher.
Soyez ici témoin de toute ma foiblesse :
Voyez si c'est aimer avec peu de tendresse.
Jugez-nous.

ANTIOCHUS.

Je crois tout : je vous connois tous deux. *a*
Mais connoissez vous-même un prince malheureux.
Vous m'avez honoré, seigneur, de votre estime :
Et moi, je puis ici vous le jurer sans crime,
A vos plus chers amis j'ai disputé ce rang ;
Je l'ai disputé même aux dépens de mon sang.
Vous m'avez malgré moi confié, l'un et l'autre,
La reine, son amour, et vous, seigneur, le vôtre.
La reine qui m'entend peut me désavouer :
Elle m'a vu toujours, ardent à vous louer,
Répondre par mes soins à votre confidence.
Vous croyez m'en devoir quelque reconnoissance :
Mais le pourriez-vous croire, en ce moment fatal, *b*
Qu'un ami si fidèle étoit votre rival ?

a Je crois tout : je connois votre amour.
Mais vous, connoissez -moi, seigneur, à votre tour.
b Mais croiriez-vous, seigneur, en ce moment fatal.

TITUS.

Mon rival !

ANTIOCHUS.

Il est temps que je vous éclaircisse.
Oui, seigneur, j'ai toujours adoré Bérénice.
Pour ne la plus aimer j'ai cent fois combattu :
Je n'ai pu l'oublier ; au moins je me suis tu.
De votre changement la flatteuse apparence
M'avoit rendu tantôt quelque foible espérance :
Les larmes de la reine ont éteint cet espoir.
Ses yeux, baignés de pleurs, demandoient à vous voir :
Je suis venu, seigneur, vous appeler moi-même.
Vous êtes revenu. Vous aimez, on vous aime ;
Vous vous êtes rendu : je n'en ai point douté.
Pour la dernière fois je me suis consulté ;
J'ai fait de mon courage une épreuve dernière ;
Je viens de rappeler ma raison toute entière :
Jamais je ne me suis senti plus amoureux.
Il faut d'autres efforts pour rompre tant de nœuds :
Ce n'est qu'en expirant que je puis les détruire ;
J'y cours. Voilà de quoi j'ai voulu vous instruire.
Oui, madame, vers vous j'ai rappelé ses pas ;
Mes soins ont réussi ; je ne m'en repens pas.
Puisse le ciel verser sur toutes vos années
Mille prospérités l'une à l'autre enchaînées !
Ou, s'il vous garde encore un reste de courroux,
Je conjure les dieux d'épuiser tous les coups

Qui pourroient menacer une si belle vie
Sur ces jours malheureux que je vous sacrifie.

BÉRÉNICE, se levant.

Arrêtez, arrêtez ! Princes trop généreux,
En quelle extrémité me jetez-vous tous deux !
Soit que je vous regarde ou que je l'envisage,
Par-tout du désespoir je rencontre l'image ;
Je ne vois que des pleurs, et je n'entends parler
Que de trouble, d'horreurs, de sang prêt à couler.
(à Titus.)
Mon cœur vous est connu, seigneur, et je puis dire
Qu'on ne l'a jamais vu soupirer pour l'empire :
La grandeur des Romains, la pourpre des Césars
N'a point, vous le savez, attiré mes regards.
J'aimois, seigneur, j'aimois, je voulois être aimée.
Ce jour, je l'avoûrai, je me suis alarmée ;
J'ai cru que votre amour alloit finir son cours :
Je connois mon erreur, et vous m'aimez toujours.
Votre cœur s'est troublé, j'ai vu couler vos larmes.
Bérénice, seigneur, ne vaut point tant d'alarmes,
Ni que par votre amour l'univers malheureux,
Dans le temps que Titus attire tous ses vœux,
Et que de vos vertus il goûte les prémices,
Se voie en un moment enlever ses délices.
Je crois, depuis cinq ans jusqu'à ce dernier jour,
Vous avoir assuré d'un véritable amour :
Ce n'est pas tout ; je veux, en ce moment funeste,
Par un dernier effort couronner tout le reste :

Je vivrai, je suivrai vos ordres absolus.
Adieu, seigneur. Régnez : je ne vous verrai plus.
(à Antiochus.)
Prince, après cet adieu, vous jugez bien vous-même
Que je ne consens pas de quitter ce que j'aime
Pour aller loin de Rome écouter d'autres vœux.
Vivez, et faites-vous un effort généreux.
Sur Titus et sur moi réglez votre conduite :
Je l'aime, je le fuis; Titus m'aime, il me quitte :
Portez loin de mes yeux vos soupirs et vos fers.
Adieu. Servons tous trois d'exemple à l'univers
De l'amour la plus tendre et la plus malheureuse
Dont il puisse garder l'histoire douloureuse.
Tout est prêt. On m'attend. Ne suivez point mes pas.
(à Titus.)
Pour la dernière fois, adieu, seigneur.

ANTIOCHUS.

Hélas!

FIN DE BÉRÉNICE.

BAJAZET,

TRAGÉDIE.

1672.

PRÉFACE.

Sultan Amurat, ou Sultan Morat, empereur des Turcs [1], celui qui prit Babylone en 1638, a eu quatre frères. Le premier, c'est à savoir Osman, fut empereur avant lui, et régna environ trois ans, au bout desquels les janissaires lui ôtèrent l'empire et la vie. Le second se nommoit Orcan. Amurat, dès les premiers jours de son règne, le fit étrangler. Le troisième étoit Bajazet, prince de grande espérance; et c'est lui qui est le héros de ma tragédie. Amurat, ou par politique, ou par amitié, l'avoit épargné jusqu'au siège de Babylone. Après la prise de cette ville, le sultan victorieux envoya un ordre à Constantinople pour le faire mourir; ce qui fut conduit et exécuté à peu près de la manière que je le représente. Amurat avoit encore un frère, qui fut, depuis, le sultan Ibrahim, et que ce même Amurat négligea comme un prince stupide qui ne lui donnoit point d'ombrage. Sultan Mahomet, qui règne aujourd'hui, est fils de cet Ibrahim, et par conséquent neveu de Bajazet.

Les particularités de la mort de Bajazet ne sont encore dans aucune histoire imprimée. M. le comte de Cézy étoit

---

[1] C'est Amurat IV, dix-septième sultan de la race des Ottomans, né en 1599, mis sur le trône en 1623, et mort d'un accès de fièvre en 1640. Il étoit fils d'Achmet I, quinzième sultan, mort en 1617, après un règne de quatorze ans et quatre mois.

ambassadeur à Constantinople lorsque cette aventure tragique arriva dans le sérail. Il fut instruit des amours de Bajazet, et des jalousies de la sultane. Il vit même plusieurs fois Bajazet, à qui on permettoit de se promener quelquefois à la pointe du sérail, sur le canal de la mer Noire. M. le comte de Cézy disoit que c'étoit un prince de bonne mine. Il a écrit depuis les circonstances de sa mort; et il y a encore plusieurs personnes de qualité qui se souviennent de lui en avoir entendu faire le récit lorsqu'il fut de retour en France.

Quelques lecteurs pourront s'étonner qu'on ait osé mettre sur la scène une histoire si récente : mais je n'ai rien vu dans les règles du poëme dramatique qui dût me détourner de mon entreprise. A la verité je ne conseillerois pas à un auteur de prendre pour sujet d'une tragédie une action aussi moderne que celle-ci, si elle s'étoit passée dans le pays où il veut faire représenter sa tragédie, ni de mettre des héros sur le théâtre, qui auroient été connus de la plupart des spectateurs. Les personnages tragiques doivent être regardés d'un autre œil que nous ne regardons d'ordinaire les personnages que nous avons vus de si près. On peut dire que le respect que l'on a pour les héros augmente à mesure qu'ils s'éloignent de nous, *major è longinquo reverentia*. L'éloignement des pays répare en quelque sorte la trop grande proximité des temps; car le peuple ne met guère de différence entre ce qui est, si j'ose ainsi parler, à mille ans de lui, et ce qui en est à mille lieues. C'est ce qui fait, par exemple, que les personnages turcs, quelque modernes qu'ils soient, ont de la dignité sur notre théâtre : on les regarde de bonne heure comme anciens. Ce sont des mœurs et des coutumes toutes différentes. Nous avons si peu de commerce avec les princes et les autres personnes qui vivent dans le sérail, que nous les considérons, pour ainsi dire, comme des gens qui vivent dans un autre siècle que le nôtre.

C'étoit à peu près de cette manière que les Persans étoient anciennement considérés des Athéniens. Aussi le poëte Eschyle ne fit point de difficulté d'introduire dans une tragédie la mère de Xerxès, qui étoit peut-être encore vivante, et de faire représenter sur le théâtre d'Athènes la désolation de la cour de Perse après la déroute de ce prince. Cependant ce même Eschyle s'étoit trouvé en personne à la bataille de Salamine où Xerxès avoit été vaincu; et il s'étoit trouvé encore à la défaite des lieutenants de Darius, père de Xerxès, dans la plaine de Marathon : car Eschyle étoit homme de guerre, et il étoit frère de ce fameux Cynégire dont il est tant parlé dans l'antiquité, et qui mourut si glorieusement en attaquant un des vaisseaux du roi de Perse.

PERSONNAGES.

BAJAZET, frère du sultan Amurat.
ROXANE, sultane, favorite du sultan Amurat.
ATALIDE, fille du sang ottoman.
ACOMAT, grand-vizir.
OSMIN, confident du grand-visir.
ZATIME, esclave de la sultane.
ZAIRE, esclave d'Atalide.
GARDES.

La scène est à Constantinople, autrement dite Byzance, dans le sérail du grand-seigneur.

BAJAZET.

ACTE PREMIER.

SCÈNE I.

ACOMAT, OSMIN.

ACOMAT.

Viens, suis-moi. La sultane en ce lieu se doit rendre :
Je pourrai cependant te parler et t'entendre.

OSMIN.

Et depuis quand, seigneur, entre-t-on dans ces lieux
Dont l'accès étoit même interdit à nos yeux?
Jadis une mort prompte eût suivi cette audace.

ACOMAT.

Quand tu seras instruit de tout ce qui se passe,
Mon entrée en ces lieux ne te surprendra plus.
Mais laissons, cher Osmin, les discours superflus.
 Que ton retour tardoit à mon impatience!
Et que d'un œil content je te vois dans Byzance!
Instruis-moi des secrets que peut t'avoir appris
Un voyage si long, pour moi seul entrepris.
De ce qu'ont vu tes yeux parle en témoin sincère;
Songe que du récit, Osmin, que tu vas faire

Dépendent les destins de l'empire ottoman.
Qu'as-tu vu dans l'armée? et que fait le sultan?

OSMIN.

Babylone, seigneur, à son prince fidèle, [1]
Voyoit sans s'étonner notre armée autour d'elle;
Les Persans rassemblés marchoient à son secours,
Et du camp d'Amurat s'approchoient tous les jours.
Lui-même, fatigué d'un long siège inutile,
Sembloit vouloir laisser Babylone tranquille;
Et, sans renouveler ses assauts impuissants,
Résolu de combattre, attendoit les Persans.
Mais, comme vous savez, malgré ma diligence,
Un long chemin sépare et le camp et Byzance;
Mille obstacles divers m'ont même traversé:
Et je puis ignorer tout ce qui s'est passé.

ACOMAT.

Que faisoient cependant nos braves janissaires?
Rendent-ils au sultan des hommages sincères?
Dans le secret des cœurs, Osmin, n'as-tu rien lu?
Amurat jouit-il d'un pouvoir absolu?

---

[1] Racine donne le nom de Babylone à la ville de Bagdad. En voici la raison : cette ville fut fondée sur les ruines de celle de Séleucie, que Séleucus Nicanor avoit accrue des débris de Babylone, et à qui même il en avoit donné le nom. Il étoit naturel que Racine adoptât de préférence cet ancien nom, comme plus propre à la poésie. Le roi de Perse qui vint au secours de cette ville fut Schah Abbas.

ACTE I, SCÈNE I.

OSMIN.

Amurat est content, si nous le voulons croire,
Et sembloit se promettre une heureuse victoire.
Mais en vain par ce calme il croit nous éblouir,
Il affecte un repos dont il ne peut jouir.
C'est en vain que, forçant ses soupçons ordinaires,
Il se rend accessible à tous les janissaires :
Il se souvient toujours que son inimitié
Voulut de ce grand corps retrancher la moitié,
Lorsque, pour affermir sa puissance nouvelle,
Il vouloit, disoit-il, sortir de leur tutelle.
Moi-même j'ai souvent entendu leurs discours;
Comme il les craint sans cesse, ils le craignent toujours :
Ses caresses n'ont point effacé cette injure.
Votre absence est pour eux un sujet de murmure :
Ils regrettent le temps à leur grand cœur si doux,
Lorsqu'assurés de vaincre ils combattoient sous vous.

ACOMAT.

Quoi! tu crois, cher Osmin, que ma gloire passée
Flatte encor leur valeur, et vit dans leur pensée?
Crois-tu qu'ils me suivroient encore avec plaisir,
Et qu'ils reconnoîtroient la voix de leur vizir?

OSMIN.

Le succès du combat règlera leur conduite :
Il faut voir du sultan la victoire ou la fuite.
Quoiqu'à regret, seigneur, ils marchent sous ses lois,
Ils ont à soutenir le bruit de leurs exploits :

Ils ne trahiront point l'honneur de tant d'années.
Mais enfin le succès dépend des destinées.
Si l'heureux Amurat, secondant leur grand cœur,
Aux champs de Babylone est déclaré vainqueur,
Vous les verrez soumis rapporter dans Byzance
L'exemple d'une aveugle et basse obéissance :
Mais si dans le combat le destin plus puissant
Marque de quelque affront son empire naissant,
S'il fuit; ne doutez point que, fiers de sa disgrace,
A la haine bientôt ils ne joignent l'audace,
Et n'expliquent, seigneur, la perte du combat
Comme un arrêt du ciel qui réprouve Amurat.[1]
Cependant, s'il en faut croire la renommée,
Il a depuis trois mois fait partir de l'armée
Un esclave chargé de quelque ordre secret:
Tout le camp interdit trembloit pour Bajazet:
On craignoit qu'Amurat, par un ordre sévère,
N'envoyât demander la tête de son frère.

ACOMAT.

Tel étoit son dessein. Cet esclave est venu :
Il a montré son ordre, et n'a rien obtenu.

---

[1] Cette opinion d'Osmin est parfaitement conforme aux préjugés des Turcs sur la prédestination. Non seulement les défaites, mais les calamités publiques, telles que la famine, les incendies, font croire au peuple que le ciel a retiré son appui aux sultans. L'histoire ottomane est pleine d'exemples des effets de ce préjugé.

ACTE I, SCÈNE I.

OSMIN.

Quoi, seigneur! le sultan reverra son visage,
Sans que de vos respects il lui porte ce gage?

ACOMAT.

Cet esclave n'est plus : un ordre, cher Osmin,
L'a fait précipiter dans le fond de l'Euxin.

OSMIN.

Mais le sultan, surpris d'une trop longue absence,
En cherchera bientôt la cause et la vengeance.
Que lui répondrez-vous?

ACOMAT.

          Peut-être avant ce temps
Je saurai l'occuper de soins plus importants.
Je sais bien qu'Amurat a juré ma ruine :
Je sais à son retour l'accueil qu'il me destine.
Tu vois, pour m'arracher du cœur de ses soldats,
Qu'il va chercher sans moi les sièges, les combats :
Il commande l'armée; et moi, dans une ville
Il me laisse exercer un pouvoir inutile.
Quel emploi, quel séjour, Osmin, pour un vizir!
Mais j'ai plus dignement employé ce loisir :
J'ai su lui préparer des craintes et des veilles;
Et le bruit en ira bientôt à ses oreilles.

OSMIN.

Quoi donc? qu'avez-vous fait?

ACOMAT.

          J'espère qu'aujourd'hui
Bajazet se déclare, et Roxane avec lui

OSMIN.

Quoi! Roxane, seigneur, qu'Amurat a choisie
Entre tant de beautés dont l'Europe et l'Asie
Dépeuplent leurs états et remplissent sa cour?
Car on dit qu'elle seule a fixé son amour;
Et même il a voulu que l'heureuse Roxane,
Avant qu'elle eût un fils, prît le nom de Sultane.

ACOMAT.

Il a fait plus pour elle, Osmin : il a voulu
Qu'elle eût dans son absence un pouvoir absolu.
Tu sais de nos sultans les rigueurs ordinaires :
Le frère rarement laisse jouir ses frères
De l'honneur dangereux d'être sortis d'un sang
Qui les a de trop près approchés de son rang.
L'imbécille Ibrahim, sans craindre sa naissance,
Traîne, exempt de péril, une éternelle enfance :
Indigne également de vivre et de mourir,
On l'abandonne aux mains qui daignent le nourrir.
L'autre, trop redoutable, et trop digne d'envie,
Voit sans cesse Amurat armé contre sa vie.
Car enfin Bajazet dédaigna de tout temps
La molle oisiveté des enfants des sultans :
Il vint chercher la guerre au sortir de l'enfance,
Et même en fit sous moi la noble expérience.
Toi-même tu l'as vu courir dans les combats,
Emporter après lui tous les cœurs des soldats,
Et goûter, tout sanglant, le plaisir et la gloire
Que donne aux jeunes cœurs la première victoire.

ACTE I, SCÈNE I.

Mais, malgré ses soupçons, le cruel Amurat,
Avant qu'un fils naissant eût rassuré l'état,
N'osoit sacrifier ce frère à sa vengeance,
Ni du sang ottoman proscrire l'espérance.
Ainsi donc pour un temps Amurat désarmé
Laissa dans le sérail Bajazet enfermé.
Il partit, et voulut que, fidèle à sa haine,
Et des jours de son frère arbitre souveraine,
Roxane, au moindre bruit, et sans autres raisons,
Le fît sacrifier à ses moindres soupçons.
Pour moi, demeuré seul, une juste colère
Tourna bientôt mes vœux du côté de son frère.
J'entretins la sultane, et, cachant mon dessein,
Lui montrai d'Amurat le retour incertain,
Les murmures du camp, la fortune des armes :
Je plaignis Bajazet ; je lui vantai ses charmes,
Qui, par un soin jaloux dans l'ombre retenus,
Si voisins de ses yeux, leur étoient inconnus.
Que te dirai-je enfin ? la sultane éperdue
N'eut plus d'autre désir que celui de sa vue.

OSMIN.

Mais pouvoient-ils tromper tant de jaloux regards
Qui semblent mettre entre eux d'invincibles remparts ?

ACOMAT.

Peut-être il te souvient qu'un récit peu fidèle
De la mort d'Amurat fit courir la nouvelle.
La sultane, à ce bruit feignant de s'effrayer,
Par des cris douloureux eut soin de l'appuyer.

Sur la foi de ses pleurs ses esclaves tremblèrent;
De l'heureux Bajazet les gardes se troublèrent;
Et les dons achevant d'ébranler leur devoir,
Leurs captifs dans ce trouble osèrent s'entrevoir.
Roxane vit le prince; elle ne put lui taire
L'ordre dont elle seule étoit dépositaire.
Bajazet est aimable, il vit que son salut
Dépendoit de lui plaire; et bientôt il lui plut.
Tout conspiroit pour lui : ses soins, sa complaisance,
Ce secret découvert, et cette intelligence,
Soupirs d'autant plus doux qu'il les falloit celer,
L'embarras irritant de ne s'oser parler,
Même témérité, périls, craintes communes,
Lièrent pour jamais leurs cœurs et leurs fortunes.
Ceux mêmes dont les yeux les devoient éclairer,
Sortis de leur devoir, n'osèrent y rentrer.

OSMIN.

Quoi! Roxane d'abord leur découvrant son ame
Osa-t-elle à leurs yeux faire éclater sa flamme?

ACOMAT.

Ils l'ignorent encore; et jusques à ce jour [1]
Atalide a prêté son nom à cet amour.

---

[1] L'idée de cette combinaison a pu être donnée à Racine par une anecdote de la minorité de Louis XIV. Le duc d'Enguien, qui fut depuis le grand Condé, étoit amoureux de mademoiselle Duvigean : pour cacher cet amour, il feignoit d'adresser ses vœux à mademoiselle de Boutteville, amie de sa maîtresse. Voici ce

ACTE I, SCÈNE I.

Du père d'Amurat Atalide est la nièce ;
Et même avec ses fils partageant sa tendresse,
Elle a vu son enfance élevée avec eux.
De prince, en apparence, elle reçoit les vœux ;
Mais elle les reçoit pour les rendre à Roxane,
Et veut bien, sous son nom, qu'il aime la sultane.
Cependant, cher Osmin, pour s'appuyer de moi,
L'un et l'autre ont promis Atalide à ma foi.

OSMIN.

Quoi ! vous l'aimez, seigneur ?

ACOMAT.

Voudrois-tu qu'à mon âge
Je fisse de l'amour le vil apprentissage ?
Qu'un cœur qu'ont endurci la fatigue et les ans
Suivît d'un vain plaisir les conseils imprudents ?
C'est par d'autres attraits qu'elle plaît à ma vue :
J'aime en elle le sang dont elle est descendue.
Par elle Bajazet, en m'approchant de lui,
Me va contre lui-même assurer un appui.
Un vizir aux sultans fait toujours quelque ombrage ;
A peine ils l'ont choisi qu'ils craignent leur ouvrage :

---

qu'en dit madame de Motteville dans ses Mémoires, tome 1er, page 301 : « Ce prince avoit fait semblant d'aimer mademoiselle de Boutteville par l'ordre exprès de mademoiselle Duvigean, afin de cacher au public l'amour qu'il avoit pour elle ; mais la beauté de mademoiselle de Boutteville ayant donné frayeur à mademoiselle Duvigean, elle lui avoit défendu peu après de la voir et de lui parler. »

Sa dépouille est un bien qu'ils veulent recueillir,
Et jamais leurs chagrins ne nous laissent vieillir.
Bajazet aujourd'hui m'honore et me caresse ;
Ses périls tous les jours réveillent sa tendresse :
Ce même Bajazet, sur le trône affermi,
Méconnoîtra peut-être un inutile ami.
Et moi, si mon devoir, si ma foi ne l'arrête,
S'il ose quelque jour me demander ma tête....
Je ne m'explique point, Osmin ; mais je prétends
Que du moins il faudra la demander long-temps.
Je sais rendre aux sultans de fidèles services ;
Mais je laisse au vulgaire adorer leurs caprices,
Et ne me pique point du scrupule insensé
De bénir mon trépas quand ils l'ont prononcé.

Voilà donc de ces lieux ce qui m'ouvre l'entrée,
Et comme enfin Roxane à mes yeux s'est montrée.
Invisible d'abord, elle entendoit ma voix,
Et craignoit du sérail les rigoureuses lois ;
Mais enfin, bannissant cette importune crainte
Qui dans nos entretiens jetoit trop de contrainte,
Elle-même a choisi cet endroit écarté,
Où nos cœurs à nos yeux parlent en liberté.
Par un chemin obscur une esclave me guide,
Et.... Mais on vient. C'est elle et sa chère Atalide.
Demeure ; et, s'il le faut, sois prêt à confirmer
Le récit important dont je vais l'informer.

SCÈNE II.

ROXANE, ATALIDE, ACOMAT, ZATIME,
ZAÏRE, OSMIN.

ACOMAT.

La vérité s'accorde avec la renommée,
Madame. Osmin a vu le sultan et l'armée.
Le superbe Amurat est toujours inquiet ;
Et toujours tous les cœurs penchent vers Bajazet :
D'une commune voix ils l'appellent au trône.
Cependant les Persans marchoient vers Babylone,
Et bientôt les deux camps au pied de son rempart
Devoient de la bataille éprouver le hasard.
Ce combat doit, dit-on, fixer nos destinées ;
Et même, si d'Osmin je compte les journées,
Le ciel en a déjà réglé l'évènement,
Et le sultan triomphe ou fuit en ce moment.
Déclarons-nous, madame, et rompons le silence :
Fermons-lui dès ce jour les portes de Byzance ;
Et sans nous informer s'il triomphe ou s'il fuit,
Croyez-moi, hâtons-nous d'en prévenir le bruit.
S'il fuit, que craignez-vous ? s'il triomphe au contraire,
Le conseil le plus prompt est le plus salutaire :
Vous voudrez, mais trop tard, soustraire à son pouvoir
Un peuple dans ses murs prêt à le recevoir.
Pour moi, j'ai su déjà par mes brigues secrètes
Gagner de notre loi les sacrés interprètes :

Je sais combien, crédule en sa dévotion,
Le peuple suit le frein de la religion.
Souffrez que Bajazet voie enfin la lumière :
Des murs de ce palais ouvrez-lui la barrière ;
Déployez en son nom cet étendard fatal, [1]
Des extrêmes périls l'ordinaire signal.
Les peuples, prévenus de ce nom favorable,
Savent que sa vertu le rend seule coupable.
D'ailleurs, un bruit confus, par mes soins confirmé,
Fait croire heureusement à ce peuple alarmé
Qu'Amurat le dédaigne, et veut loin de Byzance
Transporter désormais son trône et sa présence.
Déclarons le péril dont son frère est pressé,
Montrons l'ordre cruel qui vous fut adressé :
Sur-tout qu'il se déclare et se montre lui-même,
Et fasse voir ce front digne du diadème.

ROXANE.

Il suffit. Je tiendrai tout ce que j'ai promis.
Allez, brave Acomat, assembler vos amis :
De tous leurs sentiments venez me rendre compte ;
Je vous rendrai moi-même une réponse prompte.
Je verrai Bajazet. Je ne puis dire rien,
Sans savoir si son cœur s'accorde avec le mien.
Allez ; et revenez.

---

[1] Cet étendard s'appelle sandjack chérif. *Mémoires du baron* DE TOTT.

SCÈNE III.

ROXANE, ATALIDE, ZATIME, ZAÏRE.

ROXANE.

Enfin, belle Atalide,
Il faut de nos destins que Bajazet décide.
Pour la dernière fois je le vais consulter :
Je vais savoir s'il m'aime.

ATALIDE.

Est-il temps d'en douter,
Madame ? Hâtez-vous d'achever votre ouvrage.
Vous avez du vizir entendu le langage ;
Bajazet vous est cher : savez-vous si demain
Sa liberté, ses jours, seront en votre main ?
Peut-être en ce moment Amurat en furie
S'approche pour trancher une si belle vie.
Et pourquoi de son cœur doutez-vous aujourd'hui ?

ROXANE.

Mais m'en répondez-vous, vous qui parlez pour lui ?

ATALIDE.

Quoi, madame ! les soins qu'il a pris pour vous plaire,
Ce que vous avez fait, ce que vous pouvez faire,
Ses périls, ses respects, et sur-tout vos appas,
Tout cela de son cœur ne vous répond-il pas ?
Croyez que vos bontés vivent dans sa mémoire.

ROXANE.

Hélas ! pour mon repos que ne le puis-je croire !

Pourquoi faut-il au moins que, pour me consoler,
L'ingrat ne parle pas comme on le fait parler !
Vingt fois sur vos discours pleine de confiance,
Du trouble de son cœur jouissant par avance,
Moi-même j'ai voulu m'assurer de sa foi,
Et l'ai fait en secret amener devant moi.
Peut-être trop d'amour me rend trop difficile :
Mais, sans vous fatiguer d'un récit inutile,
Je ne retrouvois point ce trouble, cette ardeur,
Que m'avoit tant promis un discours trop flatteur.
Enfin, si je lui donne et la vie et l'empire,
Ces gages incertains ne me peuvent suffire.

ATALIDE.

Quoi donc ! à son amour qu'allez-vous proposer ?

ROXANE.

S'il m'aime, dès ce jour il me doit épouser.

ATALIDE.

Vous épouser ! Oh ciel ! que prétendez-vous faire ?

ROXANE.

Je sais que des sultans l'usage m'est contraire ;
Je sais qu'ils se sont fait une superbe loi
De ne point à l'hymen assujettir leur foi.
Parmi tant de beautés qui briguent leur tendresse,
Ils daignent quelquefois choisir une maîtresse :
Mais, toujours inquiète avec tous ses appas,
Esclave, elle reçoit son maître dans ses bras,
Et, sans sortir du joug où leur loi la condamne,
Il faut qu'un fils naissant la déclare sultane.

ACTE I, SCÈNE III.

Amurat plus ardent, et seul jusqu'à ce jour,
A voulu que l'on dût ce titre à son amour.
J'en reçus la puissance aussi-bien que le titre ;
Et des jours de son frère il me laissa l'arbitre.
Mais ce même Amurat ne me promit jamais
Que l'hymen dût un jour couronner ses bienfaits :
Et moi, qui n'aspirois qu'à cette seule gloire,
De ses autres bienfaits j'ai perdu la mémoire.
Toutefois que sert-il de me justifier?
Bajazet, il est vrai, m'a tout fait oublier :
Malgré tous ses malheurs, plus heureux que son frère,
Il m'a plu, sans peut-être aspirer à me plaire;
Femmes, gardes, vizir, pour lui j'ai tout séduit;
En un mot, vous voyez jusqu'où je l'ai conduit.
Graces à mon amour, je me suis bien servie
Du pouvoir qu'Amurat me donna sur sa vie.
Bajazet touche presque au trône des sultans :
Il ne faut plus qu'un pas; mais c'est où je l'attends.
Malgré tout mon amour, si dans cette journée
Il ne m'attache à lui par un juste hyménée;
S'il ose m'alléguer une odieuse loi;
Quand je fais tout pour lui, s'il ne fait tout pour moi;
Dès le même moment, sans songer si je l'aime,
Sans consulter enfin si je me perds moi-même,
J'abandonne l'ingrat, et le laisse rentrer
Dans l'état malheureux d'où je l'ai su tirer.
Voilà sur quoi je veux que Bajazet prononce :
Sa perte ou son salut dépend de sa réponse.

Je ne vous presse point de vouloir aujourd'hui
Me prêter votre voix pour m'expliquer à lui :
Je veux que, devant moi, sa bouche et son visage
Me découvrent son cœur, sans me laisser d'ombrage ;
Que lui-même, en secret amené dans ces lieux,
Sans être préparé se présente à mes yeux.
Adieu. Vous saurez tout après cette entrevue.

SCÈNE IV.
ATALIDE, ZAÏRE.

ATALIDE.

Zaïre, c'en est fait, Atalide est perdue !

ZAÏRE.

Vous ?

ATALIDE.

Je prévois déjà tout ce qu'il faut prévoir.
Mon unique espérance est dans mon désespoir.[1]

ZAÏRE.

Mais, madame, pourquoi ?

---

[1] Cette pensée, très bien placée dans la situation d'Atalide, a été employée par un grand nombre d'auteurs anciens et modernes.

Énéide de Virgile, livre II, vers 354 :

« Una salus victis nullam sperare salutem. »

Rabelais, livre I, chapitre 43 :

Et n'y a meilleur remède de salut à gens estommis et recrus, que de n'espérer salut aulcun.

ATALIDE.

Si tu venois d'entendre
Quel funeste dessein Roxane vient de prendre,
Quelles conditions elle veut imposer!
Bajazet doit périr, dit-elle, ou l'épouser.
S'il se rend, que deviens-je en ce malheur extrême?
Et, s'il ne se rend pas, que devient-il lui-même?

ZAÏRE.

Je conçois ce malheur. Mais, à ne point mentir,
Votre amour, dès long-temps, a dû le pressentir.

ATALIDE.

Ah, Zaïre! l'amour a-t-il tant de prudence?
Tout sembloit avec nous être d'intelligence :
Roxane, se livrant toute entière à ma foi,
Du cœur de Bajazet se reposoit sur moi,
M'abandonnoit le soin de tout ce qui le touche,
Le voyoit par mes yeux, lui parloit par ma bouche;
Et je croyois toucher au bienheureux moment
Où j'allois par ses mains couronner mon amant.

Malherbe, dans une Chanson :
 Le seul remède en ma disgrâce,
  C'est qu'il n'en faut point espérer.
Racan, dans ses Bergeries :
 Le salut des vaincus est de n'en point attendre.
Corneille, dans le Cid, acte I, scène 2 :
 La plus douce espérance est de n'en point avoir.

Le ciel s'est déclaré contre mon artifice.
Et que falloit-il donc, Zaïre, que je fisse ?
A l'erreur de Roxane ai-je dû m'opposer,
Et perdre mon amant pour la désabuser ?
Avant que dans son cœur cette amour fût formée,
J'aimois, et je pouvois m'assurer d'être aimée.
Dès nos plus jeunes ans, tu t'en souviens assez,
L'amour serra les nœuds par le sang commencés.
Élevée avec lui dans le sein de sa mère,
J'appris à distinguer Bajazet de son frère ;
Elle-même, avec joie, unit nos volontés :
Et, quoiqu'après sa mort l'un de l'autre écartés,
Conservant, sans nous voir, le désir de nous plaire,
Nous avons su toujours nous aimer et nous taire.
Roxane, qui depuis, loin de s'en défier,
A ses desseins secrets voulut m'associer,
Ne put voir sans amour ce héros trop aimable :
Elle courut lui tendre une main favorable.
Bajazet étonné rendit grace à ses soins,
Lui rendit des respects. Pouvoit-il faire moins ?
Mais qu'aisément l'amour croit tout ce qu'il souhaite !
De ses moindres respects Roxane satisfaite
Nous engagea tous deux, par sa facilité,
A la laisser jouir de sa crédulité.
Zaïre, il faut pourtant avouer ma foiblesse ;
D'un mouvement jaloux je ne fus pas maîtresse.
Ma rivale, accablant mon amant de bienfaits,
Opposoit un empire à mes foibles attraits ;

Mille soins la rendoient présente à sa mémoire ;
Elle l'entretenoit de sa prochaine gloire :
Et moi, je ne puis rien ; mon cœur, pour tout discours,
N'avoit que des soupirs qu'il répétoit toujours.
Le ciel seul sait combien j'en ai versé de larmes.
Mais enfin Bajazet dissipa mes alarmes :
Je condamnai mes pleurs, et jusques aujourd'hui
Je l'ai pressé de feindre, et j'ai parlé pour lui.
Hélas ! tout est fini ; Roxane méprisée
Bientôt de son erreur sera désabusée.
Car enfin Bajazet ne sait point se cacher :
Je connois sa vertu prompte à s'effaroucher ;
Il faut qu'à tous moments, tremblante et secourable,
Je donne à ses discours un sens plus favorable.
Bajazet va se perdre. Ah ! si, comme autrefois,
Ma rivale eût voulu lui parler par ma voix !
Au moins, si j'avois pu préparer son visage !
Mais, Zaïre, je puis l'attendre à son passage ;
D'un mot ou d'un regard je puis le secourir.
Qu'il l'épouse, en un mot, plutôt que de périr.
Si Roxane le veut, sans doute il faut qu'il meure.
Il se perdra, te dis-je. Atalide, demeure ;
Laisse, sans t'alarmer, ton amant sur sa foi.
Penses-tu mériter qu'on se perde pour toi ?
Peut-être Bajazet, secondant ton envie,
Plus que tu ne voudras aura soin de sa vie.

ZAÏRE.

Ah ! dans quels soins, madame, allez-vous vous plonger ?

Toujours avant le temps faut-il vous affliger ?
Vous n'en pouvez douter, Bajazet vous adore :
Suspendez ou cachez l'ennui qui vous dévore ;
N'allez point par vos pleurs déclarer vos amours.
La main qui l'a sauvé le sauvera toujours,
Pourvu qu'entretenue en son erreur fatale
Roxane jusqu'au bout ignore sa rivale.
Venez en d'autres lieux renfermer vos regrets ;
Et de leur entrevue attendre le succès.

ATALIDE.

Hé bien, Zaïre, allons. Et toi, si ta justice
De deux jeunes amants veut punir l'artifice,
O ciel, si notre amour est condamné de toi,
Je suis la plus coupable, épuise tout sur moi.

FIN DU PREMIER ACTE.

ACTE SECOND.

SCÈNE I.

BAJAZET, ROXANE.

ROXANE.

Prince, l'heure fatale est enfin arrivée
Qu'à votre liberté le ciel a réservée.
Rien ne me retient plus; et je puis dès ce jour
Accomplir le dessein qu'a formé mon amour.
Non que, vous assurant d'un triomphe facile,
Je mette entre vos mains un empire tranquille;
Je fais ce que je puis, je vous l'avois promis :
J'arme votre valeur contre vos ennemis,
J'écarte de vos jours un péril manifeste;
Votre vertu, seigneur, achèvera le reste.
Osmin a vu l'armée; elle penche pour vous;
Les chefs de notre loi conspirent avec nous;
Le vizir Acomat vous répond de Byzance :
Et moi, vous le savez, je tiens sous ma puissance
Cette foule de chefs, d'esclaves, de muets,
Peuple que dans ses murs renferme ce palais,
Et dont à ma faveur les ames asservies
M'ont vendu dès long-temps leur silence et leurs vies.
Commencez maintenant : c'est à vous de courir

Dans le champ glorieux que j'ai su vous ouvrir,
Vous n'entreprenez point une injuste carrière,
Vous repoussez, seigneur, une main meurtrière :
L'exemple en est commun; et, parmi les sultans,
Ce chemin à l'empire a conduit de tout temps.
Mais, pour mieux commencer, hâtons-nous l'un et l'autre
D'assurer à la fois mon bonheur et le vôtre.
Montrez à l'univers, en m'attachant à vous,
Que, quand je vous servois, je servois mon époux;
Et, par le nœud sacré d'un heureux hyménée,
Justifiez la foi que je vous ai donnée.

BAJAZET.

Ah! que proposez-vous, madame?

ROXANE.

Hé quoi, seigneur!
Quel obstacle secret trouble notre bonheur?

BAJAZET.

Madame, ignorez-vous que l'orgueil de l'empire....
Que ne m'épargnez-vous la douleur de le dire?

ROXANE.

Oui, je sais que, depuis qu'un de vos empereurs, [1]
Bajazet, d'un barbare éprouvant les fureurs,
Vit au char du vainqueur son épouse enchaînée,
Et par toute l'Asie à sa suite traînée,

---

[1] Cet empereur étoit Bajazet 1er, qui fut fait prisonnier par Tamerlan en 1402.

De l'honneur ottoman ses successeurs jaloux
Ont daigné rarement prendre le nom d'époux.
Mais l'amour ne suit point ces lois imaginaires;
Et, sans vous rapporter des exemples vulgaires,
Soliman (vous savez qu'entre tous vos aïeux,
Dont l'univers a craint le bras victorieux,
Nul n'éleva si haut la grandeur ottomane),
Ce Soliman jeta les yeux sur Roxelane.
Malgré tout son orgueil, ce monarque si fier
A son trône, à son lit daigna l'associer;
Sans qu'elle eût d'autres droits au rang d'impératrice [1]
Qu'un peu d'attraits peut-être, et beaucoup d'artifice.

BAJAZET.

Il est vrai. Mais aussi voyez ce que je puis,
Ce qu'étoit Soliman, et le peu que je suis.
Soliman jouissoit d'une pleine puissance :
L'Égypte ramenée à son obéissance;
Rhodes, des Ottomans ce redoutable écueil,
De tous ses défenseurs devenu le cercueil;
Du Danube asservi les rives désolées;
De l'empire persan les bornes reculées;

---

[1] M. de Thou (Hist. liv. IX.) dit que Roxelane se servit d'un motif de religion pour engager Soliman à l'épouser. « Roxelana... « ut majorem dignitatis gradum adipisceretur, à simulatâ reli- « gione occasionem sumpsit. » Elle employa ensuite les philtres qui lui furent procurés par une magicienne juive. « Philtris ab « Hæbræâ sagâ subministratis..... »

Dans leurs climats brûlants les Africains domtés,
Faisoient taire les lois devant ses volontés.
Que suis-je? J'attends tout du peuple et de l'armée.
Mes malheurs font encor toute ma renommée.
Infortuné, proscrit, incertain de régner,
Dois-je irriter les cœurs au lieu de les gagner?
Témoins de nos plaisirs, plaindront-ils nos misères?
Croiront-ils mes périls et vos larmes sincères?
Songez, sans me flatter du sort de Solimali,
Au meurtre tout récent du malheureux Osman :
Dans leur rébellion les chefs des janissaires,
Cherchant à colorer leurs desseins sanguinaires,
Se crurent à sa perte assez autorisés
Par le fatal hymen que vous me proposez.
Que vous dirai-je enfin? Maître de leur suffrage,
Peut-être avec le temps j'oserai davantage :
Ne précipitons rien; et daignez commencer
A me mettre en état de vous récompenser.

ROXANE.

Je vous entends, seigneur. Je vois mon imprudence;
Je vois que rien n'échappe à votre prévoyance :
Vous avez pressenti jusqu'au moindre danger
Où mon amour trop prompt vous alloit engager.
Pour vous, pour votre honneur, vous en craignez les suites;
Et je le crois, seigneur, puisque vous me le dites.
Mais avez-vous prévu, si vous ne m'épousez,
Les périls plus certains où vous vous exposez?
Songez-vous que sans moi tout vous devient contraire?

Que c'est à moi sur-tout qu'il importe de plaire?
Songez-vous que je tiens les portes du palais?
Que je puis vous l'ouvrir ou fermer pour jamais?
Que j'ai sur votre vie un empire suprême?
Que vous ne respirez qu'autant que je vous aime?
Et, sans ce même amour qu'offensent vos refus,
Songez-vous, en un mot, que vous ne seriez plus?

BAJAZET.

Oui, je tiens tout de vous : et j'avois lieu de croire
Que c'étoit pour vous-même une assez grande gloire,
En voyant devant moi tout l'empire à genoux,
De m'entendre avouer que je tiens tout de vous.
Je ne m'en défends point ; ma bouche le confesse,
Et mon respect saura le confirmer sans cesse.
Je vous dois tout mon sang : ma vie est votre bien.
Mais enfin voulez-vous....

---

[1] Imitation de la réponse d'Énée à Didon.

Énéide, livre IV, vers 333 :

« Ego te, quæ plurima fando
« Enumerare vales, nunquam, regina, negabo
« Promeritam : nec me meminisse pigebit Elisæ ;
« Dum memor ipse mei, dum spiritus hos reget artus. »

Jamais je ne nierai, grande reine, que j'ai reçu de vous les nombreux bienfaits dont vous me rappelez le souvenir. Tant qu'un souffle de vie m'animera, tant que je ne m'oublierai pas moi-même, j'aimerai à conserver la mémoire des bontés de Didon.

ROXANE.

Non : je ne veux plus rien.
Ne m'importune plus de tes raisons forcées;
Je vois combien tes vœux sont loin de mes pensées;
Je ne te presse plus, ingrat, d'y consentir :
Rentre dans le néant dont je t'ai fait sortir.
Car enfin qui m'arrête? et quelle autre assurance
Demanderois-je encor de son indifférence?
L'ingrat est-il touché de mes empressements?
L'amour même entre-t-il dans ses raisonnements? [1]
Ah! je vois tes desseins. Tu crois, quoi que je fasse,
Que mes propres périls t'assurent de ta grace;
Qu'engagée avec toi par de si forts liens
Je ne puis séparer tes intérêts des miens.
Mais je m'assure encore aux bontés de ton frère :
Il m'aime, tu le sais; et, malgré sa colère,
Dans ton perfide sang je puis tout expier,
Et ta mort suffira pour me justifier.
N'en doute point, j'y cours, et dès ce moment même.

---

[1] La même pensée se trouve exprimée, mais d'une manière plus douce, dans le rôle de Bérénice, acte IV, scène v :

> Mais quelle est mon erreur, et que de soins perdus!
> L'ingrat, de mon départ consolé par avance,
> Daignera-t-il compter le jour de mon absence?
> Ces jours si longs pour moi lui sembleront trop courts.

Ces deux pensées paroissent puisées dans les reproches que Didon adresse à Énée :

« Nam quid dissimulo? » *Voy. notes sur Bérénice, pag.* 279.

ACTE II, SCÈNE I.

Bajazet, écoutez, je sens que je vous aime :
Vous vous perdez. Gardez de me laisser sortir :
Le chemin est encore ouvert au repentir.
Ne désespérez point une amante en furie :
S'il m'échappoit un mot, c'est fait de votre vie.

BAJAZET.

Vous pouvez me l'ôter, elle est entre vos mains :
Peut-être que ma mort, utile à vos desseins,
De l'heureux Amurat obtenant votre grace,
Vous rendra dans son cœur votre première place.

ROXANE.

Dans son cœur? Ah! crois-tu, quand il le voudroit bien,
Que, si je perds l'espoir de régner dans le tien,
D'une si douce erreur si long-temps possédée,
Je puisse désormais souffrir une autre idée,
Ni que je vive enfin, si je ne vis pour toi?
Je te donne, cruel, des armes contre moi,
Sans doute; et je devrois retenir ma foiblesse :
Tu vas en triompher. Oui, je te le confesse,
J'affectois à tes yeux une fausse fierté :
De toi dépend ma joie et ma félicité.
De ma sanglante mort ta mort sera suivie :
Quel fruit de tant de soins que j'ai pris pour ta vie!
Tu soupires enfin, et sembles te troubler :
Achève, parle.

BAJAZET.

Oh ciel! que ne puis-je parler!

ROXANE.

Quoi donc! que dites-vous? et que viens-je d'entendre?
Vous avez des secrets que je ne puis apprendre?
Quoi! de vos sentiments je ne puis m'éclaircir?

BAJAZET.

Madame, encore un coup, c'est à vous de choisir :
Daignez m'ouvrir au trône un chemin légitime;
Ou bien, me voilà prêt, prenez votre victime.

ROXANE.

Ah! c'en est trop enfin, tu seras satisfait.
Holà, gardes, qu'on vienne.

SCÈNE II.

ROXANE, BAJAZET, ACOMAT.

ROXANE.

Acomat, c'en est fait;
Vous pouvez retourner, je n'ai rien à vous dire :
Du sultan Amurat je reconnois l'empire.
Sortez. Que le sérail soit désormais fermé;
Et que tout rentre ici dans l'ordre accoutumé.

SCÈNE III.

BAJAZET, ACOMAT.

ACOMAT.

Seigneur, qu'ai-je entendu? Quelle surprise extrême!
Qu'allez-vous devenir? que deviens-je moi-même?

ACTE II, SCÈNE III.

D'où naît ce changement? qui dois-je en accuser?
Oh ciel!

BAJAZET.

Il ne faut point ici vous abuser,
Roxane est offensée, et court à la vengeance;
Un obstacle éternel rompt notre intelligence.
Vizir, songez à vous, je vous en averti;
Et, sans compter sur moi, prenez votre parti.

ACOMAT.

Quoi!

BAJAZET.

Vous et vos amis, cherchez quelque retraite.
Je sais dans quels périls mon amitié vous jette;
Et j'espérois un jour vous mieux récompenser.
Mais, c'en est fait, vous dis-je, il n'y faut plus penser.

ACOMAT.

Et quel est donc, seigneur, cet obstacle invincible?
Tantôt dans le sérail j'ai laissé tout paisible :
Quelle fureur saisit votre esprit et le sien?

BAJAZET.

Elle veut, Acomat, que je l'épouse.

ACOMAT.

Hé bien!
L'usage des sultans à ses vœux est contraire;
Mais cet usage enfin, est-ce une loi sévère
Qu'aux dépens de vos jours vous deviez observer?
La plus sainte des lois, ah! c'est de vous sauver,

Et d'arracher, seigneur, d'une mort manifeste
Le sang des Ottomans dont vous faites le reste.

BAJAZET.

Ce reste malheureux seroit trop acheté,
S'il faut le conserver par une lâcheté.

ACOMAT.

Et pourquoi vous en faire une image si noire?
L'hymen de Soliman ternit-il sa mémoire?
Cependant Soliman n'étoit point menacé
Des périls évidents dont vous êtes pressé.

BAJAZET.

Et ce sont ces périls et ce soin de ma vie
Qui d'un servile hymen feroient l'ignominie.
Soliman n'avoit point ce prétexte odieux :
Son esclave trouva grace devant ses yeux;
Et, sans subir le joug d'un hymen nécessaire,
Il lui fit de son cœur un présent volontaire.

ACOMAT.

Mais vous aimez Roxane.

BAJAZET.

Acomat, c'est assez.
Je me plains de mon sort moins que vous ne pensez.
La mort n'est point pour moi le comble des disgraces;
J'osai, tout jeune encor, la chercher sur vos traces;
Et l'indigne prison où je suis renfermé
A la voir de plus près m'a même accoutumé;
Amurat à mes yeux l'a vingt fois présentée :
Elle finit le cours d'une vie agitée.

ACTE II, SCÈNE III.

Hélas! si je la quitte avec quelque regret....
Pardonnez, Acomat, je plains avec sujet
Des cœurs dont les bontés trop mal récompensées
M'avoient pris pour objet de toutes leurs pensées.

ACOMAT.

Ah! si nous périssons, n'en accusez que vous,
Seigneur : dites un mot, et vous nous sauvez tous.
Tout ce qui reste ici de braves janissaires,
De la religion les saints dépositaires,
Du peuple byzantin ceux qui plus respectés
Par leur exemple seul règlent ses volontés,
Sont prêts de vous conduire à la porte sacrée
D'où les nouveaux sultans font leur première entrée.

BAJAZET.

Hé bien, brave Acomat, si je leur suis si cher,
Que des mains de Roxane ils viennent m'arracher :
Du sérail, s'il le faut, venez forcer la porte;
Entrez accompagné de leur vaillante escorte.
J'aime mieux en sortir sanglant, couvert de coups,
Que chargé malgré moi du nom de son époux.
Peut-être je saurai, dans ce désordre extrême,
Par un beau désespoir me secourir moi-même;
Attendre, en combattant, l'effet de votre foi,
Et vous donner le temps de venir jusqu'à moi.

ACOMAT.

Hé! pourrai-je empêcher, malgré ma diligence,
Que Roxane d'un coup n'assure sa vengeance?

Alors qu'aura servi ce zèle impétueux,
Qu'à charger vos amis d'un crime infructueux?
Promettez : affranchi du péril qui vous presse,
Vous verrez de quel poids sera votre promesse.

BAJAZET.

Moi!

ACOMAT.

Ne rougissez point ; le sang des Ottomans
Ne doit point en esclave obéir aux serments.
Consultez ces héros que le droit de la guerre
Mena victorieux jusqu'au bout de la terre :
Libres dans leur victoire, et maîtres de leur foi,
L'intérêt de l'état fut leur unique loi ;
Et d'un trône si saint la moitié n'est fondée
Que sur la foi promise et rarement gardée.
Je m'emporte, seigneur.

BAJAZET.

Oui, je sais, Acomat,
Jusqu'où les a portés l'intérêt de l'état :
Mais ces mêmes héros, prodigues de leur vie,
Ne la rachetoient point par une perfidie.

ACOMAT.

O courage inflexible! ô trop constante foi,
Que, même en périssant, j'admire malgré moi!
Faut-il qu'en un moment un scrupule timide
Perde.... Mais quel bonheur nous envoie Atalide?

SCÈNE IV.

BAJAZET, ATALIDE, ACOMAT.

ACOMAT.

Ah, madame! venez avec moi vous unir.
Il se perd.

ATALIDE.

C'est de quoi je viens l'entretenir.
Mais laissez-nous : Roxane, à sa perte animée,
Veut que de ce palais la porte soit fermée.
Toutefois, Acomat, ne vous éloignez pas ;
Peut-être on vous fera revenir sur vos pas.

SCÈNE V.

BAJAZET, ATALIDE.

BAJAZET.

Hé bien! c'est maintenant qu'il faut que je vous laisse.
Le ciel punit ma feinte, et confond votre adresse ;
Rien ne m'a pu parer contre ses derniers coups :
Il falloit ou mourir, ou n'être plus à vous.
De quoi nous a servi cette indigne contrainte ?
Je meurs plus tard : voilà tout le fruit de ma feinte.
Je vous l'avois prédit : mais vous l'avez voulu ;
J'ai reculé vos pleurs autant que je l'ai pu.
Belle Atalide, au nom de cette complaisance,
Daignez de la sultane éviter la présence :

Vos pleurs vous trahiroient ; cachez-les à ses yeux,
Et ne prolongez point de dangereux adieux.

ATALIDE.

Non, seigneur. Vos bontés pour une infortunée
Ont assez disputé contre la destinée.
Il vous en coûte trop pour vouloir m'épargner :
Il faut vous rendre ; il faut me quitter, et régner.

BAJAZET.

Vous quitter ?

ATALIDE.

Je le veux. Je me suis consultée.
De mille soins jaloux jusqu'alors agitée,
Il est vrai, je n'ai pu concevoir sans effroi
Que Bajazet pût vivre et n'être plus à moi ;
Et lorsque quelquefois de ma rivale heureuse
Je me représentois l'image douloureuse,
Votre mort (pardonnez aux fureurs des amants)
Ne me paroissoit pas le plus grand des tourments.
Mais à mes tristes yeux votre mort préparée
Dans toute son horreur ne s'étoit pas montrée :
Je ne vous voyois pas, ainsi que je vous vois,
Prêt à me dire adieu pour la dernière fois.
Seigneur, je sais trop bien avec quelle constance
Vous allez de la mort affronter la présence ;
Je sais que votre cœur se fait quelques plaisirs
De me prouver sa foi dans ses derniers soupirs :
Mais, hélas ! épargnez une ame plus timide ;
Mesurez vos malheurs aux forces d'Atalide ;

Et ne m'exposez point aux plus vives douleurs
Qui jamais d'une amante épuisèrent les pleurs.

BAJAZET.

Et que deviendrez-vous, si, dès cette journée,
Je célèbre à vos yeux ce funeste hyménée?

ATALIDE.

Ne vous informez point ce que je deviendrai.
Peut-être à mon destin, seigneur, j'obéirai.
Que sais-je? à ma douleur je chercherai des charmes;
Je songerai peut-être, au milieu de mes larmes,
Qu'à vous perdre pour moi vous étiez résolu,
Que vous vivez, qu'enfin c'est moi qui l'ai voulu.

BAJAZET.

Non, vous ne verrez point cette fête cruelle.
Plus vous me commandez de vous être infidèle,
Madame, plus je vois combien vous méritez
De ne point obtenir ce que vous souhaitez.
Quoi! cet amour si tendre, et né dans notre enfance,
Dont les feux avec nous ont crû dans le silence;
Vos larmes que ma main pouvoit seule arrêter;
Mes serments redoublés de ne vous point quitter :
Tout cela finiroit par une perfidie?
J'épouserois, et qui? s'il faut que je le die,
Une esclave attachée à ses seuls intérêts,
Qui présente à mes yeux les supplices tout prêts,
Qui m'offre ou son hymen, ou la mort infaillible;
Tandis qu'à mes périls Atalide sensible,

Et trop digne du sang qui lui donna le jour,
Veut me sacrifier jusques à son amour?
Ah! qu'au jaloux sultan ma tête soit portée,
Puisqu'il faut à ce prix qu'elle soit rachetée.

ATALIDE.

Seigneur, vous pourriez vivre, et ne me point trahir.

BAJAZET.

Parlez. Si je le puis, je suis prêt d'obéir.

ATALIDE.

La sultane vous aime : et, malgré sa colère,
Si vous preniez, seigneur, plus de soin de lui plaire;
Si vos soupirs daignoient lui faire pressentir
Qu'un jour....

BAJAZET.

Je vous entends : je n'y puis consentir.
Ne vous figurez point que, dans cette journée,
D'un lâche désespoir ma vertu consternée
Craigne les soins d'un trône où je pourrois monter,
Et par un prompt trépas cherche à les éviter.
J'écoute trop peut-être une imprudente audace :
Mais, sans cesse occupé des grands noms de ma race,
J'espérois que, fuyant un indigne repos,
Je prendrois quelque place entre tant de héros.
Mais, quelque ambition, quelque amour qui me brûle,
Je ne puis plus tromper une amante crédule.
En vain, pour me sauver je vous l'aurois promis :
Et ma bouche et mes yeux, du mensonge ennemis,

Peut-être, dans le temps que je voudrois lui plaire,
Feroient par leur désordre un effet tout contraire;
Et de mes froids soupirs ses regards offensés
Verroient trop que mon cœur ne les a point poussés.
Oh ciel! combien de fois je l'aurois éclaircie,
Si je n'eusse à sa haine exposé que ma vie;
Si je n'avois pas craint que ses soupçons jaloux
N'eussent trop aisément remonté jusqu'à vous!
Et j'irois l'abuser d'une fausse promesse?
Je me parjurerois? et, par cette bassesse....
Ah! loin de m'ordonner cet indigne détour,
Si votre cœur étoit moins plein de son amour,
Je vous verrois, sans doute, en rougir la première.
Mais, pour vous épargner une injuste prière,
Adieu, je vais trouver Roxane de ce pas;
Et je vous quitte.

ATALIDE.

     Et moi, je ne vous quitte pas.
Venez, cruel, venez, je vais vous y conduire;
Et de tous nos secrets c'est moi qui veux l'instruire.
Puisque, malgré mes pleurs, mon amant furieux
Se fait tant de plaisir d'expirer à mes yeux,
Roxane, malgré vous, nous joindra l'un et l'autre:
Elle aura plus de soif de mon sang que du vôtre;
Et je pourrai donner à vos yeux effrayés
Le spectacle sanglant que vous me prépariez.

BAJAZET.

Oh ciel! que faites-vous?

ATALIDE.

Cruel, pouvez-vous croire
Que je sois moins que vous jalouse de ma gloire?
Pensez-vous que cent fois, en vous faisant parler,
Ma rougeur ne fût pas prête à me déceler?
Mais on me présentoit votre perte prochaine.
Pourquoi faut-il, ingrat! quand la mienne est certaine,
Que vous n'osiez pour moi ce que j'osois pour vous?
Peut-être il suffira d'un mot un peu plus doux :
Roxane dans son cœur peut-être vous pardonne.
Vous-même, vous voyez le temps qu'elle vous donne :
A-t-elle, en vous quittant, fait sortir le vizir?
Des gardes à mes yeux viennent-ils vous saisir?
Enfin, dans sa fureur implorant mon adresse,
Ses pleurs ne m'ont-ils pas découvert sa tendresse?
Peut-être elle n'attend qu'un espoir incertain
Qui lui fasse tomber les armes de la main.
Allez, seigneur, sauvez votre vie et la mienne.

BAJAZET.

Hé bien.... Mais quels discours faut-il que je lui tienne?

ATALIDE.

Ah! daignez sur ce choix ne me point consulter.
L'occasion, le ciel pourra vous les dicter.
Allez : entre elle et vous je ne dois point paroître;
Votre trouble ou le mien nous feroit reconnoître.
Allez : encore un coup, je n'ose m'y trouver :
Dites.... tout ce qu'il faut, seigneur, pour vous sauver.

FIN DU SECOND ACTE.

ACTE TROISIÈME.

SCÈNE I.

ATALIDE, ZAÏRE.

ATALIDE.

Zaïre, il est donc vrai, sa grace est prononcée ?

ZAÏRE.

Je vous l'ai dit, madame : une esclave empressée,
Qui couroit de Roxane accomplir le désir,
Aux portes du sérail a reçu le vizir.
Ils ne m'ont point parlé ; mais, mieux qu'aucun langage,
Le transport du vizir marquoit sur son visage
Qu'un heureux changement le rappelle au palais,
Et qu'il y vient signer une éternelle paix.
Roxane a pris, sans doute, une plus douce voie.

ATALIDE.

Ainsi, de toutes parts, les plaisirs et la joie
M'abandonnent, Zaïre, et marchent sur leurs pas.
J'ai fait ce que j'ai dû ; je ne m'en repens pas.

ZAÏRE.

Quoi, madame ! quelle est cette nouvelle alarme ?

ATALIDE.

Et ne t'a-t-on point dit, Zaïre, par quel charme,

Ou, pour mieux dire enfin, par quel engagement
Bajazet a pu faire un si prompt changement?
Roxane en sa fureur paroissoit inflexible;
A-t-elle de son cœur quelque gage infaillible?
Parle. L'épouse-t-il?

ZAÏRE.

Je n'en ai rien appris.
Mais enfin s'il n'a pu se sauver qu'à ce prix;
S'il fait ce que vous-même avez su lui prescrire;
S'il l'épouse, en un mot....

ATALIDE.

S'il l'épouse, Zaïre!

ZAÏRE.

Quoi! vous repentez-vous des généreux discours
Que vous dictoit le soin de conserver ses jours?

ATALIDE.

Non, non; il ne fera que ce qu'il a dû faire.
Sentiments trop jaloux, c'est à vous de vous taire :
Si Bajazet l'épouse, il suit mes volontés;
Respectez ma vertu qui vous a surmontés;
A ses nobles conseils ne mêlez point le vôtre;
Et loin de me le peindre entre les bras d'une autre,
Laissez-moi, sans regret, me le représenter
Au trône où mon amour l'a forcé de monter.
Oui, je me reconnois, je suis toujours la même.
Je voulois qu'il m'aimât, chère Zaïre; il m'aime :
Et du moins cet espoir me console aujourd'hui
Que je vais mourir digne et contente de lui.

ZAÏRE.

Mourir! Quoi! vous auriez un dessein si funeste?

ATALIDE.

J'ai cédé mon amant; tu t'étonnes du reste?
Peux-tu compter, Zaïre, au nombre des malheurs
Une mort qui prévient et finit tant de pleurs?
Qu'il vive, c'est assez. Je l'ai voulu, sans doute;
Et je le veux toujours, quelque prix qu'il m'en coûte :
Je n'examine point ma joie ou mon ennui;
J'aime assez mon amant pour renoncer à lui.
Mais, hélas! il peut bien penser avec justice
Que, si j'ai pu lui faire un si grand sacrifice,
Ce cœur, qui de ses jours prend ce funeste soin,
L'aime trop pour vouloir en être le témoin.
Allons, je veux savoir....

ZAÏRE.

Modérez-vous, de grace :
On vient vous informer de tout ce qui se passe.
C'est le vizir.

SCÈNE II.

ATALIDE, ACOMAT, ZAÏRE.

ACOMAT.

Enfin, nos amants sont d'accord,
Madame; un calme heureux nous remet dans le port.
La sultane a laissé désarmer sa colère;
Elle m'a déclaré sa volonté dernière;

Et, tandis qu'elle montre au peuple épouvanté
Du prophète divin l'étendard redouté,
Qu'à marcher sur mes pas Bajazet se dispose,
Je vais de ce signal faire entendre la cause,
Remplir tous les esprits d'une juste terreur,
Et proclamer enfin le nouvel empereur.
    Cependant permettez que je vous renouvelle
Le souvenir du prix qu'on promit à mon zèle.
N'attendez point de moi ces doux emportements,
Tels que j'en vois paroître au cœur de ces amants :
Mais si, par d'autres soins plus dignes de mon âge,
Par de profonds respects, par un long esclavage,
Tel que nous le devons au sang de nos sultans,
Je puis....

ATALIDE.

            Vous m'en pourrez instruire avec le temps :
Avec le temps aussi vous pourrez me connoître.
Mais quels sont ces transports qu'ils vous ont fait paroître?

ACOMAT.

Madame, doutez-vous des soupirs enflammés
De deux jeunes amants l'un de l'autre charmés?

ATALIDE.

Non : mais, à dire vrai, ce miracle m'étonne.
Et dit-on à quel prix Roxane lui pardonne?
L'épouse-t-il enfin?

ACOMAT.

            Madame, je le croi.
Voici tout ce qui vient d'arriver devant moi.

ACTE III, SCÈNE II.

Surpris, je l'avoûrai, de leur fureur commune,
Querellant les amants, l'amour et la fortune,
J'étois de ce palais sorti désespéré.
Déjà, sur un vaisseau dans le port préparé
Chargeant de mon débris les reliques plus chères,
Je méditois ma fuite aux terres étrangères.
Dans ce triste dessein au palais rappelé,
Plein de joie et d'espoir, j'ai couru, j'ai volé.
La porte du sérail à ma voix s'est ouverte,
Et d'abord une esclave à mes yeux s'est offerte,
Qui m'a conduit sans bruit dans un appartement
Où Roxane attentive écoutoit son amant.
Tout gardoit devant eux un auguste silence :
Moi-même, résistant à mon impatience,
Et respectant de loin leur secret entretien,
J'ai long-temps, immobile, observé leur maintien.
Enfin, avec des yeux qui découvroient son ame,
L'une a tendu la main pour gage de sa flamme;
L'autre, avec des regards éloquents, pleins d'amour,
L'a de ses feux, madame, assurée à son tour.

ATALIDE.

Hélas!

ACOMAT.

Ils m'ont alors aperçu l'un et l'autre.
Voilà, m'a-t-elle dit, votre prince et le nôtre :
Je vais, brave Acomat, le remettre en vos mains.
Allez lui préparer les honneurs souverains :
Qu'un peuple obéissant l'attende dans le temple;

Le sérail va bientôt vous en donner l'exemple.
Aux pieds de Bajazet alors je suis tombé ;
Et soudain à leurs yeux je me suis dérobé :
Trop heureux d'avoir pu, par un récit fidèle,
De leur paix, en passant, vous conter la nouvelle,
Et m'acquitter vers vous de mes respects profonds !
Je vais le couronner, madame, et j'en réponds.

SCÈNE III.

ATALIDE, ZAÏRE.

ATALIDE.

Allons, retirons-nous, ne troublons point leur joie.

ZAÏRE.

Ah, madame ! croyez....

ATALIDE.

Que veux-tu que je croie ?
Quoi donc ! à ce spectacle irai-je m'exposer ?
Tu vois que c'en est fait : ils se vont épouser ;
La sultane est contente ; il l'assure qu'il l'aime.
Mais je ne m'en plains pas, je l'ai voulu moi-même.
Cependant croyois-tu, quand, jaloux de sa foi,
Il s'alloit, plein d'amour, sacrifier pour moi ;
Lorsque son cœur, tantôt m'exprimant sa tendresse,
Refusoit à Roxane une simple promesse ;
Quand mes larmes en vain tâchoient de l'émouvoir ;
Quand je m'applaudissois de leur peu de pouvoir ;

Croyois-tu que son cœur, contre toute apparence,
Pour la persuader trouvât tant d'éloquence?
Ah! peut-être, après tout, que, sans trop se forcer,
Tout ce qu'il a pu dire, il a pu le penser:
Peut-être en la voyant, plus sensible pour elle,
Il a vu dans ses yeux quelque grace nouvelle:
Elle aura devant lui fait parler ses douleurs;
Elle l'aime; un empire autorise ses pleurs.
Tant d'amour touche enfin une ame généreuse.
Hélas! que de raisons contre une malheureuse!

ZAÏRE.

Mais ce succès, madame, est encore incertain.
Attendez.

ATALIDE.

Non, vois-tu, je le nierois en vain.
Je ne prends point plaisir à croître ma misère;
Je sais pour se sauver tout ce qu'il a dû faire.
Quand mes pleurs vers Roxane ont rappelé ses pas,
Je n'ai point prétendu qu'il ne m'obéît pas:
Mais après les adieux que je venois d'entendre,
Après tous les transports d'une douleur si tendre,
Je sais qu'il n'a point dû lui faire remarquer
La joie et les transports qu'on vient de m'expliquer.
Toi-même, juge-nous, et vois si je m'abuse.
Pourquoi de ce conseil moi seule suis-je excluse?
Au sort de Bajazet ai-je si peu de part?
A me chercher lui-même attendroit-il si tard,
N'étoit que de son cœur le trop juste reproche

Lui fait peut-être, hélas! éviter cette approche?
Mais non, je lui veux bien épargner ce souci:
Il ne me verra plus.

ZAÏRE.

Madame, le voici.

SCÈNE IV.

BAJAZET, ATALIDE, ZAÏRE.

BAJAZET.

C'en est fait, j'ai parlé, vous êtes obéie.
Vous n'avez plus, madame, à craindre pour ma vie :
Et je serois heureux, si la foi, si l'honneur,
Ne me reprochoient point mon injuste bonheur;
Si mon cœur, dont le trouble en secret me condamne,
Pouvoit me pardonner aussi-bien que Roxane.
Mais enfin je me vois les armes à la main :
Je suis libre; et je puis contre un frère inhumain,
Non plus par un silence aidé de votre adresse,
Disputer en ces lieux le cœur de sa maîtresse,
Mais par de vrais combats, par de nobles dangers,
Moi-même le cherchant aux climats étrangers,
Lui disputer les cœurs du peuple et de l'armée,
Et pour juge entre nous prendre la renommée.
Que vois-je? Qu'avez-vous? Vous pleurez!

ATALIDE.

Non, seigneur;

Je ne murmure point contre votre bonheur :

ACTE III, SCÈNE IV.

Le ciel, le juste ciel vous devoit ce miracle.
Vous savez si jamais j'y formai quelque obstacle :
Tant que j'ai respiré, vos yeux me sont témoins
Que votre seul péril occupoit tous mes soins;
Et puisqu'il ne pouvoit finir qu'avec ma vie,
C'est sans regret aussi que je la sacrifie.
Il est vrai, si le ciel eût écouté mes vœux,
Qu'il pouvoit m'accorder un trépas plus heureux :
Vous n'en auriez pas moins épousé ma rivale,
Vous pouviez l'assurer de la foi conjugale ;
Mais vous n'auriez pas joint à ce titre d'époux
Tous ces gages d'amour qu'elle a reçus de vous.
Roxane s'estimoit assez récompensée :
Et j'aurois en mourant cette douce pensée,
Que, vous ayant moi-même imposé cette loi,
Je vous ai vers Roxane envoyé plein de moi ;
Qu'emportant chez les morts toute votre tendresse,
Ce n'est point un amant en vous que je lui laisse.

BAJAZET.

Que parlez-vous, madame, et d'époux et d'amant?
Oh ciel! de ce discours quel est le fondement?
Qui peut vous avoir fait ce récit infidèle?
Moi, j'aimerois Roxane, ou je vivrois pour elle,
Madame! Ah! croyez-vous que, loin de le penser,
Ma bouche seulement eût pu le prononcer?
Mais l'un ni l'autre enfin n'étoit point nécessaire.
La sultane a suivi son penchant ordinaire ;
Et, soit qu'elle ait d'abord expliqué mon retour

Comme un gage certain qui marquoit mon amour,
Soit que le temps trop cher la pressât de se rendre,
A peine ai-je parlé, que, sans presque m'entendre,
Ses pleurs précipités ont coupé mes discours :
Elle met dans ma main sa fortune, ses jours,
Et, se fiant enfin à ma reconnoissance,
D'un hymen infaillible a formé l'espérance.
Moi-même, rougissant de sa crédulité,
Et d'un amour si tendre et si peu mérité,
Dans ma confusion, que Roxane, madame,
Attribuoit encore à l'excès de ma flamme,
Je me trouvois barbare, injuste, criminel.
Croyez qu'il m'a fallu, dans ce moment cruel,
Pour garder jusqu'au bout un silence perfide,
Rappeler tout l'amour que j'ai pour Atalide.
Cependant, quand je viens, après de tels efforts,
Chercher quelque secours contre tous mes remords,
Vous-même contre moi je vous vois irritée,
Reprocher votre mort à mon ame agitée ;
Je vois enfin, je vois qu'en ce même moment
Tout ce que je vous dis vous touche foiblement.
   Madame, finissons et mon trouble et le vôtre :
Ne nous affligeons point vainement l'un et l'autre.
Roxane n'est pas loin : laissez agir ma foi ;
J'irai, bien plus content et de vous et de moi,
Détromper son amour d'une feinte forcée,
Que je n'allois tantôt déguiser ma pensée.
La voici.

ATALIDE.

Juste ciel! où va-t-il s'exposer?
Si vous m'aimez, gardez de la désabuser.

SCÈNE V.

ROXANE, BAJAZET, ATALIDE, ZAÏRE.

ROXANE.

Venez, seigneur, venez; il est temps de paroître,
Et que tout le sérail reconnoisse son maître :
Tout ce peuple nombreux dont il est habité,
Assemblé par mon ordre, attend ma volonté.
Mes esclaves gagnés, que le reste va suivre,
Sont les premiers sujets que mon amour vous livre.
L'auriez-vous cru, madame, et qu'un si prompt retour
Fît à tant de fureur succéder tant d'amour?
Tantôt, à me venger fixe et déterminée,
Je jurois qu'il voyoit sa dernière journée :
A peine cependant Bajazet m'a parlé;
L'amour fit le serment, l'amour l'a violé.
J'ai cru dans son désordre entrevoir sa tendresse :
J'ai prononcé sa grace, et j'en crois sa promesse.

BAJAZET.

Oui, je vous ai promis et j'ai donné ma foi
De n'oublier jamais tout ce que je vous doi :
J'ai juré que mes soins, ma juste complaisance,
Vous répondront toujours de ma reconnoissance.

Si je puis à ce prix mériter vos bienfaits,
Je vais de vos bontés attendre les effets.

SCÈNE VI.

ROXANE, ATALIDE, ZAÏRE.

ROXANE.

De quel étonnement, oh ciel! suis-je frappée!
Est-ce un songe? et mes yeux ne m'ont-ils point trompée?
Quel est ce sombre accueil, et ce discours glacé
Qui semble révoquer tout ce qui s'est passé?
Sur quel espoir croit-il que je me sois rendue,
Et qu'il ait regagné mon amitié perdue?
J'ai cru qu'il me juroit que jusques à la mort
Son amour me laissoit maîtresse de son sort.
Se repent-il déjà de m'avoir apaisée?
Mais moi-même tantôt me serois-je abusée?
Ah!.... Mais il vous parloit : quels étoient ses discours,
Madame?

ATALIDE.

Moi, madame! Il vous aime toujours.

ROXANE.

Il y va de sa vie, au moins, que je le croie.
Mais, de grace, parmi tant de sujets de joie,
Répondez-moi, comment pouvez-vous expliquer
Ce chagrin qu'en sortant il m'a fait remarquer?

ATALIDE.

Madame, ce chagrin n'a point frappé ma vue.

Il m'a de vos bontés long-temps entretenue;
Il en étoit tout plein quand je l'ai rencontré :
J'ai cru le voir sortir tel qu'il étoit entré.
Mais, madame, après tout, faut-il être surprise
Que, tout prêt d'achever cette grande entreprise,
Bajazet s'inquiète, et qu'il laisse échapper
Quelque marque des soins qui doivent l'occuper?

ROXANE.

Je vois qu'à l'excuser votre adresse est extrême :
Vous parlez mieux pour lui qu'il ne parle lui-même.

ATALIDE.

Et quel autre intérêt.....

ROXANE.

               Madame, c'est assez :
Je conçois vos raisons mieux que vous ne pensez.
Laissez-moi : j'ai besoin d'un peu de solitude.
Ce jour me jette aussi dans quelque inquiétude :
J'ai, comme Bajazet, mon chagrin et mes soins;
Et je veux un moment y penser sans témoins.

SCÈNE VII.

ROXANE.

De tout ce que je vois que faut-il que je pense?
Tous deux à me tromper sont-ils d'intelligence?
Pourquoi ce changement, ce discours, ce départ?
N'ai-je pas même entre eux surpris quelque regard?

Bajazet interdit! Atalide étonnée!
O ciel! à cet affront m'auriez-vous condamnée?
De mon aveugle amour seroient-ce là les fruits?
Tant de jours douloureux, tant d'inquiètes nuits,
Mes brigues, mes complots, ma trahison fatale,
N'aurois-je tout tenté que pour une rivale?
    Mais peut-être qu'aussi, trop prompte à m'affliger,
J'observe de trop près un chagrin passager :
J'impute à son amour l'effet de son caprice.
N'eût-il pas jusqu'au bout conduit son artifice?
Prêt à voir le succès de son déguisement,
Quoi! ne pouvoit-il pas feindre encore un moment?
Non, non, rassurons-nous : trop d'amour m'intimide.
Et pourquoi dans son cœur redouter Atalide?
Quel seroit son dessein? qu'a-t-elle fait pour lui?
Qui de nous deux enfin le couronne aujourd'hui?
Mais, hélas! de l'amour ignorons-nous l'empire?
Si par quelque autre charme Atalide l'attire,
Qu'importe qu'il nous doive et le sceptre et le jour?
Les bienfaits dans un cœur balancent-ils l'amour?
Et, sans chercher plus loin, quand l'ingrat me sut plaire,
Ai-je mieux reconnu les bontés de son frère?
Ah! si d'une autre chaîne il n'étoit point lié,
L'offre de mon hymen l'eût-il tant effrayé?
N'eût-il pas sans regret secondé mon envie?
L'eût-il refusé, même aux dépens de sa vie?
Que de justes raisons..... Mais qui vient me parler?
Que veut-on?

SCÈNE VIII.

ROXANE, ZATIME.

ZATIME.

Pardonnez si j'ose vous troubler :
Mais, madame, un esclave arrive de l'armée;
Et, quoique sur la mer la porte fût fermée,
Les gardes, sans tarder, l'ont ouverte à genoux,
Aux ordres du sultan qui s'adressent à vous.
Mais ce qui me surprend, c'est Orcan qu'il envoie.

ROXANE.

Orcan!

ZATIME.

Oui, de tous ceux que le sultan emploie,
Orcan, le plus fidèle à servir ses desseins,
Né sous le ciel brûlant des plus noirs Africains.
Madame, il vous demande avec impatience.
Mais j'ai cru vous devoir avertir par avance;
Et, souhaitant sur-tout qu'il ne vous surprît pas,
Dans votre appartement j'ai retenu ses pas.

ROXANE.

Quel malheur imprévu vient encor me confondre?
Quel peut être cet ordre? et que puis-je répondre?
Il n'en faut point douter, le sultan inquiet
Une seconde fois condamne Bajazet.
On ne peut sur ses jours sans moi rien entreprendre :
Tout m'obéit ici. Mais dois-je le défendre?

Quel est mon empereur? Bajazet, Amurat?
J'ai trahi l'un ; mais l'autre est peut-être un ingrat.
Le temps presse ; que faire en ce doute funeste?
Allons : employons bien le moment qui nous reste.
Ils ont beau se cacher, l'amour le plus discret
Laisse par quelque marque échapper son secret.
Observons Bajazet ; étonnons Atalide :
Et couronnons l'amant, ou perdons le perfide.

FIN DU TROISIÈME ACTE.

ACTE QUATRIÈME.

SCÈNE I.

ATALIDE, ZAÏRE.

ATALIDE.

Ah! sais-tu mes frayeurs? sais-tu que dans ces lieux
J'ai vu du fier Orcan le visage odieux?
En ce moment fatal, que je crains sa venue!
Que je crains..... Mais, dis-moi, Bajazet t'a-t-il vue?
Qu'a-t-il dit? se rend-il, Zaïre, à mes raisons?
Ira-t-il voir Roxane, et calmer ses soupçons?

ZAÏRE.

Il ne peut plus la voir sans qu'elle le commande :
Roxane ainsi l'ordonne, elle veut qu'il l'attende.
Sans doute à cet esclave elle veut le cacher.
J'ai feint en le voyant de ne le point chercher :
J'ai rendu votre lettre, et j'ai pris sa réponse.
Madame, vous verrez ce qu'elle vous annonce.

ATALIDE lit.

Après tant d'injustes détours,
Faut-il qu'à feindre encor votre amour me convie!
Mais je veux bien prendre soin d'une vie
Dont vous jurez que dépendent vos jours.

Je verrai la sultane ; et, par ma complaisance,
Par de nouveaux serments de ma reconnoissance,
J'apaiserai, si je puis, son courroux.
N'exigez rien de plus. Ni la mort ni vous-même
Ne me ferez jamais prononcer que je l'aime,
Puisque jamais je n'aimerai que vous.

Hélas! que me dit-il? Croit-il que je l'ignore?
Ne sais-je pas assez qu'il m'aime, qu'il m'adore?
Est-ce ainsi qu'à mes vœux il sait s'accommoder?
C'est Roxane, et non moi, qu'il faut persuader.
De quelle crainte encor me laisse-t-il saisie!
Funeste aveuglement! perfide jalousie!
Récit menteur! soupçon que je n'ai pu celer!
Falloit-il vous entendre, ou falloit-il parler?
C'étoit fait, mon bonheur surpassoit mon attente :
J'étois aimée, heureuse, et Roxane contente.
Zaïre, s'il se peut, retourne sur tes pas :
Qu'il l'apaise. Ces mots ne me suffisent pas :
Que sa bouche, ses yeux, tout l'assure qu'il l'aime :
Qu'elle le croie enfin. Que ne puis-je moi-même,
Échauffant par mes pleurs ses soins trop languissants,
Mettre dans ses discours tout l'amour que je sens!
Mais à d'autres périls je crains de le commettre.

ZAÏRE.

Roxane vient à vous.

ATALIDE.

Ah! cachons cette lettre.

SCÈNE II.

ROXANE, ATALIDE, ZATIME, ZAÏRE.

ROXANE, à Zatime.

Viens. J'ai reçu cet ordre. Il faut l'intimider.

ATALIDE, à Zaïre.

Va, cours; et tâche enfin de le persuader.

SCÈNE III.

ROXANE, ATALIDE, ZATIME.

ROXANE.

Madame, j'ai reçu des lettres de l'armée.
De tout ce qui s'y passe êtes-vous informée?

ATALIDE.

On m'a dit que du camp un esclave est venu :
Le reste est un secret qui ne m'est pas connu.

ROXANE.

Amurat est heureux, la fortune est changée,
Madame, et sous ses lois Babylone est rangée.

ATALIDE.

Hé quoi, madame! Osmin....

ROXANE.

Étoit mal averti;
Et depuis son départ cet esclave est parti.
C'en est fait.

ATALIDE, à part.
Quel revers!

ROXANE.
Pour comble de disgraces,
Le sultan, qui l'envoie, est parti sur ses traces.

ATALIDE.
Quoi! les Persans armés ne l'arrêtent donc pas?

ROXANE.
Non, madame. Vers nous il revient à grands pas.

ATALIDE.
Que je vous plains, madame! et qu'il est nécessaire
D'achever promptement ce que vous vouliez faire!

ROXANE.
Il est tard de vouloir s'opposer au vainqueur.

ATALIDE, à part.
Oh ciel!

ROXANE.
Le temps n'a point adouci sa rigueur.
Vous voyez dans mes mains sa volonté suprême.

ATALIDE.
Et que vous mande-t-il?

ROXANE.
Voyez : lisez vous-même.
Vous connoissez, madame, et la lettre et le seing.

ATALIDE.
Du cruel Amurat je reconnois la main.

Avant que Babylone éprouvât ma puissance,
Je vous ai fait porter mes ordres absolus;

Je ne veux point douter de votre obéissance,
Et crois que maintenant Bajazet ne vit plus.
Je laisse sous mes lois Babylone asservie,
Et confirme en partant mon ordre souverain.
Vous, si vous avez soin de votre propre vie,
Ne vous montrez à moi que sa tête à la main.

ROXANE.

Hé bien ?

ATALIDE, à part.

Cache tes pleurs, malheureuse Atalide.

ROXANE.

Que vous semble ?

ATALIDE.

Il poursuit son dessein parricide.
Mais il pense proscrire un prince sans appui :
Il ne sait pas l'amour qui vous parle pour lui ;
Que vous et Bajazet vous ne faites qu'une ame ;
Que plutôt, s'il le faut, vous mourrez....

ROXANE.

Moi, madame ?
Je voudrois le sauver, je ne le puis haïr ;
Mais.....

ATALIDE.

Quoi donc ? qu'avez-vous résolu ?

ROXANE.

D'obéir.

ATALIDE.

D'obéir !

ROXANE.

Et que faire en ce péril extrême ?
Il le faut.

ATALIDE.

Quoi! ce prince aimable..... qui vous aime,
Verra finir ses jours qu'il vous a destinés !

ROXANE.

Il le faut; et déjà mes ordres sont donnés.

ATALIDE.

Je me meurs.

ZATIME.

Elle tombe, et ne vit plus qu'à peine.

ROXANE.

Allez, conduisez-la dans la chambre prochaine :
Mais au moins observez ses regards, ses discours,
Tout ce qui convaincra leurs perfides amours.

SCÈNE IV.

ROXANE.

MA rivale à mes yeux s'est enfin déclarée.
Voilà sur quelle foi je m'étois assurée !
Depuis six mois entiers j'ai cru que, nuit et jour,
Ardente, elle veilloit au soin de mon amour :
Et c'est moi qui, du sien ministre trop fidèle,
Semble depuis six mois ne veiller que pour elle ;
Qui me suis appliquée à chercher les moyens
De lui faciliter tant d'heureux entretiens ;

ACTE IV, SCÈNE IV.

Et qui même souvent, prévenant son envie,
Ai hâté les moments les plus doux de sa vie.
Ce n'est pas tout : il faut maintenant m'éclaircir
Si dans sa perfidie elle a su réussir;
Il faut..... Mais que pourrois-je apprendre davantage?
Mon malheur n'est-il pas écrit sur son visage?
Vois-je pas au travers de son saisissement,
Un cœur dans ses douleurs content de son amant?
Exempte des soupçons dont je suis tourmentée,
Ce n'est que pour ses jours qu'elle est épouvantée.
N'importe : poursuivons. Elle peut, comme moi,
Sur des gages trompeurs s'assurer de sa foi.
Pour le faire expliquer tendons-lui quelque piège.
Mais quel indigne emploi moi-même m'imposé-je?
Quoi donc! à me gêner appliquant mes esprits,
J'irai faire à mes yeux éclater ses mépris?
Lui-même il peut prévoir et tromper mon adresse.
D'ailleurs, l'ordre, l'esclave, et le vizir me presse.
Il faut prendre parti; l'on m'attend. Faisons mieux :
Sur tout ce que j'ai vu fermons plutôt les yeux;
Laissons de leur amour la recherche importune;
Poussons à bout l'ingrat, et tentons la fortune :
Voyons si, par mes soins sur le trône élevé,
Il osera trahir l'amour qui l'a sauvé,
Et si de mes bienfaits lâchement libérale
Sa main en osera couronner ma rivale.
Je saurai bien toujours retrouver le moment
De punir, s'il le faut, la rivale et l'amant :

Dans ma juste fureur observant le perfide,
Je saurai le surprendre avec son Atalide;
Et, d'un même poignard les unissant tous deux,
Les percer l'un et l'autre, et moi-même après eux. [1]
Voilà, n'en doutons point, le parti qu'il faut prendre.
Je veux tout ignorer.

SCÈNE V.

ROXANE, ZATIME.

ROXANE.

Ah! que viens-tu m'apprendre,
Zatime? Bajazet en est-il amoureux?
Vois-tu dans ses discours qu'ils s'entendent tous deux?

---

[1] Dans l'exemplaire grec de Sophocle, qui a appartenu à Racine, on voit qu'il avoit souligné les trois vers suivants d'Ajax furieux, vers 382 : « O Jupiter, père de mes aïeux, que ne puis-je immoler le traître Ulysse, me baigner dans le sang des Atrides, et expirer moi-même après eux! »

Didon exprime la même idée dans l'Énéide, livre IV, v. 604 :

« Quem metui moritura? Faces in castra tulissem,
« Implessemque foros flammis; natumque patremque
« Cum genere exstinxem : memet super ipsa dedissem. »

Décidée à mourir, qu'avois-je à craindre? J'aurois porté les flammes dans son camp, embrasé ses vaisseaux; j'aurois immolé le père, le fils, toute la race des Troyens, et je me serois ensuite immolée moi-même.

ACTE IV, SCÈNE V.

ZATIME.

Elle n'a point parlé. Toujours évanouie,
Madame, elle ne marque aucun reste de vie
Que par de longs soupirs et des gémissements
Qu'il semble que son cœur va suivre à tous moments :
Vos femmes, dont le soin à l'envi la soulage,
Ont découvert son sein pour leur donner passage.
Moi-même, avec ardeur secondant ce dessein,
J'ai trouvé ce billet enfermé dans son sein ;
Du prince votre amant j'ai reconnu la lettre ;
Et j'ai cru qu'en vos mains je devois le remettre.

ROXANE.

Donne..... Pourquoi frémir? et quel trouble soudain
Me glace à cet objet, et fait trembler ma main?
Il peut l'avoir écrit sans m'avoir offensée :
Il peut même..... Lisons, et voyons sa pensée.

.... Ni la mort ni vous-même
Ne me ferez jamais prononcer que je l'aime,
Puisque jamais je n'aimerai que vous.

Ah! de la trahison me voilà donc instruite !
Je reconnois l'appât dont ils m'avoient séduite.
Ainsi donc mon amour étoit récompensé,
Lâche, indigne du jour que je t'avois laissé?
Ah! je respire enfin; et ma joie est extrême
Que le traître, une fois, se soit trahi lui-même.
Libre des soins cruels où j'allois m'engager,
Ma tranquille fureur n'a plus qu'à se venger.

Qu'il meure : vengeons-nous. Courez : qu'on le saisisse :
Que la main des muets s'arme pour son supplice ;
Qu'ils viennent préparer ces nœuds infortunés
Par qui de ses pareils les jours sont terminés.
Cours, Zatime ; sois prompte à servir ma colère.

ZATIME.

Ah, madame !

ROXANE.

Quoi donc ?

ZATIME.

Si, sans trop vous déplaire,
Dans les justes transports, madame, où je vous vois,
J'osois vous faire entendre une timide voix :
Bajazet, il est vrai, trop indigne de vivre,
Aux mains de ces cruels mérite qu'on le livre :
Mais, tout ingrat qu'il est, croyez-vous aujourd'hui
Qu'Amurat ne soit pas plus à craindre que lui ?
Et qui sait si déjà quelque bouche infidèle
Ne l'a point averti de votre amour nouvelle ?
Des cœurs comme le sien, vous le savez assez,
Ne se regagnent plus quand ils sont offensés ;
Et la plus prompte mort, dans ce moment sévère,
Devient de leur amour la marque la plus chère.

ROXANE.

Avec quelle insolence et quelle cruauté,
Ils se jouoient tous deux de ma crédulité !
Quel penchant, quel plaisir je sentois à les croire !
Tu ne remportois pas une grande victoire,

ACTE IV, SCÈNE V.

Perfide, en abusant ce cœur préoccupé,
Qui lui-même craignoit de se voir détrompé ! [1]
Moi qui, de ce haut rang qui me rendoit si fière, [2]
Dans le sein du malheur t'ai cherché la première
Pour attacher des jours tranquilles, fortunés,
Aux périls dont tes jours étoient environnés ;
Après tant de bonté, de soin, d'ardeurs extrêmes,
Tu ne saurois jamais prononcer que tu m'aimes !
Mais dans quel souvenir me laissé-je égarer ?
Tu pleures, malheureuse ! Ah ! tu devois pleurer, [3]

---

[1] Ovide. Héroïde de Phyllis à Démophon :

« Fallere credentem non est operosa puellam
« Gloria........................
« Sum decepta tuis et amans et femina verbis. »

Ce n'est pas une gloire difficile que de tromper une femme crédule...... Comme femme et comme amante, j'ai été séduite par tes vaines protestations.

[2] Quelques rapports avec les réflexions suivantes de Didon. Énéide, livre IV, vers 373 :

« Ejectum littore, egentem
« Excepi, et regni, demens, in parte locavi :
« Amissam classem, socios à morte reduxi. »

Insensée ! jeté sur ce rivage, manquant de tout, je l'ai recueilli, et je l'ai associé à mon empire : j'ai sauvé sa flotte, et j'ai rendu la vie à ses compagnons.

[3] Didon fait la même réflexion. Énéide, livre IV, vers 596 :

« Infelix Dido ! nunc te fata impia tangunt.
« Tum decuit, cùm sceptra dabas. »

Malheureuse Didon ! maintenant les destins cruels vont t'ac-

Lorsque, d'un vain désir à ta perte poussée,
Tu conçus de le voir la première pensée.
Tu pleures! et l'ingrat, tout prêt à te trahir,
Prépare les discours dont il veut t'éblouir;
Pour plaire à ta rivale, il prend soin de sa vie.
Ah, traître! tu mourras!.... Quoi! tu n'es point partie!
Va. Mais nous-même allons, précipitons nos pas :
Qu'il me voie, attentive au soin de son trépas,
Lui montrer à la fois, et l'ordre de son frère,
Et de sa trahison ce gage trop sincère.
Toi, Zatime, retiens ma rivale en ces lieux.
Qu'il n'ait, en expirant, que ses cris pour adieux.
Qu'elle soit cependant fidèlement servie;
Prends soin d'elle : ma haine a besoin de sa vie.
Ah! si, pour son amant facile à s'attendrir,
La peur de son trépas la fit presque mourir,
Quel surcroît de vengeance et de douceur nouvelle
De le montrer bientôt pâle et mort devant elle;
De voir sur cet objet ses regards arrêtés
Me payer les plaisirs que je leur ai prêtés!
Va, retiens-la. Sur-tout, garde bien le silence.
Moi..... Mais qui vient ici différer ma vengeance?

---

cabler. Que ne prévoyois-tu ces malheurs, quand tu associois Énée à ton empire?

SCÈNE VI

ROXANE, ACOMAT, OSMIN.

ACOMAT.

Que faites-vous, madame? en quels retardements
D'un jour si précieux perdez-vous les moments?
Byzance, par mes soins presque entière assemblée,
Interroge ses chefs, de leur crainte troublée;
Et tous pour s'expliquer, ainsi que mes amis,
Attendent le signal que vous m'aviez promis.
D'où vient que, sans répondre à leur impatience,
Le sérail cependant garde un triste silence?
Déclarez-vous, madame; et, sans plus différer.....

ROXANE.

Oui, vous serez content, je vais me déclarer.

ACOMAT.

Madame, quel regard, et quelle voix sévère,
Malgré votre discours, m'assurent du contraire?
Quoi! déjà votre amour, des obstacles vaincu....

ROXANE.

Bajazet est un traître, et n'a que trop vécu.

ACOMAT.

Lui!

ROXANE.

Pour moi, pour vous-même, également perfide,
Il nous trompoit tous deux.

ACOMAT.

Comment?

ROXANE.

Cette Atalide,
Qui même n'étoit pas un assez digne prix
De tout ce que pour lui vous avez entrepris....

ACOMAT.

Hé bien?

ROXANE.

Lisez. Jugez, après cette insolence,
Si nous devons d'un traître embrasser la défense.
Obéissons plutôt à la juste rigueur
D'Amurat qui s'approche et retourne vainqueur;
Et, livrant sans regret un indigne complice,
Apaisons le sultan par un prompt sacrifice.

ACOMAT, lui rendant le billet.

Oui, puisque jusque-là l'ingrat m'ose outrager,
Moi-même, s'il le faut, je m'offre à vous venger,
Madame. Laissez-moi nous laver l'un et l'autre
Du crime que sa vie a jeté sur la nôtre.
Montrez-moi le chemin, j'y cours.

ROXANE.

Non, Acomat;
Laissez-moi le plaisir de confondre l'ingrat.
Je veux voir son désordre, et jouir de sa honte :
Je perdrois ma vengeance en la rendant si prompte.

Je vais tout préparer. Vous, cependant, allez
Disperser promptement vos amis assemblés.

SCÈNE VII.

ACOMAT, OSMIN.

ACOMAT.

Demeure. Il n'est pas temps, cher Osmin, que je sorte.

OSMIN.

Quoi! jusque-là, seigneur, votre amour vous transporte?
N'avez-vous pas poussé la vengeance assez loin?
Voulez-vous de sa mort être encor le témoin?

ACOMAT.

Que veux-tu dire? Es-tu toi-même si crédule
Que de me soupçonner d'un courroux ridicule?
Moi, jaloux? Plût au ciel qu'en me manquant de foi
L'imprudent Bajazet n'eût offensé que moi!

OSMIN.

Et pourquoi donc, seigneur, au lieu de le défendre....

ACOMAT.

Eh! la sultane est-elle en état de m'entendre?
Ne voyois-tu pas bien, quand je l'allois trouver,
Que j'allois avec lui me perdre ou me sauver?
Ah! de tant de conseils évènement sinistre!
Prince aveugle! Ou plutôt trop aveugle ministre,
Il te sied bien d'avoir en de si jeunes mains,
Chargé d'ans et d'honneurs, confié tes desseins,

Et laissé d'un vizir la fortune flottante
Suivre de ces amants la conduite imprudente !

OSMIN.

Hé ! laissez-les entre eux exercer leur courroux.
Bajazet veut périr; seigneur, songez à vous.
Qui peut de vos desseins révéler le mystère,
Sinon quelques amis engagés à se taire ?
Vous verrez par sa mort le sultan adouci.

ACOMAT.

Roxane en sa fureur peut raisonner ainsi :
Mais moi qui vois plus loin; qui, par un long usage,
Des maximes du trône ai fait l'apprentissage;
Qui, d'emplois en emplois, vieilli sous trois sultans,
Ai vu de mes pareils les malheurs éclatants;
Je sais, sans me flatter, que de sa seule audace
Un homme tel que moi doit attendre sa grace,
Et qu'une mort sanglante est l'unique traité
Qui reste entre l'esclave et le maître irrité.

OSMIN.

Fuyez donc.

ACOMAT.

J'approuvois tantôt cette pensée;
Mon entreprise alors étoit moins avancée :
Mais il m'est désormais trop dur de reculer.
Par une belle chute il faut me signaler,
Et laisser un débris du moins après ma fuite,
Qui de mes ennemis retarde la poursuite.

ACTE IV, SCÈNE VII.

Bajazet vit encor : pourquoi nous étonner ?
Acomat de plus loin a su le ramener.
Sauvons-le malgré lui de ce péril extrême,
Pour nous, pour nos amis, pour Roxane elle-même.
Tu vois combien son cœur, prêt à le protéger,
A retenu mon bras trop prompt à la venger.
Je connois peu l'amour ; mais j'ose te répondre
Qu'il n'est pas condamné, puisqu'on veut le confondre,
Que nous avons du temps. Malgré son désespoir,
Roxane l'aime encore, Osmin, et le va voir.

OSMIN.

Enfin, que vous inspire une si noble audace ?
Si Roxane l'ordonne, il faut quitter la place :
Ce palais est tout plein....

ACOMAT.

Oui, d'esclaves obscurs,
Nourris, loin de la guerre, à l'ombre de ses murs.
Mais toi, dont la valeur, d'Amurat oubliée,
Par de communs chagrins à mon sort s'est liée,
Voudras-tu jusqu'au bout seconder mes fureurs ?

OSMIN.

Seigneur, vous m'offensez. Si vous mourez, je meurs.

ACOMAT.

D'amis et de soldats une troupe hardie
Aux portes du palais attend notre sortie ;
La sultane d'ailleurs se fie à mes discours :
Nourri dans le sérail, j'en connois les détours ;

Je sais de Bajazet l'ordinaire demeure;
Ne tardons plus, marchons : et, s'il faut que je meure,
Mourons; moi, cher Osmin, comme un vizir; et toi,
Comme le favori d'un homme tel que moi.

FIN DU QUATRIÈME ACTE.

ACTE CINQUIÈME.

SCÈNE I.

ATALIDE.

Hélas! je cherche en vain; rien ne s'offre à ma vue.
Malheureuse! comment puis-je l'avoir perdue?
Ciel, aurois-tu permis que mon funeste amour
Exposât mon amant tant de fois en un jour?
Que, pour dernier malheur, cette lettre fatale
Fût encor parvenue aux yeux de ma rivale?
J'étois en ce lieu même; et ma timide main,
Quand Roxane a paru, l'a cachée en mon sein.
Sa présence a surpris mon ame désolée;
Ses menaces, sa voix, un ordre m'a troublée;
J'ai senti défaillir ma force et mes esprits :
Ses femmes m'entouroient quand je les ai repris;
A mes yeux étonnés leur troupe est disparue.
Ah! trop cruelles mains qui m'avez secourue,
Vous m'avez vendu cher vos secours inhumains :
Et par vous cette lettre a passé dans ses mains.
Quels desseins maintenant occupent sa pensée?
Sur qui sera d'abord sa vengeance exercée?
Quel sang pourra suffire à son ressentiment?
Ah! Bajazet est mort, ou meurt en ce moment.

Cependant on m'arrête, on me tient enfermée.
On ouvre. De son sort je vais être informée.

SCÈNE II.

ROXANE, ATALIDE, ZATIME, GARDES.

ROXANE, à Atalide.

Retirez-vous.

ATALIDE.

Madame.... excusez l'embarras....

ROXANE.

Retirez-vous, vous dis-je; et ne répliquez pas.
Gardes, qu'on la retienne.

SCÈNE III.

ROXANE, ZATIME.

ROXANE.

Oui, tout est prêt, Zatime.
Orcan et les muets attendent leur victime.
Je suis pourtant toujours maîtresse de son sort :
Je puis le retenir. Mais s'il sort, il est mort. [1]
Vient-il?

---

[1] Dans Polyeucte, acte V, scène j, Félix donne un ordre pareil à Albin :

Amenez Polyeucte, et si je le renvoie,
S'il demeure insensible à ce dernier effort,
Au sortir de ce lieu, qu'on lui donne la mort.

ACTE V, SCÈNE III.

ZATIME.

Oui, sur mes pas un esclave l'amène;
Et, loin de soupçonner sa disgrace prochaine,
Il m'a paru, madame, avec empressement
Sortir, pour vous chercher, de son appartement.

ROXANE.

Ame lâche, et trop digne enfin d'être déçue,
Peux-tu souffrir encor qu'il paroisse à ta vue?
Crois-tu par tes discours le vaincre ou l'étonner?
Quand même il se rendroit, peux-tu lui pardonner?
Quoi! ne devrois-tu pas être déjà vengée?
Ne crois-tu pas encore être assez outragée?
Sans perdre tant d'efforts sur ce cœur endurci,
Que ne le laissons-nous périr?.... Mais le voici.

SCÈNE IV.

BAJAZET, ROXANE.

ROXANE.

Je ne vous ferai point de reproches frivoles;[1]
Les moments sont trop chers pour les perdre en paroles :

---

[1] On a présumé avec raison qu'un évènement tragique arrivé quinze ans auparavant avoit donné à Racine l'idée de cette scène. En 1657, Christine, reine de Suède, ayant découvert l'infidélité de Monaldeschi son amant, eut avec lui une explication dans la galerie de Fontainebleau; à la suite de cette explication, elle le fit assassiner.

Mes soins vous sont connus; en un mot, vous vivez;
Et je ne vous dirois que ce que vous savez.
Malgré tout mon amour, si je n'ai pu vous plaire,
Je n'en murmure point; quoiqu'à ne vous rien taire,
Ce même amour, peut-être, et ces mêmes bienfaits,
Auroient dû suppléer à mes foibles attraits :
Mais je m'étonne enfin que, pour reconnoissance,
Pour prix de tant d'amour, de tant de confiance,
Vous ayez si long-temps, par des détours si bas,
Feint un amour pour moi que vous ne sentiez pas.

BAJAZET.

Qui? moi, madame?

ROXANE.

Oui, toi. Voudrois-tu point encore
Me nier un mépris que tu crois que j'ignore?
Ne prétendrois-tu point, par tes fausses couleurs,
Déguiser un amour qui te retient ailleurs :
Et me jurer enfin, d'une bouche perfide,
Tout ce que tu ne sens que pour ton Atalide?

BAJAZET.

Atalide, madame! Oh ciel! qui vous a dit....

ROXANE.

Tiens, perfide, regarde, et démens cet écrit.

BAJAZET, *après avoir regardé la lettre.*

Je ne vous dis plus rien : cette lettre sincère
D'un malheureux amour contient tout le mystère;
Vous savez un secret que, tout prêt à s'ouvrir,
Mon cœur a mille fois voulu vous découvrir.

ACTE V, SCÈNE IV.

J'aime, je le confesse; et devant que votre ame,
Prévenant mon espoir, m'eût déclaré sa flamme,
Déjà plein d'un amour dès l'enfance formé,
A tout autre désir mon cœur étoit fermé.
Vous me vîntes offrir et la vie et l'empire;
Et même votre amour, si j'ose vous le dire,
Consultant vos bienfaits les crut, et sur leur foi
De tous mes sentiments vous répondit pour moi.
Je connus votre erreur. Mais que pouvois-je faire?
Je vis en même temps qu'elle vous étoit chère.
Combien le trône tente un cœur ambitieux!
Un si noble présent me fit ouvrir les yeux.
Je chéris, j'acceptai, sans tarder davantage,
L'heureuse occasion de sortir d'esclavage;
D'autant plus qu'il falloit l'accepter ou périr;
D'autant plus que vous-même, ardente à me l'offrir,
Vous ne craigniez rien tant que d'être refusée;
Que même mes refus vous auroient exposée;
Qu'après avoir osé me voir et me parler,
Il étoit dangereux pour vous de reculer.
Cependant, je n'en veux pour témoins que vos plaintes,
Ai-je pu vous tromper par des promesses feintes?
Songez combien de fois vous m'avez reproché
Un silence témoin de mon trouble caché :
Plus l'effet de vos soins et ma gloire étoient proches,
Plus mon cœur interdit se faisoit de reproches.
Le ciel, qui m'entendoit, sait bien qu'en même temps
Je ne m'arrêtois pas à des vœux impuissants;

Et si l'effet enfin, suivant mon espérance,
Eût ouvert un champ libre à ma reconnoissance,
J'aurois, par tant d'honneurs, par tant de dignités,
Contenté votre orgueil et payé vos bontés,
Que vous-même peut-être....

ROXANE.

Et que pourrois-tu faire?
Sans l'offre de ton cœur, par où peux-tu me plaire?
Quels seroient de tes vœux les inutiles fruits?
Ne te souvient-il plus de tout ce que je suis?
Maîtresse du sérail, arbitre de ta vie
Et même de l'état qu'Amurat me confie,
Sultane, et, ce qu'en vain j'ai cru trouver en toi,
Souveraine d'un cœur qui n'eût aimé que moi :
Dans ce comble de gloire où je suis arrivée,
A quel indigne honneur m'avois-tu réservée?
Traînerois-je en ces lieux un sort infortuné,
Vil rebut d'un ingrat que j'aurois couronné,
De mon rang descendue, à mille autres égale,
Ou la première esclave enfin de ma rivale?
Laissons ces vains discours; et, sans m'importuner,
Pour la dernière fois, veux-tu vivre et régner?
J'ai l'ordre d'Amurat, et je puis t'y soustraire.
Mais tu n'as qu'un moment : parle.

BAJAZET.

Que faut-il faire?

ROXANE.

Ma rivale est ici : suis-moi sans différer;

ACTE V, SCÈNE IV.

Dans les mains des muets viens la voir expirer;
Et, libre d'un amour à ta gloire funeste,
Viens m'engager ta foi; le temps fera le reste.
Ta grace est à ce prix, si tu veux l'obtenir.

BAJAZET.

Je ne l'accepterois que pour vous en punir;
Que pour faire éclater aux yeux de tout l'empire
L'horreur et le mépris que cette offre m'inspire.
Mais à quelle fureur me laissant emporter
Contre ses tristes jours vais-je vous irriter!
De mes emportements elle n'est point complice,
Ni de mon amour même et de mon injustice:
Loin de me retenir par des conseils jaloux,
Elle me conjuroit de me donner à vous.
En un mot, séparez ses vertus de mon crime.
Poursuivez, s'il le faut, un courroux légitime;
Aux ordres d'Amurat hâtez-vous d'obéir:
Mais laissez-moi du moins mourir sans vous haïr.
Amurat avec moi ne l'a point condamnée:
Épargnez une vie assez infortunée.
Ajoutez cette grace à tant d'autres bontés,
Madame; et si jamais je vous fus cher....

ROXANE.

Sortez.

SCÈNE V.

ROXANE, ZATIME.

ROXANE.

Pour la dernière fois, perfide, tu m'as vue ;
Et tu vas rencontrer la peine qui t'est due.

ZATIME.

Atalide à vos pieds demande à se jeter,
Et vous prie un moment de vouloir l'écouter,
Madame. Elle vous veut faire l'aveu fidèle
D'un secret important qui vous touche plus qu'elle.

ROXANE.

Oui, qu'elle vienne. Et toi, suis Bajazet qui sort ;
Et, quand il sera temps, viens m'apprendre son sort.

SCÈNE VI.

ROXANE, ATALIDE.

ATALIDE.

Je ne viens plus, madame, à feindre disposée,
Tromper votre bonté si long-temps abusée ;
Confuse, et digne objet de vos inimitiés,
Je viens mettre mon cœur et mon crime à vos pieds.
Oui, madame, il est vrai que je vous ai trompée :
Du soin de mon amour seulement occupée,
Quand j'ai vu Bajazet, loin de vous obéir,
Je n'ai dans mes discours songé qu'à vous trahir.

ACTE V, SCÈNE VI.

Je l'aimai dès l'enfance; et dès ce temps, madame,
J'avois par mille soins su prévenir son âme.
La sultane sa mère, ignorant l'avenir,
Hélas! pour son malheur, se plut à nous unir.
Vous l'aimâtes depuis, plus heureux l'un et l'autre,
Si, connoissant mon cœur, ou me cachant le vôtre,
Votre amour de la mienne eût su se défier!
Je ne me noircis point pour le justifier.
Je jure par le ciel qui me voit confondue,
Par ces grands Ottomans dont je suis descendue,
Et qui tous avec moi vous parlent à genoux
Pour le plus pur du sang qu'ils ont transmis en nous;
Bajazet à vos soins tôt ou tard plus sensible,
Madame, à tant d'attraits n'étoit pas invincible.
Jalouse, et toujours prête à lui représenter
Tout ce que je croyois digne de l'arrêter,
Je n'ai rien négligé, plaintes, larmes, colère,
Quelquefois attestant les mânes de sa mère;
Ce jour même, des jours le plus infortuné,
Lui reprochant l'espoir qu'il vous avoit donné,
Et de ma mort enfin le prenant à partie,
Mon importune ardeur ne s'est point ralentie,
Qu'arrachant malgré lui des gages de sa foi,
Je ne sois parvenue à le perdre avec moi.

Mais pourquoi vos bontés seroient-elles lassées?
Ne vous arrêtez point à ses froideurs passées;
C'est moi qui l'y forçai. Les nœuds que j'ai rompus
Se rejoindront bientôt quand je ne serai plus.

Quelque peine pourtant qui soit due à mon crime,
N'ordonnez pas vous-même une mort légitime,
Et ne vous montrez point à son cœur éperdu
Couverte de mon sang par vos mains répandu :
D'un cœur trop tendre encore épargnez la foiblesse.
Vous pouvez de mon sort me laisser la maîtresse,
Madame ; mon trépas n'en sera pas moins prompt.
Jouissez d'un bonheur dont ma mort vous répond ;
Couronnez un héros dont vous serez chérie :
J'aurai soin de ma mort ; prenez soin de sa vie.
Allez, madame, allez : avant votre retour,
J'aurai d'une rivale affranchi votre amour.

ROXANE.

Je ne mérite pas un si grand sacrifice :
Je me connois, madame, et je me fais justice.
Loin de vous séparer, je prétends aujourd'hui
Par des nœuds éternels vous unir avec lui :
Vous jouirez bientôt de son aimable vue.
Levez-vous. Mais que veut Zatime toute émue ?

SCÈNE VII.

ROXANE, ATALIDE, ZATIME.

ZATIME.

Ah ! venez vous montrer, madame ; ou désormais
Le rebelle Acomat est maître du palais ;
Profanant des sultans la demeure sacrée
Ses criminels amis en ont forcé l'entrée.

Vos esclaves tremblants, dont la moitié s'enfuit,
Doutent si le vizir vous sert ou vous trahit.

ROXANE.

Ah, les traîtres! Allons, et courons le confondre.
Toi, garde ma captive, et songe à m'en répondre.

SCÈNE VIII.
ATALIDE, ZATIME.

ATALIDE.

Hélas! pour qui mon cœur doit-il faire des vœux?
J'ignore quel dessein les anime tous deux.
Si de tant de malheurs quelque pitié te touche,
Je ne demande point, Zatime, que ta bouche
Trahisse en ma faveur Roxane et son secret;
Mais, de grace, dis-moi ce que fait Bajazet.
L'as-tu vu? Pour ses jours n'ai-je encor rien à craindre?

ZATIME.

Madame, en vos malheurs je ne puis que vous plaindre.

ATALIDE.

Quoi! Roxane déjà l'a-t-elle condamné?

ZATIME.

Madame, le secret m'est sur-tout ordonné.

ATALIDE.

Malheureuse, dis-moi seulement s'il respire.

ZATIME.

Il y va de ma vie, et je ne puis rien dire.

ATALIDE.

Ah! c'en est trop, cruelle. Achève, et que ta main
Lui donne de ton zèle un gage plus certain;
Perce toi-même un cœur que ton silence accable,
D'une esclave barbare esclave impitoyable :
Précipite des jours qu'elle me veut ravir;
Montre-toi, s'il se peut, digne de la servir.
Tu me retiens en vain; et, dès cette même heure,
Il faut que je le voie, ou du moins que je meure.

SCÈNE IX.

ATALIDE, ACOMAT, ZATIME.

ACOMAT.

Ah! que fait Bajazet? où le puis-je trouver,
Madame? Aurai-je encor le temps de le sauver?
Je cours tout le sérail; et, même dès l'entrée,
De mes braves amis la moitié séparée
A marché sur les pas du courageux Osmin;
Le reste m'a suivi par un autre chemin.
Je cours, et je ne vois que des troupes craintives
D'esclaves effrayés, de femmes fugitives.

ATALIDE.

Ah! je suis de son sort moins instruite que vous.
Cette esclave le sait.

ACOMAT.

Crains mon juste courroux,
Malheureuse; réponds.

SCÈNE X.

ATALIDE, ACOMAT, ZATIME, ZAÏRE.

ZAÏRE.

MADAME.....

ATALIDE.

Hé bien, Zaïre?
Qu'est-ce?

ZAÏRE.

Ne craignez plus : votre ennemie expire.

ATALIDE.

Roxane.....

ZAÏRE.

Et ce qui va bien plus vous étonner,
Orcan lui-même, Orcan vient de l'assassiner.

ATALIDE.

Quoi! lui?

ZAÏRE.

Désespéré d'avoir manqué son crime,
Sans doute il a voulu prendre cette victime.

ATALIDE.

Juste ciel, l'innocence a trouvé ton appui!
Bajazet vit encor; vizir, courez à lui.

ZAÏRE.

Par la bouche d'Osmin vous serez mieux instruite;
Il a tout vu.

SCÈNE XI.

ATALIDE, ACOMAT, ZAÏRE, OSMIN.

ACOMAT.

Ses yeux ne l'ont-ils point séduite?
Roxane est-elle morte?

OSMIN.

Oui; j'ai vu l'assassin
Retirer son poignard tout fumant de son sein.
Orcan, qui méditoit ce cruel stratagème,
La servoit à dessein de la perdre elle-même;
Et le sultan l'avoit chargé secrètement
De lui sacrifier l'amante après l'amant.
Lui-même d'aussi loin qu'il nous a vus paroître,
« Adorez, a-t-il dit, l'ordre de votre maître,
« De son auguste seing reconnoissez les traits,
« Perfides, et sortez de ce sacré palais. »
A ce discours, laissant la sultane expirante,
Il a marché vers nous; et d'une main sanglante
Il nous a déployé l'ordre dont Amurat
Autorise ce monstre à ce double attentat.
Mais, seigneur, sans vouloir l'écouter davantage,
Transportés à la fois de douleur et de rage,
Nos bras impatients ont puni son forfait,
Et vengé dans son sang la mort de Bajazet.

ATALIDE.

Bajazet!

ACTE V, SCÈNE XI.

ACOMAT.

Que dis-tu?

OSMIN.

Bajazet est sans vie.

L'ignoriez-vous?

ATALIDE.

Oh ciel!

OSMIN.

Son amante en furie,
Près de ces lieux, seigneur, craignant votre secours,
Avoit au nœud fatal abandonné ses jours.
Moi-même des objets j'ai vu le plus funeste,
Et de sa vie en vain j'ai cherché quelque reste;
Bajazet étoit mort. Nous l'avons rencontré
De morts et de mourants noblement entouré,
Que, véngeant sa défaite, et cédant sous le nombre,
Ce héros a forcés d'accompagner son ombre.
Mais, puisque c'en est fait, seigneur, songeons à nous.

ACOMAT.

Ah! destins ennemis, où me réduisez-vous?
Je sais en Bajazet la perte que vous faites,
Madame; je sais trop qu'en l'état où vous êtes
Il ne m'appartient point de vous offrir l'appui
De quelques malheureux qui n'espéroient qu'en lui :
Saisi, désespéré d'une mort qui m'accable,
Je vais, non point sauver cette tête coupable,
Mais, redevable aux soins de mes tristes amis,
Défendre jusqu'au bout leurs jours qu'ils m'ont commis.

Pour vous, si vous voulez qu'en quelque autre contrée
Nous allions confier votre tête sacrée,
Madame, consultez : maîtres de ce palais,
Mes fidèles amis attendront vos souhaits ;
Et moi, pour ne point perdre un temps si salutaire,
Je cours où ma présence est encor nécessaire,
Et jusqu'au pied des murs que la mer vient laver
Sur mes vaisseaux tout prêts je viens vous retrouver.

SCÈNE XII.

ATALIDE, ZAÏRE.

ATALIDE.

Enfin, c'en est donc fait ; et, par mes artifices,
Mes injustes soupçons, mes funestes caprices,
Je suis donc arrivée au douloureux moment
Où je vois par mon crime expirer mon amant !
N'étoit-ce pas assez, cruelle destinée,
Qu'à lui survivre, hélas ! je fusse condamnée ?
Et falloit-il encor que, pour comble d'horreurs,
Je ne pusse imputer sa mort qu'à mes fureurs ?
Oui, c'est moi, cher amant, qui t'arrache la vie ;
Roxane ou le sultan ne te l'ont point ravie ;
Moi seule j'ai tissu le lien malheureux
Dont tu viens d'éprouver les détestables nœuds.
Et je puis, sans mourir, en souffrir la pensée,
Moi qui n'ai pu tantôt, de ta mort menacée,
Retenir mes esprits prompts à m'abandonner !

Ah! n'ai-je eu de l'amour que pour t'assassiner?
Mais c'en est trop; il faut, par un prompt sacrifice,
Que ma fidèle main te venge et me punisse.
    Vous, de qui j'ai troublé la gloire et le repos,
Héros, qui deviez tous revivre en ce héros;
Toi, mère malheureuse, et qui, dès notre enfance,
Me confias son cœur dans une autre espérance,
Infortuné vizir, amis désespérés,
Roxane, venez tous, contre moi conjurés,
Tourmenter à la fois une amante éperdue,
Et prenez la vengeance enfin qui vous est due.
                              (Elle se tue.)

ZAÏRE.

Ah, madame!.... Elle expire. Oh ciel! en ce malheur
Que ne puis-je avec elle expirer de douleur!

FIN DE BAJAZET.

MITHRIDATE,

TRAGÉDIE.

1673.

PRÉFACE.

Il n'y a guère de nom plus connu que celui de Mithridate : sa vie et sa mort font une partie considérable de l'histoire romaine ; et, sans compter les victoires qu'il a remportées, on peut dire que ses seules défaites ont fait presque toute la gloire de trois des plus grands capitaines de la république, c'est à savoir, de Sylla, de Lucullus, et de Pompée. Ainsi je ne pense pas qu'il soit besoin de citer ici mes auteurs : car, excepté quelques évènements que j'ai un peu rapprochés par le droit que donne la poésie, tout le monde reconnoîtra aisément que j'ai suivi l'histoire avec beaucoup de fidélité. En effet, il n'y a guère d'actions éclatantes dans la vie de Mithridate qui n'aient trouvé place dans ma tragédie. J'y ai inséré tout ce qui pouvoit mettre en jour les mœurs et les sentiments de ce prince, je veux dire sa haine violente contre les Romains, son grand courage, sa finesse, sa dissimulation, et enfin cette jalousie qui lui étoit si naturelle, et qui a tant de fois coûté la vie à ses maîtresses.

La seule chose qui pourroit n'être pas aussi connue que le reste, c'est le dessein que je lui fais prendre de passer dans l'Italie. Comme ce dessein m'a fourni une des scènes qui ont le plus réussi dans ma tragédie, je crois que le plaisir du lecteur pourra redoubler, quand il verra que presque tous les historiens ont dit ce que je fais dire ici à Mithridate.

Florus, Plutarque, et Dion Cassius, nomment les pays par où il devoit passer. Appien d'Alexandrie entre plus dans le détail; et, après avoir marqué les facilités et les secours que Mithridate espéroit trouver dans sa marche, il ajoute que ce projet fut le prétexte dont Pharnace se servit pour faire révolter toute l'armée, et que les soldats, effrayés de l'entreprise de son père, la regardèrent comme le désespoir d'un prince qui ne cherchoit qu'à périr avec éclat. Ainsi elle fut en partie cause de sa mort, qui est l'action de ma tragédie.

J'ai encore lié ce dessein de plus près à mon sujet; je m'en suis servi pour faire connoître à Mithridate les secrets sentiments de ses deux fils. On ne peut prendre trop de précaution pour ne rien mettre sur le théâtre qui ne soit très nécessaire; et les plus belles scènes sont en danger d'ennuyer, du moment qu'on peut les séparer de l'action, et qu'elles l'interrompent au lieu de la conduire vers sa fin.

Voici la réflexion que fait Dion Cassius sur ce dessein de Mithridate. Cet homme, dit-il, étoit véritablement né pour entreprendre de grandes choses. Comme il avoit souvent éprouvé la bonne et la mauvaise fortune, il ne croyoit rien au-dessus de ses espérances et de son audace;

et mesuroit ses desseins bien plus à la grandeur de son courage qu'au mauvais état de ses affaires ; bien résolu, si son entreprise ne réussissoit point, de faire une fin digne d'un grand roi, et de s'ensevelir lui-même sous les ruines de son empire, plutôt que de vivre dans l'obscurité et dans la bassesse.

J'ai choisi Monime entre les femmes que Mithridate a aimées. Il paroît que c'est celle de toutes qui a été la plus vertueuse, et qu'il a aimée le plus tendrement. Plutarque semble avoir pris plaisir à décrire le malheur et les sentiments de cette princesse. C'est lui qui m'a donné l'idée de Monime ; et c'est en partie sur la peinture qu'il en a faite que j'ai fondé un caractère que je puis dire qui n'a point déplu. Le lecteur trouvera bon que je rapporte ses paroles telles qu'Amyot les a traduites ; car elles ont une grace dans le vieux style de ce traducteur, que je ne crois point pouvoir égaler dans notre langue moderne.

« Cette-ci estoit fort renommée entre les Grecs, pour
« ce que quelques sollicitations que lui sceust faire le roi
« en estant amoureux, jamais ne voulut entendre à toutes
« ses poursuites jusqu'à ce qu'il y eust accord de mariage
« passé entre eux, et qu'il lui eust envoyé le diadême ou
« bandeau royal, et appellée royne. La pauvre dame,
« depuis que ce roi l'eut espousée, avoit vécu en grande
« desplaisance, ne faisant continuellement autre chose

« que de plorer la malheureuse beauté de son corps, la-
« quelle, au lieu de lui donner un mari, lui avoit donné
« un maistre, et, au lieu de compaignie conjugale, et que
« doibt avoir une dame d'honneur, lui avoit baillé une
« garde et garnison d'hommes barbares qui la tenoient
« comme prisonniere loin du doulx pays de la Grece, en
« lieu où elle n'avoit qu'un songe et une ombre de biens;
« et au contraire avoit réellement perdu les véritables,
« dont elle jouissoit au pays de sa naissance. Et quand
« l'eunuque fut arrivé devers elle, et lui eut faict com-
« mandement de par le roi qu'elle eust à mourir, adonc
« elle s'arracha d'alentour de la teste son bandeau royal,
« et se le nouant alentour du col, s'en pendit. Mais le
« bandeau ne fut pas assez fort, et se rompit incontinent.
« Et lors elle se prit à dire : *O maudit et malheureux*
« *tissu, ne me serviras-tu point au moins à ce triste ser-*
« *vice?* En disant ces paroles, elle le jeta contre terre,
« crachant dessus, et tendit la gorge à l'eunuque. »

Xipharès étoit fils de Mithridate et d'une de ses femmes qui se nommoit Stratonice. Elle livra aux Romains une place de grande importance, où étoient les trésors de Mithridate, pour mettre son fils Xipharès dans les bonnes graces de Pompée. Il y a des historiens qui prétendent que Mithridate fit mourir ce jeune prince pour se venger de la perfidie de sa mère.

Je ne dis rien de Pharnace; car qui ne sait pas que ce fut lui qui souleva contre Mithridate ce qui lui restoit de troupes, et qui força ce prince à se vouloir empoisonner, et à se passer son épée au travers du corps pour ne pas tomber entre les mains de ses ennemis? C'est ce même Pharnace qui fut vaincu depuis par Jules César, et qui fut tué ensuite dans une autre bataille.

PERSONNAGES.

MITHRIDATE, roi de Pont et de quantité d'autres royaumes.
MONIME, accordée avec Mithridate, et déjà déclarée reine.
PHARNACE,
XIPHARÈS, } fils de Mithridate, mais de différentes mères.
ARBATE, confident de Mithridate, et gouverneur de la place de Nymphée.
PHOEDIME, confidente de Monime.
ARCAS, domestique de Mithridate.
GARDES.

La scène est à Nymphée, port de mer sur le Bosphore Cimmérien, dans la Chersonèse Taurique.

MITHRIDATE.

ACTE PREMIER.

SCÈNE I.

XIPHARÈS, ARBATE.

XIPHARÈS.

On nous faisoit, Arbate, un fidèle rapport :
Rome en effet triomphe, et Mithridate est mort.
Les Romains vers l'Euphrate ont attaqué mon père,
Et trompé dans la nuit sa prudence ordinaire.
Après un long combat, tout son camp dispersé
Dans la foule des morts, en fuyant, l'a laissé ;
Et j'ai su qu'un soldat dans les mains de Pompée
Avec son diadème a remis son épée.
Ainsi ce roi, qui seul a durant quarante ans [1]

---

[1] Le beau portrait que Velleïus Paterculus fait de Mithridate a pu fournir à Racine l'idée de ces vers : « Bello acerrimus, vir- « tute eximius : aliquando fortunâ, semper animo maximus ; con- « siliis dux, miles manu, odio in Romanos Annibal. » Plein d'ardeur dans les combats, et élevé au-dessus des autres hommes par son courage, si Mithridate dut quelque chose à la fortune, il fut toujours grand par son génie : chef consommé dans les conseils, soldat intrépide les armes à la main ; en un mot, un autre Annibal par sa haine contre Rome.

Lassé tout ce que Rome eut de chefs importants,
Et qui, dans l'Orient balançant la fortune,
Vengeoit de tous les rois la querelle commune,
Meurt, et laisse après lui, pour venger son trépas,
Deux fils infortunés qui ne s'accordent pas.

ARBATE.

Vous, seigneur! Quoi! l'ardeur de régner en sa place
Rend déjà Xipharès ennemi de Pharnace?

XIPHARÈS.

Non, je ne prétends point, cher Arbate, à ce prix
D'un malheureux empire acheter le débris.
Je sais en lui des ans respecter l'avantage;
Et, content des états marqués pour mon partage,
Je verrai sans regret tomber entre ses mains
Tout ce que lui promet l'amitié des Romains.

ARBATE.

L'amitié des Romains! le fils de Mithridate,
Seigneur! Est-il bien vrai?

XIPHARÈS.

N'en doute point, Arbate.
Pharnace, dès long-temps tout Romain dans le cœur,
Attend tout maintenant de Rome et du vainqueur:
Et moi, plus que jamais à mon père fidèle,
Je conserve aux Romains une haine immortelle.
Cependant et ma haine et ses prétentions
Sont les moindres sujets de nos divisions.

ARBATE.

Et quel autre intérêt contre lui vous anime?

ACTE I, SCÈNE I.

XIPHARÈS.

Je m'en vais t'étonner. Cette belle Monime
Qui du roi notre père attira tous les vœux,
Dont Pharnace, après lui, se déclare amoureux....

ARBATE.

Hé bien, seigneur?

XIPHARÈS.

        Je l'aime; et ne veux plus m'en taire,
Puisqu'enfin pour rival je n'ai plus que mon frère.
Tu ne t'attendois pas, sans doute, à ce discours :
Mais ce n'est point, Arbate, un secret de deux jours;
Cet amour s'est long-temps accru dans le silence.
Que n'en puis-je à tes yeux marquer la violence,
Et mes premiers soupirs, et mes derniers ennuis!
Mais, en l'état funeste où nous sommes réduits,
Ce n'est guère le temps d'occuper ma mémoire
A rappeler le cours d'une amoureuse histoire.
Qu'il te suffise donc, pour me justifier,
Que je vis, que j'aimai la reine le premier;
Que mon père ignoroit jusqu'au nom de Monime
Quand je conçus pour elle un amour légitime.[1]
Il la vit : mais, au lieu d'offrir à ses beautés
Un hymen et des vœux dignes d'être écoutés,

---

[1] L'idée de ces vers peut avoir été suggérée à Racine par une circonstance de l'histoire de D. Carlos, dont la passion pour Élisabeth de France, femme de Philippe II, commençoit alors à faire l'entretien de la cour.

Il crut que, sans prétendre une plus haute gloire,
Elle lui céderoit une indigne victoire.
Tu sais par quels efforts il tenta sa vertu ;
Et que, lassé d'avoir vainement combattu,
Absent, mais toujours plein de son amour extrême,
Il lui fit par tes mains porter son diadème.
Juge de mes douleurs, quand des bruits trop certains
M'annoncèrent du roi l'amour et les desseins ;
Quand je sus qu'à son lit Monime réservée
Avoit pris avec toi le chemin de Nymphée.

Hélas ! ce fut encor dans ce temps odieux
Qu'aux offres des Romains ma mère ouvrit les yeux : [1]
Ou pour venger sa foi par cet hymen trompée,
Ou ménageant pour moi la faveur de Pompée,
Elle trahit mon père, et rendit aux Romains
La place et les trésors confiés en ses mains.
Quel devins-je au récit du crime de ma mère !
Je ne regardai plus mon rival dans mon père ;
J'oubliai mon amour par le sien traversé :
Je n'eus devant les yeux que mon père offensé.
J'attaquai les Romains ; et ma mère éperdue
Me vit, en reprenant cette place rendue,
A mille coups mortels contre eux me dévouer,
Et chercher, en mourant, à la désavouer.
L'Euxin, depuis ce temps, fut libre, et l'est encore ;

---

[1] Stratonice, mère de Xipharès, livra à Pompée la forteresse de Symphorium.

Et des rives de Pont aux rives du Bosphore
Tout reconnut mon père : et ses heureux vaisseaux
N'eurent plus d'ennemis que les vents et les eaux.
Je voulois faire plus : je prétendois, Arbate,
Moi-même à son secours m'avancer vers l'Euphrate.
Je fus soudain frappé du bruit de son trépas.
Au milieu de mes pleurs, je ne le cèle pas,
Monime, qu'en tes mains mon père avoit laissée,
Avec tous ses attraits revint en ma pensée.
Que dis-je? en ce malheur je tremblai pour ses jours;
Je redoutai du roi les cruelles amours :
Tu sais combien de fois ses jalouses tendresses
Ont pris soin d'assurer la mort de ses maîtresses.[1]
Je volai vers Nymphée; et mes tristes regards
Rencontrèrent Pharnace au pied de ses remparts.
J'en conçus, je l'avoue, un présage funeste.
Tu nous reçus tous deux, et tu sais tout le reste.
Pharnace, en ses desseins toujours impétueux,
Ne dissimula point ses vœux présomptueux :
De mon père à la reine il conta la disgrace,
L'assura de sa mort, et s'offrit en sa place.
Comme il le dit, Arbate, il veut l'exécuter.
Mais enfin, à mon tour, je prétends éclater :
Autant que mon amour respecta la puissance

---

[1] Bérénice, l'une des femmes de Mithridate, reçut de lui l'ordre de mourir après la seconde défaite de ce prince.

PLUTARQUE, vie de Lucullus, chap. IX.

D'un père à qui je fus dévoué dès l'enfance,
Autant ce même amour, maintenant révolté,
De ce nouveau rival brave l'autorité.
Ou Monime, à ma flamme elle-même contraire,
Condamnera l'aveu que je prétends lui faire;
Ou bien, quelque malheur qu'il en puisse avenir,
Ce n'est que par ma mort qu'on la peut obtenir.
 Voilà tous les secrets que je voulois t'apprendre.
C'est à toi de choisir quel parti tu dois prendre;
Qui des deux te paroît plus digne de ta foi,
L'esclave des Romains, ou le fils de ton roi.
Fier de leur amitié, Pharnace croit peut-être
Commander dans Nymphée et me parler en maître,
Mais ici mon pouvoir ne connoît point le sien :
Le Pont est son partage, et Colchos est le mien;
Et l'on sait que toujours la Colchide et ses princes
Ont compté ce Bosphore au rang de leurs provinces.

ARBATE.

Commandez-moi, seigneur. Si j'ai quelque pouvoir,
Mon choix est déjà fait, je ferai mon devoir;
Avec le même zèle, avec la même audace,
Que je servois le père, et gardois cette place
Et contre votre frère et même contre vous,
Après la mort du roi je vous sers contre tous.
Sans vous, ne sais-je pas que ma mort assurée
De Pharnace en ces lieux alloit suivre l'entrée?
Sais-je pas que mon sang, par ses mains répandu,
Eût souillé ce rempart contre lui défendu?

ACTE I, SCÈNE I.

Assurez-vous du cœur et du choix de la reine :
Du reste, ou mon crédit n'est plus qu'une ombre vaine,
Ou Pharnace, laissant le Bosphore en vos mains,
Ira jouir ailleurs des bontés des Romains.

XIPHARÈS.

Que ne devrai-je point à cette ardeur extrême !
Mais on vient. Cours, ami. C'est Monime elle-même.

SCÈNE II.
MONIME, XIPHARÈS.

MONIME.

Seigneur, je viens à vous : car enfin, aujourd'hui, [1]
Si vous m'abandonnez, quel sera mon appui ?
Sans parents, sans amis, désolée et craintive,
Reine long-temps de nom, mais en effet captive,
Et veuve maintenant sans avoir eu d'époux,
Seigneur, de mes malheurs ce sont là les plus doux.
Je tremble à vous nommer l'ennemi qui m'opprime :
J'espère toutefois qu'un cœur si magnanime
Ne sacrifiera point les pleurs des malheureux
Aux intérêts du sang qui vous unit tous deux.
Vous devez à ces mots reconnoître Pharnace.
C'est lui, seigneur, c'est lui dont la coupable audace

---

[1] Monime étoit morte long-temps avant que Mithridate fût défait par Pompée. Ce fut après avoir été vaincu par Lucullus que Mithridate envoya à Monime l'ordre de mourir. Cette princesse étoit enfermée dans un château près de la ville de **Phernacie**. Plutarque, vie de Lucullus, chap. IX.

Veut, la force à la main, m'attacher à son sort
Par un hymen pour moi plus cruel que la mort.
Sous quel astre ennemi faut-il que je sois née!
Au joug d'un autre hymen sans amour destinée,
A peine je suis libre et goûte quelque paix,
Qu'il faut que je me livre à tout ce que je hais.
Peut-être je devrois, plus humble en ma misère,
Me souvenir du moins que je parle à son frère :
Mais, soit raison, destin, soit que ma haine en lui
Confonde les Romains dont il cherche l'appui,
Jamais hymen formé sous le plus noir auspice
De l'hymen que je crains n'égala le supplice.
Et si Monime en pleurs ne vous peut émouvoir,
Si je n'ai plus pour moi que mon seul désespoir;
Au pied du même autel où je suis attendue,
Seigneur, vous me verrez, à moi-même rendue,
Percer ce triste cœur qu'on veut tyranniser,
Et dont jamais encor je n'ai pu disposer.

XIPHARÈS.

Madame, assurez-vous de mon obéissance;
Vous avez dans ces lieux une entière puissance :
Pharnace ira, s'il veut, se faire craindre ailleurs.
Mais vous ne savez pas encor tous vos malheurs.

MONIME.

Hé! quel nouveau malheur peut affliger Monime,
Seigneur?

XIPHARÈS.

Si vous aimer c'est faire un si grand crime,

ACTE I, SCÈNE II.

Pharnace n'en est pas seul coupable aujourd'hui ;
Et je suis mille fois plus criminel que lui.

MONIME.

Vous !

XIPHARÈS.

Mettez ce malheur au rang des plus funestes ;
Attestez, s'il le faut, les puissances célestes
Contre un sang malheureux, né pour vous tourmenter,
Père, enfants, animés à vous persécuter :
Mais, avec quelque ennui que vous puissiez apprendre
Cet amour criminel qui vient de vous surprendre,
Jamais tous vos malheurs ne sauroient approcher
Des maux que j'ai soufferts en le voulant cacher.
Ne croyez point pourtant que, semblable à Pharnace,
Je vous serve aujourd'hui pour me mettre en sa place :
Vous voulez être à vous, j'en ai donné ma foi,
Et vous ne dépendrez ni de lui ni de moi.
Mais, quand je vous aurai pleinement satisfaite,
En quels lieux avez-vous choisi votre retraite ?
Sera-ce loin, madame, ou près de mes états ?
Me sera-t-il permis d'y conduire vos pas ?
Verrez-vous d'un même œil le crime et l'innocence ?
En fuyant mon rival, fuirez-vous ma présence ?
Pour prix d'avoir si bien secondé vos souhaits,
Faudra-t-il me résoudre à ne vous voir jamais ?

MONIME.

Ah ! que m'apprenez-vous !

MITHRIDATE.

XIPHARÈS.

Hé quoi! belle Monime,
Si le temps peut donner quelque droit légitime,
Faut-il vous dire ici que le premier de tous
Je vous vis, je formai le dessein d'être à vous,
Quand vos charmes naissants, inconnus à mon père,
N'avoient encor paru qu'aux yeux de votre mère?
Ah! si, par mon devoir forcé de vous quitter,
Tout mon amour alors ne put pas éclater,
Ne vous souvient-il plus, sans compter tout le reste,
Combien je me plaignis de ce devoir funeste?
Ne vous souvient-il plus, en quittant vos beaux yeux,
Quelle vive douleur attendrit mes adieux?
Je m'en souviens tout seul : avouez-le, madame,
Je vous rappelle un songe effacé de votre ame.
Tandis que, loin de vous, sans espoir de retour,
Je nourrissois encore un malheureux amour,
Contente, et résolue à l'hymen de mon père,
Tous les malheurs du fils ne vous affligeoient guère.

MONIME.

Hélas!

XIPHARÈS.

Avez-vous plaint un moment mes ennuis?

MONIME.

Prince.... n'abusez point de l'état où je suis.

XIPHARÈS.

En abuser, oh ciel! quand je cours vous défendre,
Sans vous demander rien, sans oser rien prétendre;

ACTE I, SCÈNE II.

Que vous dirai-je enfin? lorsque je vous promets
De vous mettre en état de ne me voir jamais!

MONIME.

C'est me promettre plus que vous ne sauriez faire.

XIPHARÈS.

Quoi! malgré mes serments, vous croyez le contraire?
Vous croyez qu'abusant de mon autorité
Je prétends attenter à votre liberté?
On vient, madame, on vient : expliquez-vous, de grace;
Un mot.

MONIME.

Défendez-moi des fureurs de Pharnace :
Pour me faire, seigneur, consentir à vous voir,
Vous n'aurez pas besoin d'un injuste pouvoir.

XIPHARÈS.

Ah, madame!

MONIME.

Seigneur, vous voyez votre frère.

SCÈNE III.

MONIME, PHARNACE, XIPHARÈS.

PHARNACE.

Jusques à quand, madame, attendrez-vous mon père?
Des témoins de sa mort viennent à tous moments
Condamner votre doute et vos retardements.
Venez, fuyez l'aspect de ce climat sauvage,
Qui ne parle à vos yeux que d'un triste esclavage.

Un peuple obéissant vous attend à genoux
Sous un ciel plus heureux et plus digne de vous :
Le Pont vous reconnoît dès long-temps pour sa reine;
Vous en portez encor la marque souveraine,
Et ce bandeau royal fut mis sur votre front
Comme un gage assuré de l'empire de Pont.
Maître de cet état que mon père me laisse,
Madame, c'est à moi d'accomplir sa promesse.
Mais il faut, croyez-moi, sans attendre plus tard,
Ainsi que notre hymen presser notre départ;
Nos intérêts communs et mon cœur le demandent.
Prêts à vous recevoir mes vaisseaux vous attendent;
Et du pied de l'autel vous y pouvez monter,
Souveraine des mers qui vous doivent porter.

MONIME.

Seigneur, tant de bontés ont lieu de me confondre.
Mais, puisque le temps presse, et qu'il faut vous répondre,
Puis-je, laissant la feinte et les déguisements,
Vous découvrir ici mes secrets sentiments?

PHARNACE.

Vous pouvez tout.

MONIME.

Je crois que je vous suis connue.
Éphèse est mon pays : mais je suis descendue [1]

---

[1] Selon Plutarque, Monime n'étoit point d'Éphèse, mais de Milet. Vie de Lucullus, chap. IX.

ACTE I, SCÈNE III.

D'aïeux, ou rois, seigneur, ou héros qu'autrefois
Leur vertu, chez les Grecs, mit au-dessus des rois.
Mithridate me vit; Ephèse, et l'Ionie,
A son heureux empire étoit alors unie :
Il daigna m'envoyer ce gage de sa foi.
Ce fut pour ma famille une suprême loi :
Il fallut obéir. Esclave couronnée,
Je partis pour l'hymen où j'étois destinée.
Le roi, qui m'attendoit au sein de ses états,
Vit emporter ailleurs ses desseins et ses pas,
Et, tandis que la guerre occupoit son courage,
M'envoya dans ces lieux éloignés de l'orage.
J'y vins : j'y suis encor. Mais cependant, seigneur,
Mon père paya cher ce dangereux honneur;
Et les Romains vainqueurs, pour première victime,
Prirent Philopœmen, le père de Monime.
Sous ce titre funeste il se vit immoler;
Et c'est de quoi, seigneur, j'ai voulu vous parler.
Quelque juste fureur dont je sois animée,
Je ne puis point à Rome opposer une armée;
Inutile témoin de tous ses attentats,
Je n'ai pour me venger ni sceptre ni soldats :
Enfin, je n'ai qu'un cœur. Tout ce que je puis faire,
C'est de garder la foi que je dois à mon père,
De ne point dans son sang aller tremper mes mains
En épousant en vous l'allié des Romains.

PHARNACE.

Que parlez-vous de Rome et de son alliance ?

Pourquoi tout ce discours et cette défiance?
Qui vous dit qu'avec eux je prétends m'allier?

MONIME.

Mais vous-même, seigneur, pouvez-vous le nier?
Comment m'offririez-vous l'entrée et la couronne
D'un pays que par-tout leur armée environne,
Si le traité secret qui vous lie aux Romains
Ne vous en assuroit l'empire et les chemins?

PHARNACE.

De mes intentions je pourrois vous instruire,
Et je sais les raisons que j'aurois à vous dire,
Si, laissant en effet les vains déguisements,
Vous m'aviez expliqué vos secrets sentiments.
Mais enfin je commence, après tant de traverses,
Madame, à rassembler vos excuses diverses;
Je crois voir l'intérêt que vous voulez celer,
Et qu'un autre qu'un père ici vous fait parler.

XIPHARÈS.

Quel que soit l'intérêt qui fait parler la reine,
La réponse, seigneur, doit-elle être incertaine?
Et contre les Romains votre ressentiment
Doit-il pour éclater balancer un moment?
Quoi! nous aurons d'un père entendu la disgrace;
Et, lents à le venger, prompts à remplir sa place,
Nous mettrons notre honneur et son sang en oubli!
Il est mort: savons-nous s'il est enseveli?
Qui sait si, dans le temps que votre ame empressée

ACTE I, SCÈNE III.

Forme d'un doux hymen l'agréable pensée,
Ce roi, que l'Orient tout plein de ses exploits
Peut nommer justement le dernier de ses rois, [1]
Dans ses propres états privé de sépulture,
Ou couché sans honneur dans une foule obscure,
N'accuse point le ciel qui le laisse outrager,
Et deux indignes fils qui n'osent le venger ?
Ah ! ne languissons plus dans un coin du Bosphore :
Si dans tout l'univers quelque roi libre encore,
Parthe, scythe, ou sarmate, aime sa liberté,
Voilà nos alliés ; marchons de ce côté.
Vivons, ou périssons dignes de Mithridate ;
Et songeons bien plutôt, quelque amour qui nous flatte,
A défendre du joug et nous et nos états,
Qu'à contraindre des cœurs qui ne se donnent pas.

PHARNACE.

Il sait vos sentiments. Me trompois-je, madame ?
Voilà cet intérêt si puissant sur votre ame,
Ce père, ces Romains que vous me reprochez.

XIPHARÈS.

J'ignore de son cœur les sentiments cachés ;
Mais je m'y soumettrois sans vouloir rien prétendre,
Si, comme vous, seigneur, je croyois les entendre.

---

[1] Cette idée paroît empruntée de Velleïus Paterculus, qui regarde Mithridate comme le dernier roi indépendant, à l'exception de celui des Parthes. « Ultimus regum sui juris præter Parthos. » Lib. II, cap. xxxvij.

PHARNACE.

Vous feriez bien; et moi, je fais ce que je doi.
Votre exemple n'est pas une règle pour moi.

XIPHARÈS.

Toutefois en ces lieux je ne connois personne
Qui ne doive imiter l'exemple que je donne.

PHARNACE.

Vous pourriez à Colchos vous expliquer ainsi.

XIPHARÈS.

Je le puis à Colchos, et je le puis ici.

PHARNACE.

Ici vous y pourriez rencontrer votre perte.

SCÈNE IV.

MONIME, PHARNACE, XIPHARÈS, PHOEDIME.

PHOEDIME.

Princes, toute la mer est de vaisseaux couverte;
Et bientôt, démentànt le faux bruit de sa mort,
Mithridate lui-même arrive dans le port.

MONIME.

Mithridate!

XIPHARÈS.

Mon père!

PHARNACE.

Ah! que viens-je d'entendre!

PHOEDIME.

Quelques vaisseaux légers sont venus nous l'apprendre;

C'est lui-même : et déjà, pressé de son devoir,
Arbate loin du bord l'est allé recevoir.

XIPHARÈS, à Monime.

Qu'avons-nous fait !

MONIME, à Xipharès.

Adieu, prince. Quelle nouvelle !

SCÈNE V.

PHARNACE, XIPHARÈS.

PHARNACE, à part.

MITHRIDATE revient! Ah, fortune cruelle!
Ma vie et mon amour tous deux courent hasard.
Les Romains que j'attends arriveront trop tard :
Comment faire ?   (à Xipharès.)
J'entends que votre cœur soupire,
Et j'ai conçu l'adieu qu'elle vient de vous dire,
Prince : mais ce discours demande un autre temps;
Nous avons aujourd'hui des soins plus importants.
Mithridate revient, peut-être inexorable :
Plus il est malheureux, plus il est redoutable;
Le péril est pressant plus que vous ne pensez.
Nous sommes criminels; et vous le connoissez :
Rarement l'amitié désarme sa colère;
Ses propres fils n'ont point de juge plus sévère;
Et nous l'avons vu même à ses cruels soupçons
Sacrifier deux fils pour de moindres raisons.
Craignons pour vous, pour moi, pour la reine elle-même;

Je la plains d'autant plus que Mithridate l'aime :
Amant avec transport, mais jaloux sans retour,
Sa haine va toujours plus loin que son amour.
Ne vous assurez point sur l'amour qu'il vous porte :
Sa jalouse fureur n'en sera que plus forte.
Songez-y. Vous avez la faveur des soldats,
Et j'aurai des secours que je n'explique pas.
M'en croirez-vous ? courons assurer notre grace :
Rendons-nous, vous et moi, maîtres de cette place ;
Et faisons qu'à ses fils il ne puisse dicter
Que les conditions qu'ils voudront accepter.

XIPHARÈS.

Je sais quel est mon crime, et je connois mon père ;
Et j'ai par-dessus vous le crime de ma mère :
Mais, quelque amour encor qui me pût éblouir,
Quand mon père paroît je ne sais qu'obéir.

PHARNACE.

Soyons-nous donc au moins fidèles l'un à l'autre :
Vous savez mon secret ; j'ai pénétré le vôtre.
Le roi, toujours fertile en dangereux détours,
S'armera contre nous de nos moindres discours :
Vous savez sa coutume, et sous quelles tendresses
Sa haine sait cacher ses trompeuses adresses.
Allons ; puisqu'il le faut, je marche sur vos pas :
Mais en obéissant ne nous trahissons pas.

ACTE SECOND.

SCÈNE I.
MONIME, PHŒDIME.

PHŒDIME.

Quoi! vous êtes ici quand Mithridate arrive!
Quand, pour le recevoir, chacun court sur la rive!
Que faites-vous, madame? et quel ressouvenir
Tout à coup vous arrête, et vous fait revenir?
N'offenserez-vous point un roi qui vous adore,
Qui, presque votre époux....

MONIME.

Il ne l'est pas encore,
Phœdime; et jusque-là je crois que mon devoir
Est de l'attendre ici, sans l'aller recevoir.

PHŒDIME.

Mais ce n'est point, madame, un amant ordinaire.
Songez qu'à ce grand roi promise par un père
Vous avez de ses feux un gage solennel
Qu'il peut, quand il voudra, confirmer à l'autel.
Croyez-moi, montrez-vous; venez à sa rencontre.

MONIME.

Regarde en quel état tu veux que je me montre :

Vois ce visage en pleurs; et, loin de le chercher,
Dis-moi plutôt, dis-moi que je m'aille cacher.

PHŒDIME.

Que dites-vous? Oh dieux!

MONIME.

Ah! retour qui me tue!
Malheureuse, comment paroîtrai-je à sa vue,
Son diadème au front, et, dans le fond du cœur,
Phœdime.... Tu m'entends, et tu vois ma rougeur.

PHŒDIME.

Ainsi vous retombez dans les mêmes alarmes
Qui vous ont dans la Grèce arraché tant de larmes,
Et toujours Xipharès revient vous traverser.

MONIME.

Mon malheur est plus grand que tu ne peux penser :
Xipharès ne s'offroit alors à ma mémoire
Que tout plein de vertus, que tout brillant de gloire;
Et je ne savois pas que, pour moi plein de feux,
Xipharès des mortels fût le plus amoureux.

PHŒDIME.

Il vous aime, madame? Et ce héros aimable....

MONIME.

Est aussi malheureux que je suis misérable.
Il m'adore, Phœdime : et les mêmes douleurs
Qui m'affligeoient ici le tourmentoient ailleurs.

PHŒDIME.

Sait-il en sa faveur jusqu'où va votre estime?
Sait-il que vous l'aimez?

MONIME.

Il l'ignore, Phœdime.
Les dieux m'ont secourue; et mon cœur affermi
N'a rien dit, ou du moins n'a parlé qu'à demi.
Hélas! si tu savois, pour garder le silence,
Combien ce triste cœur s'est fait de violence,
Quels assauts, quels combats j'ai tantôt soutenus!
Phœdime, si je puis, je ne le verrai plus :
Malgré tous les efforts que je pourrois me faire,
Je verrois ses douleurs, je ne pourrois me taire.
Il viendra malgré moi m'arracher cet aveu :
Mais n'importe, s'il m'aime, il en jouira peu;
Je lui vendrai si cher ce bonheur qu'il ignore,
Qu'il vaudroit mieux pour lui qu'il l'ignorât encore.

PHŒDIME.

On vient. Que faites-vous, madame?

MONIME.

Je ne puis :
Je ne paroîtrai point, dans le trouble où je suis.

SCÈNE II.

MITHRIDATE, PHARNACE, XIPHARÈS, ARBATE, GARDES.

MITHRIDATE.

Princes, quelques raisons que vous me puissiez dire,
Votre devoir ici n'a point dû vous conduire,

Ni vous faire quitter, en de si grands besoins,
Vous, le Pont, vous, Colchos, confiés à vos soins.
Mais vous avez pour juge un père qui vous aime.
Vous avez cru des bruits que j'ai semés moi-même :
Je vous crois innocents, puisque vous le voulez,
Et je rends grace au ciel qui nous a rassemblés.
Tout vaincu que je suis, et voisin du naufrage,
Je médite un dessein digne de mon courage.
Vous en serez tantôt instruits plus amplement.
Allez, et laissez-moi reposer un moment.

SCÈNE III.

MITHRIDATE, ARBATE.

MITHRIDATE.

Enfin, après un an, tu me revois, Arbate,
Non plus, comme autrefois, cet heureux Mithridate
Qui, de Rome toujours balançant le destin,
Tenois entre elle et moi l'univers incertain :
Je suis vaincu. Pompée a saisi l'avantage
D'une nuit qui laissoit peu de place au courage : [1]

---

[1] Selon Plutarque, Pompée délibéra long-temps pour savoir s'il hasarderoit un combat ténébreux : mais, ajoute l'historien,

Les plus vieux capitaines et chefs de bandes lui firent tant de prières et tant de remontrances, que finalement ils l'esmeurent à faire tout promptement donner l'assaut, parcequ'il ne faisoit pas si obscur qu'on ne vist du tout goute, à cause

Mes soldats presque nus, dans l'ombre intimidés,
Les rangs de toutes parts mal pris et mal gardés,
Le désordre par-tout redoublant les alarmes,
Nous-mêmes contre nous tournant nos propres armes,
Les cris que les rochers renvoyoient plus affreux,
Enfin toute l'horreur d'un combat ténébreux ;
Que pouvoit la valeur dans ce trouble funeste ?
Les uns sont morts, la fuite a sauvé tout le reste ;
Et je ne dois la vie, en ce commun effroi,
Qu'au bruit de mon trépas que je laisse après moi.
Quelque temps inconnu, j'ai traversé le Phase ;
Et de là, pénétrant jusqu'au pied du Caucase,

---

que la lune qui estoit basse et prochaine de son coucher rendoit encore assez de clarté pour voir les corps des hommes : mais pour ce qu'elle baissoit fort, les ombres qui s'estendoient bien plus loin que les corps atteignoient de tout loin les ennemis, de sorte qu'ils ne pouvoient pour cela juger certainement la vraye distance qu'il y avoit jusques à eux, et comme s'ils eussent été tout auprès d'eux, ils leur lançoient leurs dards et javelots, dont ils n'assenoient personne pour ce qu'ils estoient trop loin. Ce que voyans les Romains leur coururent sus avec grands cris : mais les barbares ne les osèrent attendre, ainsi s'effroyerent, et leur tournerent le dos en fuyant à val de route, là où il en fut fait une grande boucherie : car il y en eut de tuez là plus de dix mille, et fut leur camp mesme pris. Quant à Mithridates, il fendit la presse des Romains dès le commencement de la meslée, avec bien environ huit cens chevaux, et passa outre : mais incontinent ses gens s'écarterent, les uns deçà, les autres delà, en manière qu'il se trouva seul avec trois autres. Vie de Pompée, chap. IX.

Bientôt, dans des vaisseaux sur l'Euxin préparés,
J'ai rejoint de mon camp les restes séparés.
Voilà par quels malheurs poussé dans le Bosphore
J'y trouve des malheurs qui m'attendoient encore.
Toujours du même amour tu me vois enflammé :
Ce cœur nourri de sang, et de guerre affamé,
Malgré le faix des ans et du sort qui m'opprime,
Traîne par-tout l'amour qui l'attache à Monime,
Et n'a point d'ennemis qui lui soient odieux
Plus que deux fils ingrats que je trouve en ces lieux.

ARBATE.

Deux fils, seigneur !

MITHRIDATE.

Écoute. A travers ma colère,
Je veux bien distinguer Xipharès de son frère.
Je sais que, de tout temps à mes ordres soumis,
Il hait autant que moi nos communs ennemis ;
Et j'ai vu sa valeur, à me plaire attachée,
Justifier pour lui ma tendresse cachée :
Je sais même, je sais avec quel désespoir,
A tout autre intérêt préférant son devoir,
Il courut démentir une mère infidèle,
Et tira de son crime une gloire nouvelle ;
Et je ne puis encor ni n'oserois penser
Que ce fils si fidèle ait voulu m'offenser.
Mais tous deux en ces lieux que pouvoient-ils attendre ?
L'un et l'autre à la reine ont-ils osé prétendre ?
Avec qui semble-t-elle en secret s'accorder ?

ACTE II, SCÈNE III.

Moi-même de quel œil dois-je ici l'aborder?
Parle. Quelque désir qui m'entraîne auprès d'elle,
Il me faut de leurs cœurs rendre un compte fidèle.
Qu'est-ce qui s'est passé? qu'as-tu vu? que sais-tu?
Depuis quel temps, pourquoi, comment t'es-tu rendu?

ARBATE.

Seigneur, depuis huit jours l'impatient Pharnace
Aborda le premier au pied de cette place,
Et, de votre trépas autorisant le bruit,
Dans ces murs aussitôt voulut être introduit.
Je ne m'arrêtai point à ce bruit téméraire;
Et je n'écoutois rien, si le prince son frère,
Bien moins par ses discours, seigneur, que par ses pleurs
Ne m'eût en arrivant confirmé vos malheurs.

MITHRIDATE.

Enfin, que firent-ils?

ARBATE.

Pharnace entroit à peine,
Qu'il courut de ses feux entretenir la reine,
Et s'offrit d'assurer, par un hymen prochain,
Le bandeau qu'elle avoit reçu de votre main.

MITHRIDATE.

Traître! sans lui donner le loisir de répandre
Les pleurs que son amour auroit dus à ma cendre!
Et son frère?

ARBATE.

Son frère, au moins jusqu'à ce jour,
Seigneur, dans ses desseins n'a point marqué d'amour;

Et toujours avec vous son cœur d'intelligence
N'a semblé respirer que guerre et que vengeance.

MITHRIDATE.

Mais encor, quel dessein le conduisoit ici?

ARBATE.

Seigneur, vous en serez tôt ou tard éclairci.

MITHRIDATE.

Parle, je te l'ordonne, et je veux tout apprendre.

ARBATE.

Seigneur, jusqu'à ce jour ce que j'ai pu comprendre,
Ce prince a cru pouvoir, après votre trépas,
Compter cette province au rang de ses états;
Et, sans connoître ici de lois que son courage,
Il venoit par la force appuyer son partage.

MITHRIDATE.

Ah! c'est le moindre prix qu'il se doit proposer,
Si le ciel de mon sort me laisse disposer.
Oui, je respire, Arbate, et ma joie est extrême :
Je tremblois, je l'avoue, et pour un fils que j'aime,
Et pour moi, qui craignois de perdre un tel appui,
Et d'avoir à combattre un rival tel que lui.
Que Pharnace m'offense, il offre à ma colère
Un rival dès long-temps soigneux de me déplaire,
Qui, toujours des Romains admirateur secret,
Ne s'est jamais contre eux déclaré qu'à regret;
Et s'il faut que pour lui Monime prévenue
Ait pu porter ailleurs une amour qui m'est due,

Malheur au criminel qui vient me la ravir,
Et qui m'ose offenser et n'ose me servir!
L'aime-t-elle?

ARBATE.

Seigneur, je vois venir la reine.

MITHRIDATE.

Dieux, qui voyez ici mon amour et ma haine,
Épargnez mes malheurs, et daignez empêcher
Que je ne trouve encor ceux que je vais chercher!
Arbate, c'est assez : qu'on me laisse avec elle.

SCÈNE IV.

MITHRIDATE, MONIME.

MITHRIDATE.

Madame, enfin le ciel près de vous me rappelle,
Et, secondant du moins mes plus tendres souhaits,
Vous rend à mon amour plus belle que jamais.
Je ne m'attendois pas que de notre hyménée
Je dusse voir si tard arriver la journée,
Ni qu'en vous retrouvant, mon funeste retour
Fît voir mon infortune, et non pas mon amour.
C'est pourtant cet amour qui, de tant de retraites,
Ne me laisse choisir que les lieux où vous êtes;
Et les plus grands malheurs pourront me sembler doux,
Si ma présence ici n'en est point un pour vous.
C'est vous en dire assez, si vous voulez m'entendre.

Vous devez à ce jour dès long-temps vous attendre;
Et vous portez, madame, un gage de ma foi,
Qui vous dit tous les jours que vous êtes à moi.
Allons donc assurer cette foi mutuelle.
Ma gloire loin d'ici vous et moi nous appelle;
Et, sans perdre un moment pour ce noble dessein,
Aujourd'hui votre époux, il faut partir demain.

MONIME.

Seigneur, vous pouvez tout : ceux par qui je respire
Vous ont cédé sur moi leur souverain empire;
Et, quand vous userez de ce droit tout-puissant,
Je ne vous répondrai qu'en vous obéissant.

MITHRIDATE.

Ainsi, prête à subir un joug qui vous opprime,
Vous n'allez à l'autel que comme une victime;
Et moi, tyran d'un cœur qui se refuse au mien,
Même en vous possédant je ne vous devrai rien.
Ah, madame! est-ce là de quoi me satisfaire?
Faut-il que désormais, renonçant à vous plaire,
Je ne prétende plus qu'à vous tyranniser?
Mes malheurs, en un mot, me font-ils mépriser?
Ah! pour tenter encor de nouvelles conquêtes
Quand je ne verrois pas des routes toutes prêtes,
Quand le sort ennemi m'auroit jeté plus bas,
Vaincu, persécuté, sans secours, sans états,
Errant de mers en mers, et moins roi que pirate,
Conservant pour tous biens le nom de Mithridate,
Apprenez que, suivi d'un nom si glorieux,

ACTE II, SCÈNE IV.

Par-tout de l'univers j'attacherois les yeux;
Et qu'il n'est point de rois, s'ils sont dignes de l'être,
Qui, sur le trône assis, n'enviassent peut-être
Au-dessus de leur gloire un naufrage élevé,
Que Rome et quarante ans ont à peine achevé.
Vous-même, d'un autre œil me verriez-vous, madame,
Si ces Grecs vos aïeux revivoient dans votre ame?
Et, puisqu'il faut enfin que je sois votre époux,
N'étoit-il pas plus noble et plus digne de vous
De joindre à ce devoir votre propre suffrage,
D'opposer votre estime au destin qui m'outrage,
Et de me rassurer, en flattant ma douleur,
Contre la défiance attachée au malheur?...
    Hé quoi! n'avez-vous rien, madame, à me répondre?
Tout mon empressement ne sert qu'à vous confondre.
Vous demeurez muette; et, loin de me parler,
Je vois, malgré vos soins, vos pleurs prêts à couler.

MONIME.

Moi, seigneur? je n'ai point de larmes à répandre.
J'obéis : n'est-ce pas assez me faire entendre?
Et ne suffit-il pas....

MITHRIDATE.

    Non, ce n'est pas assez.
Je vous entends ici mieux que vous ne pensez :
Je vois qu'on m'a dit vrai; ma juste jalousie
Par vos propres discours est trop bien éclaircie :
Je vois qu'un fils perfide, épris de vos beautés,

Vous a parlé d'amour, et que vous l'écoutez.
Je vous jette pour lui dans des craintes nouvelles :
Mais il jouira peu de vos pleurs infidèles,
Madame ; et désormais tout est sourd à mes lois,
Ou bien vous l'avez vu pour la dernière fois.
Appelez Xipharès.

MONIME.

Ah ! que voulez-vous faire ?
Xipharès....

MITHRIDATE

Xipharès n'a point trahi son père :
Vous vous pressez en vain de le désavouer ;
Et ma tendre amitié ne peut que s'en louer.
Ma honte en seroit moindre, ainsi que votre crime,
Si ce fils, en effet digne de votre estime,
A quelque amour encore avoit pu vous forcer.
Mais qu'un traître, qui n'est hardi qu'à m'offenser,
De qui nulle vertu n'accompagne l'audace,
Que Pharnace, en un mot, ait pu prendre ma place,
Qu'il soit aimé, madame, et que je sois haï....

SCÈNE V.

MITHRIDATE, MONIME, XIPHARÈS.

MITHRIDATE.

Venez, mon fils, venez, votre père est trahi.
Un fils audacieux insulte à ma ruine,

Traverse mes desseins, m'outrage, m'assassine,
Aime la reine enfin, lui plaît, et me ravit
Un cœur que son devoir à moi seul asservit.
Heureux pourtant, heureux, que dans cette disgrace
Je ne puisse accuser que la main de Pharnace;
Qu'une mère infidèle, un frère audacieux,
Vous présentent en vain leur exemple odieux!
Oui, mon fils, c'est vous seul sur qui je me repose,
Vous seul qu'aux grands desseins que mon cœur se propose
J'ai choisi dès long-temps pour digne compagnon,
L'héritier de mon sceptre, et sur-tout de mon nom.
Pharnace, en ce moment, et ma flamme offensée,
Ne peuvent pas tout seuls occuper ma pensée :
D'un voyage important les soins et les apprêts,
Mes vaisseaux qu'à partir il faut tenir tout prêts,
Mes soldats, dont je veux tenter la complaisance,
Dans ce même moment demandent ma présence.
Vous cependant ici veillez pour mon repos;
D'un rival insolent arrêtez les complots.
Ne quittez point la reine, et, s'il se peut, vous-même
Rendez-la moins contraire aux vœux d'un roi qui l'aime;
Détournez-la, mon fils, d'un choix injurieux :
Juge sans intérêt, vous la convaincrez mieux.
En un mot, c'est assez éprouver ma foiblesse :
Qu'elle ne pousse point cette même tendresse, [1]

---

[1] Racine a développé le sens d'un très beau vers d'Ovide. Médée, après avoir cherché à ramener Jason, lui dit qu'elle se

Que sais-je? à des fureurs dont mon cœur outragé
Ne se repentiroit qu'après s'être vengé.

SCÈNE VI.
MONIME, XIPHARÈS.

XIPHARÈS.

Que dirai-je, madame? et comment dois-je entendre
Cet ordre, ce discours que je ne puis comprendre?
Seroit-il vrai, grands dieux! que trop aimé de vous
Pharnace eût en effet mérité ce courroux?
Pharnace auroit-il part à ce désordre extrême?

MONIME.

Pharnace? oh ciel! Pharnace! Ah! qu'entends-je moi-même?
Ce n'est donc pas assez que ce funeste jour
A tout ce que j'aimois m'arrache sans retour,
Et que, de mon devoir esclave infortunée,
A d'éternels ennuis je me voie enchaînée;
Il faut qu'on joigne encor l'outrage à mes douleurs:
A l'amour de Pharnace on impute mes pleurs;
Malgré toute ma haine on veut qu'il m'ait su plaire.
Je le pardonne au roi, qu'aveugle sa colère,
Et qui de mes secrets ne peut être éclairci:
Mais vous, seigneur, mais vous, me traitez-vous ainsi?

---

livrera à tout ce que la colère lui inspirera, dût-elle ensuite s'en repentir :

« Quò feret ira, sequar : facti fortassè pigebit. »

Heroides, Medea Jasoni, vers, 209.

XIPHARÈS.

Ah! madame, excusez un amant qui s'égare,
Qui lui-même, lié par un devoir barbare,
Se voit près de tout perdre, et n'ose se venger.
Mais des fureurs du roi que puis-je enfin juger?
Il se plaint qu'à ses vœux un autre amour s'oppose :
Quel heureux criminel en peut être la cause?
Qui? Parlez.

MONIME.

Vous cherchez, prince, à vous tourmenter.
Plaignez votre malheur, sans vouloir l'augmenter.

XIPHARÈS.

Je sais trop quel tourment je m'apprête moi-même.
C'est peu de voir un père épouser ce que j'aime ;
Voir encore un rival honoré de vos pleurs,
Sans doute c'est pour moi le comble des malheurs :
Mais dans mon désespoir je cherche à les accroître.
Madame, par pitié, faites-le-moi connoître :
Quel est-il cet amant? qui dois-je soupçonner?

MONIME.

Avez-vous tant de peine à vous l'imaginer?
Tantôt, quand je fuyois une injuste contrainte,
A qui contre Pharnace ai-je adressé ma plainte?
Sous quel appui tantôt mon cœur s'est-il jeté?
Quel amour ai-je enfin sans colère écouté?

XIPHARÈS.

Oh ciel! Quoi! je serois ce bienheureux coupable

Que vous avez pu voir d'un regard favorable?
Vos pleurs pour Xipharès auroient daigné couler?

MONIME.

Oui, prince : il n'est plus temps de le dissimuler;
Ma douleur pour se taire a trop de violence.
Un rigoureux devoir me condamne au silence;
Mais il faut bien enfin, malgré ses dures lois,
Parler pour la première et la dernière fois.
Vous m'aimez dès long-temps : une égale tendresse
Pour vous depuis long-temps m'afflige et m'intéresse.
Songez depuis quel jour ces funestes appas
Firent naître un amour qu'ils ne méritoient pas;
Rappelez un espoir qui ne vous dura guère,
Le trouble où vous jeta l'amour de votre père,
Le tourment de me perdre et de le voir heureux,
Les rigueurs d'un devoir contraire à tous vos vœux :
Vous n'en sauriez, seigneur, retracer la mémoire,
Ni conter vos malheurs, sans conter mon histoire;
Et, lorsque ce matin j'en écoutois le cours,
Mon cœur vous répondoit tous vos mêmes discours.
Inutile, ou plutôt funeste sympathie!
Trop parfaite union par le sort démentie!
Ah! par quel soin cruel le ciel avoit-il joint
Deux cœurs que l'un pour l'autre il ne destinoit point!
Car quel que soit vers vous le penchant qui m'attire,
Je vous le dis, seigneur, pour ne plus vous le dire,
Ma gloire me rappelle, et m'entraîne à l'autel,
Où je vais vous jurer un silence éternel.

J'entends, vous gémissez : mais telle est ma misère,
Je ne suis point à vous, je suis à votre père.
Dans ce dessein vous-même il faut me soutenir,
Et de mon foible cœur m'aider à vous bannir :
J'attends du moins, j'attends de votre complaisance
Que désormais par-tout vous fuirez ma présence.
J'en viens de dire assez pour vous persuader
Que j'ai trop de raisons de vous le commander.
Mais après ce moment, si ce cœur magnanime
D'un véritable amour a brûlé pour Monime,
Je ne reconnois plus la foi de vos discours,
Qu'au soin que vous prendrez de m'éviter toujours.

XIPHARÈS.

Quelle marque, grands dieux! d'un amour déplorable!
Combien, en un moment, heureux et misérable!
De quel comble de gloire et de félicités
Dans quel abîme affreux vous me précipitez!
Quoi! j'aurai pu toucher un cœur comme le vôtre;
Vous aurez pu m'aimer; et cependant un autre
Possèdera ce cœur dont j'attirois les vœux!
Père injuste, cruel, mais d'ailleurs malheureux!...
Vous voulez que je fuie et que je vous évite;
Et cependant le roi m'attache à votre suite.
Que dira-t-il?

MONIME.

N'importe, il me faut obéir.
Inventez des raisons qui puissent l'éblouir.
D'un héros tel que vous c'est là l'effort suprême :

Cherchez, prince, cherchez, pour vous trahir vous-même,
Tout ce que, pour jouir de leurs contentements,
L'amour fait inventer aux vulgaires amants.
Enfin, je me connois, il y va de ma vie :
De mes foibles efforts ma vertu se défie. [1]
Je sais qu'en vous voyant un tendre souvenir [2]
Peut m'arracher du cœur quelque indigne soupir;
Que je verrai mon ame, en secret déchirée,
Revoler vers le bien dont elle est séparée :
Mais je sais bien aussi que, s'il dépend de vous

---

[1] Dans Polyeucte, acte II., scène iv, Pauline, qui est à peu près dans une pareille situation, témoigne la même défiance d'elle-même :

> Mon père, je suis femme, et je sais ma foiblesse;
> Je sens déjà mon cœur qui pour lui s'intéresse,
> Et poussera sans doute, en dépit de ma foi,
> Quelque soupir indigne et de vous et de moi.

[2] Pauline exprime à Sévère les mêmes sentiments.

> Polyeucte, acte II, scène ij :
> Ma raison, il est vrai, domte mes sentiments :
> Mais quelque autorité que sur eux elle ait prise,
> Elle n'y règne pas, elle les tyrannise;
> Et quoique le dehors soit sans émotion,
> Le dedans n'est que trouble et que sédition.
> Un je ne sais quel charme encor vers vous m'emporte.
> ....
> Mais ce même devoir qui me vainquit dans Rome,
> Et qui me range ici dessous les lois d'un homme,
> Repousse encor si bien l'effort de tant d'appas,
> Qu'il déchire mon ame, et ne l'ébranle pas.

ACTE II, SCÈNE VI.

De me faire chérir un souvenir si doux,
Vous n'empêcherez pas que ma gloire offensée
N'en punisse aussitôt la coupable pensée,
Que ma main dans mon cœur ne vous aille chercher
Pour y laver ma honte et vous en arracher.
Que dis-je? en ce moment, le dernier qui nous reste,
Je me sens arrêter par un plaisir funeste :[1]
Plus je vous parle, et plus, trop foible que je suis,
Je cherche à prolonger le péril que je fuis.
Il faut pourtant, il faut se faire violence;
Et, sans perdre en adieux un reste de constance,
Je fuis. Souvenez-vous, prince, de m'éviter;
Et méritez les pleurs que vous m'allez coûter.

XIPHARÈS.

Ah, madame!... Elle fuit et ne veut plus m'entendre.

---

[1] Pauline avant de se séparer de Sévère éprouve de même un retour de tendresse qu'elle a peine à surmonter :

    Hélas! cette vertu, quoique enfin invincible,
    Ne laisse que trop voir une ame trop sensible.
    Ces pleurs en sont témoins, et ces lâches soupirs,
    Qu'arrachent de nos feux les cruels souvenirs :
    Trop rigoureux effets d'une aimable présence,
    Contre qui mon devoir a trop peu de défense.
    Mais si vous estimez ce généreux devoir,
    Conservez-m'en la gloire, et cessez de me voir.
    Épargnez-moi des pleurs qui coulent à ma honte,
    Épargnez-moi des feux qu'à regret je surmonte;
    Enfin épargnez-moi ces tristes entretiens,
    Qui ne font qu'irriter vos tourments et les miens.

Malheureux Xipharès, quel parti dois-tu prendre?
On t'aime : on te bannit : toi-même tu vois bien
Que ton propre devoir s'accorde avec le sien.
Cours par un prompt trépas abréger ton supplice.
Toutefois attendons que son sort s'éclaircisse;
Et s'il faut qu'un rival la ravisse à ma foi,
Du moins en expirant ne la cédons qu'au roi.

FIN DU SECOND ACTE.

ACTE TROISIÈME.

SCÈNE I.

MITHRIDATE, PHARNACE, XIPHARÈS.

MITHRIDATE.

Approchez, mes enfants. Enfin l'heure est venue
Qu'il faut que mon secret éclate à votre vue :
A mes nobles projets je vois tout conspirer ;
Il ne me reste plus qu'à vous les déclarer.

Je fuis : ainsi le veut la fortune ennemie.
Mais vous savez trop bien l'histoire de ma vie
Pour croire que long-temps, soigneux de me cacher,
J'attende en ces déserts qu'on me vienne chercher.
La guerre a ses faveurs, ainsi que ses disgraces :
Déjà plus d'une fois, retournant sur mes traces,[1]
Tandis que l'ennemi, par ma fuite trompé,
Tenoit après son char un vain peuple occupé,

---

[1] Racine a parfaitement rendu l'idée que les anciens nous donnent de la tactique de Mithridate. Voici ce qu'en dit Plutarque, vie de Pompée, chap. XI :

Mithridate étoit bien mal aisé à chasser et prendre par armes, et plus difficile à vaincre quand il fuyoit que quand il combattoit.

Et, gravant en airain ses frêles avantages,
De mes états conquis enchaînoit les images,
Le Bosphore m'a vu, par de nouveaux apprêts,
Ramener la terreur du fond de ses marais,
Et, chassant les Romains de l'Asie étonnée,
Renverser en un jour l'ouvrage d'une année.
D'autres temps, d'autres soins. L'Orient accablé
Ne peut plus soutenir leur effort redoublé :
Il voit plus que jamais ses campagnes couvertes
De Romains que la guerre enrichit de nos pertes.
Des biens des nations ravisseurs altérés,
Le bruit de nos trésors les a tous attirés ;
Ils y courent en foule, et, jaloux l'un de l'autre,
Désertent leur pays pour inonder le nôtre.
Moi seul je leur résiste : ou lassés, ou soumis,
Ma funeste amitié pèse à tous mes amis ;
Chacun à ce fardeau veut dérober sa tête.
Le grand nom de Pompée assure sa conquête ;
C'est l'effroi de l'Asie ; et, loin de l'y chercher,
C'est à Rome, mes fils, que je prétends marcher.

Ce dessein vous surprend ; et vous croyez peut-être
Que le seul désespoir aujourd'hui le fait naître.
J'excuse votre erreur : et, pour être approuvés,
De semblables projets veulent être achevés.
Ne vous figurez point que de cette contrée
Par d'éternels remparts Rome soit séparée :
Je sais tous les chemins par où je dois passer ;
Et, si la mort bientôt ne me vient traverser,

ACTE III, SCÈNE I.

Sans reculer plus loin l'effet de ma parole,
Je vous rends dans trois mois au pied du Capitole.[1]
Doutez-vous que l'Euxin ne me porte en deux jours
Aux lieux où le Danube y vient finir son cours?
Que du Scythe avec moi l'alliance jurée
De l'Europe en ces lieux ne me livre l'entrée?
Recueilli dans leurs ports, accru de leurs soldats,
Nous verrons notre camp grossir à chaque pas.
Daces, Pannoniens, la fière Germanie,

---

[1] Rollin, dans son Histoire Ancienne, a fait un excellent résumé de ce que les anciens ont dit sur ce projet de Mithridate:

Mithridate, dit-il, loin de perdre courage, avoit formé le dessein de traverser la Pannonie, et, en passant les Alpes, d'aller attaquer les Romains dans l'Italie même, comme avoit fait Annibal : projet plus hardi que prudent, et qui lui avoit été inspiré par sa haine invétérée et par un désespoir aveugle. Un grand nombre de Scythes de son voisinage étoient entrés dans ses troupes, et avoient grossi considérablement son armée. Il avoit envoyé des députés en Gaule solliciter les peuples de se joindre à lui quand il approcheroit des Alpes. Comme les grandes passions sont toujours fort crédules, et qu'on se flatte aisément de tout ce qu'on désire avec ardeur, il espéroit que le feu de la révolte parmi les esclaves d'Italie et de Sicile, peut-être mal éteint, pourroit se rallumer tout à coup à sa présence ; que les pirates reprendroient bientôt l'empire de la mer, et susciteroient de nouvelles affaires aux Romains ; et que les peuples, accablés par l'avarice et la cruauté des magistrats et des généraux, seroient ravis de se tirer par son moyen de l'oppression sous laquelle ils gémissoient depuis long-temps. Voilà les pensées qu'il rouloit dans son esprit.

Tous n'attendent qu'un chef contre la tyrannie :
Vous avez vu l'Espagne, et sur-tout les Gaulois,
Contre ces mêmes murs qu'ils ont pris autrefois
Exciter ma vengeance, et, jusque dans la Grèce,
Par des ambassadeurs accuser ma paresse :
Ils savent que, sur eux prêt à se déborder,
Ce torrent, s'il m'entraîne, ira tout inonder ;[1]
Et vous les verrez tous, prévenant son ravage,
Guider dans l'Italie et suivre mon passage.

C'est là qu'en arrivant, plus qu'en tout le chemin,
Vous trouverez par-tout l'horreur du nom romain,
Et la triste Italie encor toute fumante
Des feux qu'a rallumés sa liberté mourante.
Non, princes, ce n'est point au bout de l'univers
Que Rome fait sentir tout le poids de ses fers :

---

[1] Dans une lettre qui nous a été conservée par Salluste, Mithridate fait valoir la même raison à Arsace, roi des Parthes :

« Namque Romanis cum nationibus, populis, regibus cunc-
« tis, una et ea vetus causa bellandi est, cupido profunda im-
« perii et divitiarum.... Nunc, quæso, considera nobis oppressis,
« utrùm firmiorem te ad resistendum, an finem belli futurum
« putes? »

C'est à tous les peuples, à toutes les nations, à tous les rois que les Romains en veulent ; et deux motifs également anciens et puissants leur mettent les armes à la main, l'ambition effrénée d'étendre leurs conquêtes, et la soif insatiable des richesses... Examinez, je vous prie, si, lorsque nous aurons été accablés, vous serez plus en état de vous défendre, et si vous croyez que la guerre sera alors terminée.

ACTE III, SCÈNE I.

Et de près inspirant les haines les plus fortes,
Tes plus grands ennemis, Rome, sont à tes portes.
Ah! s'ils ont pu choisir pour leur libérateur
Spartacus, un esclave, un vil gladiateur;
S'ils suivent au combat des brigands qui les vengent;
De quelle noble ardeur pensez-vous qu'ils se rangent
Sous les drapeaux d'un roi long-temps victorieux,
Qui voit jusqu'à Cyrus remonter ses aïeux ? [1]
Que dis-je? en quel état croyez-vous la surprendre?
Vide de légions qui la puissent défendre,
Tandis que tout s'occupe à me persécuter,
Leurs femmes, leurs enfants pourront-ils m'arrêter?

Marchons, et dans son sein rejetons cette guerre
Que sa fureur envoie aux deux bouts de la terre;
Attaquons dans leurs murs ces conquérants si fiers;
Qu'ils tremblent à leur tour pour leurs propres foyers.
Annibal l'a prédit, croyons-en ce grand homme:
Jamais on ne vaincra les Romains que dans Rome.
Noyons-la dans son sang justement répandu:
Brûlons ce Capitole où j'étois attendu:

---

[1] Mithridate étoit d'une maison qui avoit donné une longue suite de rois au royaume de Pont. Le chef de cette maison étoit fils de Darius surnommé Artabazane, qui fut le concurrent de Xerxès pour le trône de Perse, et qui fut fait roi de Pont pour le consoler de la préférence accordée à Xerxès. Sa postérité jouit de ce royaume pendant dix-sept générations. Mithridate Eupator, le héros de cette tragédie, étoit le seizième roi de cette maison. FLORUS.

Détruisons ses honneurs, et faisons disparoître
La honte de cent rois, et la mienne peut-être;
Et, la flamme à la main, effaçons tous ces noms
Que Rome y consacroit à d'éternels affronts.
  Voilà l'ambition dont mon ame est saisie.
Ne croyez point pourtant qu'éloigné de l'Asie
J'en laisse les Romains tranquilles possesseurs :
Je sais où je lui dois trouver des défenseurs;
Je veux que, d'ennemis par-tout enveloppée,
Rome rappelle en vain le secours de Pompée.
Le Parthe, des Romains comme moi la terreur,
Consent de succéder à ma juste fureur;
Prêt d'unir avec moi sa haine et sa famille,
Il me demande un fils pour époux à sa fille.
Cet honneur vous regarde, et j'ai fait choix de vous,
Pharnace : allez, soyez ce bienheureux époux.
Demain, sans différer, je prétends que l'aurore
Découvre mes vaisseaux déjà loin du Bosphore :
Vous, que rien n'y retient, partez dès ce moment;
Et méritez mon choix par votre empressement;
Achevez cet hymen; et, repassant l'Euphrate,
Faites voir à l'Asie un autre Mithridate.
Que nos tyrans communs en pâlissent d'effroi;
Et que le bruit à Rome en vienne jusqu'à moi.

PHARNACE.

Seigneur, je ne vous puis déguiser ma surprise.
J'écoute avec transport cette grande entreprise;
Je l'admire; et jamais un plus hardi desscin

ACTE III, SCÈNE I.

Ne mit à des vaincus les armes à la main :
Sur-tout j'admire en vous ce cœur infatigable
Qui semble s'affermir sous le faix qui l'accable.
Mais, si j'ose parler avec sincérité,
En êtes-vous réduit à cette extrémité ?
Pourquoi tenter si loin des courses inutiles,
Quand vos états encor vous offrent tant d'asiles ?
Et vouloir affronter des travaux infinis,
Dignes plutôt d'un chef de malheureux bannis,
Que d'un roi qui naguère avec quelque apparence
De l'aurore au couchant portoit son espérance,
Fondoit sur trente états son trône florissant,
Dont le débris est même un empire puissant ?
Vous seul, seigneur, vous seul, après quarante années,
Pouvez encor lutter contre les destinées.
Implacable ennemi de Rome et du repos,
Comptez-vous vos soldats pour autant de héros ?
Pensez-vous que ces cœurs, tremblants de leur défaite,
Fatigués d'une longue et pénible retraite,
Cherchent avidement sous un ciel étranger
La mort, et le travail pire que le danger ?
Vaincus plus d'une fois aux yeux de la patrie,
Soutiendront-ils ailleurs un vainqueur en furie ?
Sera-t-il moins terrible, et le vaincront-ils mieux,
Dans le sein de sa ville, à l'aspect de ses dieux ?

 Le Parthe vous recherche, et vous demande un gendre.
Mais ce Parthe, seigneur, ardent à nous défendre
Lorsque tout l'univers sembloit nous protéger,

D'un gendre sans appui voudra-t-il se charger?
M'en irai-je, moi seul, rebut de la fortune,
Essuyer l'inconstance au Parthe si commune;
Et peut-être, pour fruit d'un téméraire amour,
Exposer votre nom au mépris de sa cour?
Du moins, s'il faut céder, si, contre notre usage,
Il faut d'un suppliant emprunter le visage,
Sans m'envoyer du Parthe embrasser les genoux,
Sans vous-même implorer des rois moindres que vous,
Ne pourrions-nous pas prendre une plus sûre voie?
Jetons-nous dans les bras qu'on nous tend avec joie :
Rome en votre faveur facile à s'apaiser....

XIPHARÈS.

Rome, mon frère! Oh ciel! qu'osez-vous proposer?
Vous voulez que le roi s'abaisse et s'humilie?
Qu'il démente en un jour tout le cours de sa vie?
Qu'il se fie aux Romains, et subisse des lois
Dont il a quarante ans défendu tous les rois?
   Continuez, seigneur. Tout vaincu que vous êtes,
La guerre, les périls sont vos seules retraites.
Rome poursuit en vous un ennemi fatal
Plus conjuré contre elle et plus craint qu'Annibal.
Tout couvert de son sang, quoi que vous puissiez faire,
N'en attendez jamais qu'une paix sanguinaire, [1]

---

[1] Ce trait est rapporté par Cicéron dans son discours *pro lege Maniliâ* :

« Is uno die, totâ Asiâ, tot in civitatibus, uno nuncio atque

ACTE III, SCÈNE I.

Telle qu'en un seul jour un ordre de vos mains
La donna dans l'Asie à cent mille Romains.

Toutefois épargnez votre tête sacrée :
Vous-même n'allez point de contrée en contrée
Montrer aux nations Mithridate détruit,
Et de votre grand nom diminuer le bruit.
Votre vengeance est juste ; il la faut entreprendre :
Brûlez le Capitole, et mettez Rome en cendre.
Mais c'est assez pour vous d'en ouvrir les chemins :
Faites porter ce feu par de plus jeunes mains ;
Et tandis que l'Asie occupera Pharnace,
De cette autre entreprise honorez mon audace.
Commandez : laissez-nous, de votre nom suivis,
Justifier par-tout que nous sommes vos fils.
Embrasez par nos mains le couchant et l'aurore ;
Remplissez l'univers, sans sortir du Bosphore ;
Que les Romains, pressés de l'un à l'autre bout,

« unâ litterarum significatione, cives Romanos necandos truci-
« dandosque denotavit. » Cet ordre fut envoyé d'Ephèse.

Selon Plutarque, le nombre des Romains égorgés se porta à cent cinquante mille :

Lorsque Sylla fit la paix avec Mithridate, dit-il, ses soldats ne pouvoient supporter de voir ce roy-là qui estoit le plus grand, le plus aspre et le plus cruel ennemi qu'ils eussent, comme celuy qui en un seul jour avoit fait tuer cent cinquante mille Romains qui estoient par toute l'Asie, s'en aller sain et sauf avec les richesses et les dépouilles de cette province.

Vie de Sylla, chap. X.

Doutent où vous serez, et vous trouvent par-tout.
   Dès ce même moment ordonnez que je parte.
Ici tout vous retient; et moi, tout m'en écarte :
Et, si ce grand dessein surpasse ma valeur,
Du moins ce désespoir convient à mon malheur.
Trop heureux d'avancer la fin de ma misère,
J'irai.... J'effacerai le crime de ma mère :
Seigneur, vous m'en voyez rougir à vos genoux;
J'ai honte de me voir si peu digne de vous;
Tout mon sang doit laver une tache si noire.
Mais je cherche un trépas utile à votre gloire;
Et Rome, unique objet d'un désespoir si beau,
Du fils de Mithridate est le digne tombeau.

MITHRIDATE, se levant.

Mon fils, ne parlons plus d'une mère infidèle.
Votre père est content, il connoît votre zèle,
Et ne vous verra point affronter de danger
Qu'avec vous son amour ne veuille partager :
Vous me suivrez : je veux que rien ne nous sépare.
   Et vous, à m'obéir, prince, qu'on se prépare;
Les vaisseaux sont tout prêts : j'ai moi-même ordonné
La suite et l'appareil qui vous est destiné.
Arbate, à cet hymen chargé de vous conduire,
De votre obéissance aura soin de m'instruire.
Allez; et soutenant l'honneur de vos aïeux,
Dans cet embrassement recevez mes adieux.

PHARNACE.

Seigneur....

ACTE III, SCENE I.

MITHRIDATE.

Ma volonté, prince, vous doit suffire.
Obéissez. C'est trop vous le faire redire.

PHARNACE.

Seigneur, si, pour vous plaire, il ne faut que périr,
Plus ardent qu'aucun autre on m'y verra courir :
Combattant à vos yeux permettez que je meure.

MITHRIDATE.

Je vous ai commandé de partir tout à l'heure.
Mais après ce moment.... Prince, vous m'entendez,
Et vous êtes perdu si vous me répondez.

PHARNACE.

Dussiez-vous présenter mille morts à ma vue,
Je ne saurois chercher une fille inconnue.
Ma vie est en vos mains.

MITHRIDATE.

Ah! c'est où je t'attends.
Tu ne saurois partir, perfide! et je t'entends.
Je sais pourquoi tu fuis l'hymen où je t'envoie :
Il te fâche en ces lieux d'abandonner ta proie ;
Monime te retient ; ton amour criminel
Prétendoit l'arracher à l'hymen paternel.
Ni l'ardeur dont tu sais que je l'ai recherchée,
Ni déjà sur son front ma couronne attachée,
Ni cet asile même où je la fais garder,
Ni mon juste courroux, n'ont pu t'intimider.
Traître! pour les Romains tes lâches complaisances
N'étoient pas à mes yeux d'assez noires offenses ;

Il te manquoit encor ces perfides amours
Pour être le supplice et l'horreur de mes jours.
Loin de t'en repentir, je vois sur ton visage
Que ta confusion ne part que de ta rage :
Il te tarde déjà qu'échappé de mes mains
Tu ne coures me perdre, et me vendre aux Romains.
Mais, avant que partir, je me ferai justice :
Je te l'ai dit. Holà, gardes !

SCÈNE II.

MITHRIDATE, PHARNACE, XIPHARÈS,
GARDES.

MITHRIDATE.

Qu'on le saisisse.
Oui, lui-même, Pharnace. Allez ; et de ce pas
Qu'enfermé dans la tour on ne le quitte pas.

PHARNACE.

Hé bien, sans me parer d'une innocence vaine,
Il est vrai, mon amour mérite votre haine :
J'aime. L'on vous a fait un fidèle récit.
Mais Xipharès, seigneur, ne vous a pas tout dit ;
C'est le moindre secret qu'il pouvoit vous apprendre.
Et ce fils si fidèle a dû vous faire entendre
Que, des mêmes ardeurs dès long-temps enflammé,
Il aime aussi la reine, et même en est aimé.

SCÈNE III.

MITHRIDATE, XIPHARÈS.

XIPHARÈS.

Seigneur, le croirez-vous qu'un dessein si coupable....

MITHRIDATE.

Mon fils, je sais de quoi votre frère est capable.
Me préserve le ciel de soupçonner jamais
Que d'un prix si cruel vous payiez mes bienfaits;
Qu'un fils qui fut toujours le bonheur de ma vie
Ait pu percer ce cœur qu'un père lui confie!
Je ne le croirai point. Allez : loin d'y songer,
Je ne vais désormais penser qu'à nous venger.

SCÈNE IV.

MITHRIDATE.

Je ne le croirai point? Vain espoir qui me flatte!
Tu ne le crois que trop, malheureux Mithridate!
Xipharès mon rival? et, d'accord avec lui,
La reine auroit osé me tromper aujourd'hui?
Quoi! de quelque côté que je tourne la vue,
La foi de tous les cœurs est pour moi disparue!
Tout m'abandonne ailleurs! tout me trahit ici!
Pharnace, amis, maîtresse! et toi, mon fils, aussi!
Toi de qui la vertu consolant ma disgrace....
Mais ne connois-je pas le perfide Pharnace?

Quelle foiblesse à moi d'en croire un furieux
Qu'arme contre son frère un courroux envieux,
Ou dont le désespoir, me troublant par des fables,
Grossit pour se sauver le nombre des coupables!
Non, ne l'en croyons point; et, sans trop nous presser,
Voyons, examinons. Mais par où commencer?
Qui m'en éclaircira? quels témoins, quel indice?...
Le ciel en ce moment m'inspire un artifice.
Qu'on appelle la reine. Oui, sans aller plus loin,
Je veux l'ouïr : mon choix s'arrête à ce témoin.
L'amour avidement croit tout ce qui le flatte.
Qui peut de son vainqueur mieux parler que l'ingrate?
Voyons qui son amour accusera des deux.
S'il n'est digne de moi le piège est digne d'eux.
Trompons qui nous trahit : et, pour connoître un traître,
Il n'est point de moyens.... Mais je la vois paroître :
Feignons; et de son cœur, d'un vain espoir flatté,
Par un mensonge adroit tirons la vérité.

SCÈNE V.

MITHRIDATE, MONIME.

MITHRIDATE.

Enfin j'ouvre les yeux, et je me fais justice :
C'est faire à vos beautés un triste sacrifice,
Que de vous présenter, madame, avec ma foi,
Tout l'âge et le malheur que je traîne avec moi.

ACTE III, SCÈNE V.

Jusqu'ici la fortune et la victoire mêmes
Cachoient mes cheveux blancs sous trente diadèmes.
Mais ce temps-là n'est plus : je régnois ; et je fuis :
Mes ans se sont accrus ; mes honneurs sont détruits ;
Et mon front, dépouillé d'un si noble avantage,
Du temps qui l'a flétri laisse voir tout l'outrage.
D'ailleurs mille desseins partagent mes esprits :
D'un camp prêt à partir vous entendez les cris ;
Sortant de mes vaisseaux, il faut que j'y remonte.
Quel temps pour un hymen, qu'une fuite si prompte,
Madame ! Et de quel front vous unir à mon sort,
Quand je ne cherche plus que la guerre et la mort?
Cessez pourtant, cessez de prétendre à Pharnace :
Quand je me fais justice il faut qu'on se la fasse.
Je ne souffrirai point que ce fils odieux,
Que je viens pour jamais de bannir de mes yeux,
Possédant une amour qui me fut déniée,
Vous fasse des Romains devenir l'alliée.
Mon trône vous est dû : loin de m'en repentir,
Je vous y place même avant que de partir,
Pourvu que vous vouliez qu'une main qui m'est chère,
Un fils, le digne objet de l'amour de son père,
Xipharès, en un mot, devenant votre époux,
Me venge de Pharnace, et m'acquitte envers vous.

MONIME.

Xipharès ! lui, seigneur?

MITHRIDATE.

Oui, lui-même, madame.

D'où peut naître à ce nom le trouble de votre ame?
Contre un si juste choix qui peut vous révolter?
Est-ce quelque mépris qu'on ne puisse domter?
Je le répète encor; c'est un autre moi-même,
Un fils victorieux, qui me chérit, que j'aime,
L'ennemi des Romains, l'héritier et l'appui
D'un empire et d'un nom qui va renaître en lui;
Et, quoi que votre amour ait osé se promettre,
Ce n'est qu'entre ses mains que je puis vous remettre.

MONIME.

Que dites-vous? Oh ciel! Pourriez-vous approuver....
Pourquoi, seigneur, pourquoi voulez-vous m'éprouver?
Cessez de tourmenter une ame infortunée :
Je sais que c'est à vous que je fus destinée;
Je sais qu'en ce moment, pour ce nœud solennel,
La victime, seigneur, nous attend à l'autel.
Venez.

MITHRIDATE.

  Je le vois bien : quelque effort que je fasse,
Madame, vous voulez vous garder à Pharnace.
Je reconnois toujours vos injustes mépris;
Ils ont même passé sur mon malheureux fils.

MONIME.

Je le méprise!

MITHRIDATE.

  Hé bien, n'en parlons plus, madame:
Continuez; brûlez d'une honteuse flamme.
Tandis qu'avec mon fils je vais, loin de vos yeux,

ACTE III, SCÈNE V.

Chercher au bout du monde un trépas glorieux,
Vous cependant ici servez avec son frère,
Et vendez aux Romains le sang de votre père.
Venez : je ne saurois mieux punir vos dédains,
Qu'en vous mettant moi-même en ses serviles mains;
Et, sans plus me charger du soin de votre gloire,
Je veux laisser de vous jusqu'à votre mémoire.
Allons, madame, allons. Je m'en vais vous unir.

MONIME.

Plutôt de mille morts dussiez-vous me punir!

MITHRIDATE.

Vous résistez en vain, et j'entends votre fuite.

MONIME.

En quelle extrémité, seigneur, suis-je réduite!
Mais enfin je vous crois, et je ne puis penser
Qu'à feindre si long-temps vous puissiez vous forcer.
Les dieux me sont témoins qu'à vous plaire bornée
Mon ame à tout son sort s'étoit abandonnée.
Mais si quelque foiblesse avoit pu m'alarmer,
Si de tous ses efforts mon cœur a dû s'armer,
Ne croyez point, seigneur, qu'auteur de mes alarmes
Pharnace m'ait jamais coûté les moindres larmes.
Ce fils victorieux que vous favorisez,
Cette vivante image en qui vous vous plaisez,
Cet ennemi de Rome, et cet autre vous-même,
Enfin, ce Xipharès que vous voulez que j'aime....

MITHRIDATE.

Vous l'aimez?

MONIME.
Si le sort ne m'eût donnée à vous,
Mon bonheur dépendoit de l'avoir pour époux.
Avant que votre amour m'eût envoyé ce gage,
Nous nous aimions. Seigneur, vous changez de visage !
MITHRIDATE.
Non, madame. Il suffit. Je vais vous l'envoyer.
Allez. Le temps est cher, il le faut employer.
Je vois qu'à m'obéir vous êtes disposée :
Je suis content.
MONIME, en s'en allant.
Oh ciel ! me serois-je abusée ?

SCÈNE VI.

MITHRIDATE.

Ils s'aiment. C'est ainsi qu'on se jouoit de nous.
Ah ! fils ingrat, tu vas me répondre pour tous ;
Tu périras. Je sais combien ta renommée
Et tes fausses vertus ont séduit mon armée :
Perfide, je te veux porter des coups certains ;
Il faut pour te mieux perdre écarter les mutins,
Et, faisant à mes yeux partir les plus rebelles,
Ne garder près de moi que des troupes fidèles.
Allons. Mais, sans montrer un visage offensé,
Dissimulons encor, comme j'ai commencé.

FIN DU TROISIÈME ACTE.

ACTE QUATRIÈME.

SCÈNE I.
MONIME, PHOEDIME.

MONIME.

Phoedime, au nom des dieux, fais ce que je désire;
Va voir ce qui se passe, et reviens me le dire.
Je ne sais; mais mon cœur ne se peut rassurer :
Mille soupçons affreux viennent me déchirer.
Que tarde Xipharès! Et d'où vient qu'il diffère
A seconder des vœux qu'autorise son père?
Son père, en me quittant, me l'alloit envoyer....
Mais il feignoit peut-être. Il falloit tout nier.
Le roi feignoit! Et moi, découvrant ma pensée....
O dieux, en ce péril m'auriez-vous délaissée?
Et se pourroit-il bien qu'à son ressentiment
Mon amour indiscret eût livré mon amant?
Quoi, prince! quand tout plein de ton amour extrême
Pour savoir mon secret tu me pressois toi-même,
Mes refus trop cruels vingt fois te l'ont caché;
Je t'ai même puni de l'avoir arraché :
Et quand de toi peut-être un père se défie,
Que dis-je? quand peut-être il y va de ta vie,

Je parle ; et, trop facile à me laisser tromper,
Je lui marque le cœur où sa main doit frapper !

PHŒDIME.

Ah ! traitez-le, madame, avec plus de justice ;
Un grand roi descend-il jusqu'à cet artifice ?
A prendre ce détour qui l'auroit pu forcer ?
Sans murmure à l'autel vous l'alliez devancer.
Vouloit-il perdre un fils qu'il aime avec tendresse ?
Jusqu'ici les effets secondent sa promesse :
Madame, il vous disoit qu'un important dessein,
Malgré lui, le forçoit à vous quitter demain :
Ce seul dessein l'occupe ; et, hâtant son voyage,
Lui-même ordonne tout, présent sur le rivage ;
Ses vaisseaux en tous lieux se chargent de soldats,
Et par-tout Xipharès accompagne ses pas.
D'un rival en fureur est-ce là la conduite ?
Et voit-on ses discours démentis par la suite ?

MONIME.

Pharnace cependant, par son ordre arrêté,
Trouve en lui d'un rival toute la dureté.
Phœdime, à Xipharès fera-t-il plus de grace ?

PHŒDIME.

C'est l'ami des Romains qu'il punit en Pharnace :
L'amour a peu de part à ses justes soupçons.

MONIME.

Autant que je le puis, je cède à tes raisons ;
Elles calment un peu l'ennui qui me dévore.
Mais pourtant Xipharès ne paroît point encore.

ACTE IV, SCÈNE I.

PHŒDIME.

Vaine erreur des amants, qui, pleins de leurs désirs,
Voudroient que tout cédât au soin de leurs plaisirs !
Qui, prêts à s'irriter contre le moindre obstacle....

MONIME.

Ma Phœdime, eh ! qui peut concevoir ce miracle ?
Après deux ans d'ennuis, dont tu sais tout le poids,
Quoi ! je puis respirer pour la première fois !
Quoi, cher prince, avec toi je me verrois unie !
Et loin que ma tendresse eût exposé ta vie,
Tu verrois ton devoir, je verrois ma vertu,
Approuver un amour si long-temps combattu !
Je pourrois tous les jours t'assurer que je t'aime !
Que ne viens-tu ?

SCÈNE II.

MONIME, XIPHARÈS, PHŒDIME.

MONIME.

Seigneur, je parlois de vous-même.
Mon ame souhaitoit de vous voir en ce lieu
Pour vous....

XIPHARÈS.

C'est maintenant qu'il faut vous dire adieu.

MONIME.

Adieu ! vous ?

XIPHARÈS.

Oui, madame, et pour toute ma vie.

MONIME.

Qu'entends-je? On me disoit.... Hélas! ils m'ont trahie.

XIPHARÈS.

Madame, je ne sais quel ennemi couvert,
Révélant nos secrets, vous trahit, et me perd.
Mais le roi, qui tantôt n'en croyoit point Pharnace,
Maintenant dans nos cœurs sait tout ce qui se passe.
Il feint, il me caresse, et cache son dessein;
Mais moi, qui, dès l'enfance élevé dans son sein,
De tous ses mouvements ai trop d'intelligence,
J'ai lu dans ses regards sa prochaine vengeance.
Il presse, il fait partir tous ceux dont mon malheur
Pourroit à la révolte exciter la douleur.
De ses fausses bontés j'ai connu la contrainte.
Un mot même d'Arbate a confirmé ma crainte :
Il a su m'aborder; et les larmes aux yeux,
« On sait tout, m'a-t-il dit, sauvez-vous de ces lieux. »
Ce mot m'a fait frémir du péril de ma reine;
Et ce cher intérêt est le seul qui m'amène.
Je vous crains pour vous-même : et je viens à genoux
Vous prier, ma princesse, et vous fléchir pour vous.
Vous dépendez ici d'une main violente,
Que le sang le plus cher rarement épouvante;
Et je n'ose vous dire à quelle cruauté
Mithridate jaloux s'est souvent emporté.
Peut-être c'est moi seul que sa fureur menace;
Peut-être, en me perdant, il veut vous faire grace :
Daignez, au nom des dieux, daignez en profiter;

ACTE IV, SCÈNE II.

Par de nouveaux refus n'allez point l'irriter.
Moins vous l'aimez, et plus tâchez de lui complaire;
Feignez; efforcez-vous : songez qu'il est mon père.
Vivez; et permettez que dans tous mes malheurs
Je puisse à votre amour ne coûter que des pleurs.

MONIME.

Ah! je vous ai perdu!

XIPHARÈS.

Généreuse Monime,
Ne vous imputez point le malheur qui m'opprime.
Votre seule bonté n'est point ce qui me nuit :
Je suis un malheureux que le destin poursuit;
C'est lui qui m'a ravi l'amitié de mon père,
Qui le fit mon rival, qui révolta ma mère,
Et vient de susciter, dans ce moment affreux,
Un secret ennemi pour nous trahir tous deux.

MONIME.

Hé quoi! cet ennemi vous l'ignorez encore?

XIPHARÈS.

Pour surcroît de douleur, madame, je l'ignore.
Heureux si je pouvois, avant que m'immoler,
Percer le traître cœur qui m'a pu déceler!

MONIME.

Hé bien, seigneur, il faut vous le faire connoître.
Ne cherchez point ailleurs cet ennemi, ce traître;
Frappez : aucun respect ne vous doit retenir.
J'ai tout fait, et c'est moi que vous devez punir.

XIPHARÈS.

Vous!

MONIME.

Ah! si vous saviez, prince, avec quelle adresse
Le cruel est venu surprendre ma tendresse!
Quelle amitié sincère il affectoit pour vous!
Content, s'il vous voyoit devenir mon époux!
Qui n'auroit cru...? Mais non, mon amour plus timide
Devoit moins vous livrer à sa bonté perfide.
Les dieux qui m'inspiroient, et que j'ai mal suivis,
M'ont fait taire trois fois par de secrets avis.
J'ai dû continuer; j'ai dû dans tout le reste....
Que sais-je enfin? j'ai dû vous être moins funeste;
J'ai dû craindre du roi les dons empoisonnés;
Et je m'en punirai si vous me pardonnez.

XIPHARÈS.

Quoi! madame, c'est vous, c'est l'amour qui m'expose;
Mon malheur est parti d'une si belle cause;
Trop d'amour a trahi nos secrets amoureux :
Et vous vous excusez de m'avoir fait heureux!
Que voudrois-je de plus? glorieux et fidèle,
Je meurs. Un autre sort au trône vous appelle :
Consentez-y, madame; et, sans plus résister,
Achevez un hymen qui vous y fait monter.

MONIME.

Quoi! vous me demandez que j'épouse un barbare
Dont l'odieux amour pour jamais nous sépare?

ACTE IV, SCÈNE II.

XIPHARÈS.

Songez que ce matin, soumise à ses souhaits,
Vous deviez l'épouser, et ne me voir jamais.

MONIME.

Eh! connoissois-je alors toute sa barbarie?
Ne voudriez-vous point qu'approuvant sa furie,
Après vous avoir vu tout percé de ses coups,
Je suivisse à l'autel un tyrannique époux;
Et que, dans une main de votre sang fumante,
J'allasse mettre, hélas! la main de votre amante?
Allez; de ses fureurs songez à vous garder,
Sans perdre ici le temps à me persuader :
Le ciel m'inspirera quel parti je dois prendre.
Que seroit-ce, grands dieux! s'il venoit vous surprendre!
Que dis-je? on vient. Allez : courez. Vivez enfin;
Et du moins attendez quel sera mon destin.

SCÈNE III.

MONIME, PHŒDIME.

PHŒDIME.

Madame, à quels périls il exposoit sa vie!
C'est le roi.

MONIME.

Cours l'aider à cacher sa sortie.
Va, ne le quitte point; et qu'il se garde bien
D'ordonner de son sort sans être instruit du mien.

SCÈNE IV.

MITHRIDATE, MONIME.

MITHRIDATE.

Allons, madame, allons. Une raison secrète
Me fait quitter ces lieux et hâter ma retraite.
Tandis que mes soldats, prêts à suivre leur roi,
Rentrent dans mes vaisseaux pour partir avec moi,
Venez, et qu'à l'autel ma promesse accomplie
Par des nœuds éternels l'un à l'autre nous lie.

MONIME.

Nous, seigneur?

MITHRIDATE.

Quoi, madame! osez-vous balancer?

MONIME.

Et ne m'avez-vous pas défendu d'y penser?

MITHRIDATE.

J'eus mes raisons alors : oublions-les, madame.
Ne songez maintenant qu'à répondre à ma flamme.
Songez que votre cœur est un bien qui m'est dû.

MONIME.

Hé! pourquoi donc, seigneur, me l'avez-vous rendu?

MITHRIDATE.

Quoi! pour un fils ingrat toujours préoccupée,
Vous croiriez....

ACTE IV, SCÈNE IV.

MONIME.

Quoi, seigneur! vous m'auriez donc trompée?

MITHRIDATE.

Perfide! il vous sied bien de tenir ce discours,
Vous qui, gardant au cœur d'infidèles amours,
Quand je vous élevois au comble de la gloire,
M'avez des trahisons préparé la plus noire!
Ne vous souvient-il plus, cœur ingrat et sans foi,
Plus que tous les Romains conjuré contre moi,
De quel rang glorieux j'ai bien voulu descendre
Pour vous porter au trône où vous n'osiez prétendre?
Ne me regardez point vaincu, persécuté :
Revoyez-moi vainqueur, et par-tout redouté.
Songez de quelle ardeur dans Éphèse adorée
Aux filles de cent rois je vous ai préférée;
Et, négligeant pour vous tant d'heureux alliés,
Quelle foule d'états je mettois à vos pieds.
Ah! si d'un autre amour le penchant invincible
Dès-lors à mes bontés vous rendoit insensible,
Pourquoi chercher si loin un odieux époux?
Avant que de partir, pourquoi vous taisiez-vous?
Attendiez-vous, pour faire un aveu si funeste,
Que le sort ennemi m'eût ravi tout le reste,
Et que, de toutes parts me voyant accabler,
J'eusse en vous le seul bien qui me pût consoler?
Cependant, quand je veux oublier cet outrage,
Et cacher à mon cœur cette funeste image,
Vous osez à mes yeux rappeler le passé!

MITHRIDATE.

Vous m'accusez encor, quand je suis offensé!
Je vois que pour un traître un fol espoir vous flatte.
A quelle épreuve, ô ciel, réduis-tu Mithridate?
Par quel charme secret laissé-je retenir
Ce courroux si sévère et si prompt à punir?
Profitez du moment que mon amour vous donne :
Pour la dernière fois, venez, je vous l'ordonne.
N'attirez point sur vous des périls superflus,
Pour un fils insolent que vous ne verrez plus.
Sans vous parer pour lui d'une foi qui m'est due,
Perdez-en la mémoire aussi-bien que la vue;
Et désormais, sensible à ma seule bonté,
Méritez le pardon qui vous est présenté.

MONIME.

Je n'ai point oublié quelle reconnoissance,
Seigneur, m'a dû ranger sous votre obéissance :
Quelque rang où jadis soient montés mes aïeux,
Leur gloire de si loin n'éblouit point mes yeux.
Je songe avec respect de combien je suis née
Au-dessous des grandeurs d'un si noble hyménée :
Et, malgré mon penchant et mes premiers desseins
Pour un fils, après vous, le plus grand des humains,
Du jour que sur mon front on mit ce diadème,
Je renonçai, seigneur, à ce prince, à moi-même.
Tous deux d'intelligence à nous sacrifier,
Loin de moi, par mon ordre, il couroit m'oublier.
Dans l'ombre du secret ce feu s'alloit éteindre;
Et même de mon sort je ne pouvois me plaindre,

Puisqu'enfin, aux dépens de mes vœux les plus doux,
Je faisois le bonheur d'un héros tel que vous.
Vous seul, seigneur, vous seul, vous m'avez arrachée
A cette obéissance où j'étois attachée;
Et ce fatal amour dont j'avois triomphé,
Ce feu que dans l'oubli je croyois étouffé,
Dont la cause à jamais s'éloignoit de ma vue,
Vos détours l'ont surpris, et m'en ont convaincue.
Je vous l'ai confessé, je le dois soutenir :
En vain vous en pourriez perdre le souvenir;
Et cet aveu honteux où vous m'avez forcée
Demeurera toujours présent à ma pensée,
Toujours je vous croirois incertain de ma foi;
Et le tombeau, seigneur, est moins triste pour moi
Que le lit d'un époux qui m'a fait cet outrage,
Qui s'est acquis sur moi ce cruel avantage,
Et qui, me préparant un éternel ennui,
M'a fait rougir d'un feu qui n'étoit pas pour lui.

MITHRIDATE.

C'est donc votre réponse? et, sans plus me complaire,
Vous refusez l'honneur que je voulois vous faire?
Pensez-y bien. J'attends pour me déterminer.

MONIME.

Non, seigneur, vainement vous croyez m'étonner.
Je vous connois; je sais tout ce que je m'apprête,
Et je vois quels malheurs j'assemble sur ma tête :
Mais le dessein est pris; rien ne peut m'ébranler.
Jugez-en, puisqu'ainsi je vous ose parler,

Et m'emporte au-delà de cette modestie
Dont jusqu'à ce moment je n'étois point sortie.
Vous vous êtes servi de ma funeste main
Pour mettre à votre fils un poignard dans le sein :
De ses feux innocents j'ai trahi le mystère ;
Et, quand il n'en perdroit que l'amour de son père,
Il en mourra, seigneur. Ma foi ni mon amour
Ne seront point le prix d'un si cruel détour.
Après cela, jugez. Perdez une rebelle ;
Armez-vous du pouvoir qu'on vous donna sur elle :
J'attendrai mon arrêt ; vous pouvez commander.
Tout ce qu'en vous quittant j'ose vous demander,
Croyez (à la vertu je dois cette justice)
Que je vous trahis seule, et n'ai point de complice ;
Et que d'un plein succès vos vœux seroient suivis
Si j'en croyois, seigneur, les vœux de votre fils.

SCÈNE V.

MITHRIDATE.

Elle me quitte ! Et moi, dans un lâche silence,
Je semble de sa fuite approuver l'insolence !
Peu s'en faut que mon cœur, penchant de son côté,
Ne me condamne encor de trop de cruauté !
Qui suis-je ? Est-ce Monime ? Et suis-je Mithridate ?
Non, non, plus de pardon, plus d'amour pour l'ingrate.
Ma colère revient, et je me reconnois :
Immolons, en partant, trois ingrats à la fois.

ACTE IV, SCÈNE V.

Je vais à Rome; et c'est par de tels sacrifices
Qu'il faut à ma fureur rendre les dieux propices.
Je le dois, je le puis; ils n'ont plus de support;
Les plus séditieux sont déjà loin du bord.
Sans distinguer entre eux qui je hais ou qui j'aime,
Allons, et commençons par Xipharès lui-même.
    Mais quelle est ma fureur! et qu'est-ce que je dis!
Tu vas sacrifier.... qui, malheureux? Ton fils!
Un fils que Rome craint! qui peut venger son père!
Pourquoi répandre un sang qui m'est si nécessaire?
Ah! dans l'état funeste où ma chute m'a mis,
Est-ce que mon malheur m'a laissé trop d'amis?
Songeons plutôt, songeons à gagner sa tendresse:
J'ai besoin d'un vengeur, et non d'une maîtresse.
Quoi! ne vaut-il pas mieux, puisqu'il faut m'en priver,
La céder à ce fils que je veux conserver?
Cédons-la. Vains efforts, qui ne font que m'instruire
Des foiblesses d'un cœur qui cherche à se séduire!
Je brûle, je l'adore; et, loin de la bannir....
Ah! c'est un crime encor dont je la veux punir.
Quelle pitié retient mes sentiments timides?
N'en ai-je pas déjà puni de moins perfides?
O Monime! ô mon fils! Inutile courroux!
Et vous, heureux Romains, quel triomphe pour vous,
Si vous saviez ma honte, et qu'un avis fidèle
De mes lâches combats vous portât la nouvelle!
Quoi! des plus chères mains craignant les trahisons,
J'ai pris soin de m'armer contre tous les poisons;

J'ai su, par une longue et pénible industrie, [1]
Des plus mortels venins prévenir la furie :
Ah! qu'il eût mieux valu, plus sage et plus heureux,
Et repoussant les traits d'un amour dangereux,
Ne pas laisser remplir d'ardeurs empoisonnées
Un cœur déjà glacé par le froid des années!
De ce trouble fatal par où dois-je sortir?

SCÈNE VI.

MITHRIDATE, ARBATE.

ARBATE.

Seigneur, tous vos soldats refusent de partir :
Pharnace les retient, Pharnace leur révèle
Que vous cherchez à Rome une guerre nouvelle.

MITHRIDATE.

Pharnace?

ARBATE.

Il a séduit ses gardes les premiers,
Et le seul nom de Rome étonne les plus fiers.
De mille affreux périls ils se forment l'image :
Les uns avec transport embrassent le rivage;

---

[1] Appien, guerre de Mithridate. C'est le roi qui parle : C'est en vain que j'ai recours au poison : je n'ai que trop bien réussi à me prémunir contre ses effets. Insensé! je ne me suis pas mis en garde contre un poison plus dangereux : la perfidie de mes enfants, de mes amis, de mes soldats.

ACTE IV, SCÈNE VI.

Les autres, qui partoient, s'élancent dans les flots,
Ou présentent leurs dards aux yeux des matelots.
Le désordre est par-tout; et, loin de nous entendre,
Ils demandent la paix, et parlent de se rendre.
Pharnace est à leur tête; et, flattant leurs souhaits,
De la part des Romains il leur promet la paix.

MITHRIDATE.

Ah le traître! Courez : qu'on appelle son frère;
Qu'il me suive, qu'il vienne au secours de son père.

ARBATE.

J'ignore son dessein; mais un soudain transport
L'a déjà fait descendre et courir vers le port;
Et l'on dit que suivi d'un gros d'amis fidèles
On l'a vu se mêler au milieu des rebelles.
C'est tout ce que j'en sais.

MITHRIDATE.

Ah! qu'est-ce que j'entends?
Perfides, ma vengeance a tardé trop long-temps!
Mais je ne vous crains point : malgré leur insolence,
Les mutins n'oseroient soutenir ma présence.
Je ne veux que les voir : je ne veux qu'à leurs yeux
Immoler de ma main deux fils audacieux.

SCÈNE VII.
MITHRIDATE, ARBATE, ARCAS.

ARCAS.

Seigneur, tout est perdu. Les rebelles, Pharnace,
Les Romains, sont en foule autour de cette place.

MITHRIDATE.

Les Romains!

ARCAS.

De Romains le rivage est chargé,
Et bientôt dans ces murs vous êtes assiégé.

MITHRIDATE.

Ciel! courons. *(à Arcas.)*
Écoutez.... Du malheur qui me presse
Tu ne jouiras pas, infidèle princesse.

FIN DU QUATRIÈME ACTE.

ACTE CINQUIÈME.

SCÈNE I.

MONIME, PHOEDIME.

PHOEDIME.

Madame, où courez-vous ? Quels aveugles transports
Vous font tenter sur vous de criminels efforts ?
Hé quoi ! vous avez pu, trop cruelle à vous-même,
Faire un affreux lien d'un sacré diadème !
Ah ! ne voyez-vous pas que les dieux plus humains
Ont eux-mêmes rompu ce bandeau dans vos mains ?

MONIME.

Hé ! par quelle fureur, obstinée à me suivre,
Toi-même malgré moi veux-tu me faire vivre ?
Xipharès ne vit plus ; le roi désespéré
Lui-même n'attend plus qu'un trépas assuré :
Quel fruit te promets-tu de ta coupable audace ?
Perfide, prétends-tu me livrer à Pharnace ?

PHOEDIME.

Ah ! du moins attendez qu'un fidèle rapport
De son malheureux frère ait confirmé la mort.
Dans la confusion que nous venons d'entendre,
Les yeux peuvent-ils pas aisément se méprendre ?

D'abord, vous le savez, un bruit injurieux
Le rangeoit du parti d'un camp séditieux ;
Maintenant on vous dit que ces mêmes rebelles
Ont tourné contre lui leurs armes criminelles.
Jugez de l'un par l'autre, et daignez écouter....

MONIME.

Xipharès ne vit plus, il n'en faut point douter :
L'évènement n'a point démenti mon attente.
Quand je n'en aurois pas la nouvelle sanglante,
Il est mort ; et j'en ai pour garants trop certains
Son courage et son nom trop suspects aux Romains.
Ah ! que d'un si beau sang dès long-temps altérée
Rome tient maintenant sa victoire assurée !
Quel ennemi son bras leur alloit opposer !
Mais sur qui, malheureuse, oses-tu t'excuser ?
Quoi ! tu ne veux pas voir que c'est toi qui l'opprimes,
Et dans tous ses malheurs reconnoître tes crimes ?
De combien d'assassins l'avois-je enveloppé !
Comment à tant de coups seroit-il échappé ?
Il évitoit en vain les Romains et son frère :
Ne le livrois-je pas aux fureurs de son père ?
C'est moi qui, les rendant l'un de l'autre jaloux,
Vins allumer le feu qui les embrase tous :
Tison de la discorde, et fatale furie
Que le démon de Rome a formée et nourrie !
Et je vis ! Et j'attends que de leur sang baigné
Pharnace des Romains revienne accompagné,
Qu'il étale à mes yeux sa parricide joie !

La mort au désespoir ouvre plus d'une voie :
Oui, cruelles, en vain vos injustes secours
Me ferment du tombeau les chemins les plus courts;
Je trouverai la mort jusque dans vos bras même.
    Et toi, fatal tissu, malheureux diadème, [1]
Instrument et témoin de toutes mes douleurs,
Bandeau, que mille fois j'ai trempé de mes pleurs,
Au moins, en terminant ma vie et mon supplice,
Ne pouvois-tu me rendre un funeste service?
A mes tristes regards, va, cesse de t'offrir;
D'autres armes sans toi sauront me secourir :
Et périsse le jour et la main meurtrière
Qui jadis sur mon front t'attacha la première!

PHOEDIME.

On vient, madame, on vient; et j'espère qu'Arcas,
Pour bannir vos frayeurs, porte vers vous ses pas.

SCÈNE II.

MONIME, PHOEDIME, ARCAS.

MONIME.

EN est-ce fait, Arcas? et le cruel Pharnace....

ARCAS.

Ne me demandez rien de tout ce qui se passe,

---

[1] Racine a cité dans sa préface le passage de Plutarque où Monime dit ces paroles. Ce passage se trouve dans la vie de Lucullus.

Madame : on m'a chargé d'un plus funeste emploi;
Et ce poison vous dit les volontés du roi.

PHŒDIME.

Malheureuse princesse!

MONIME.

Ah! quel comble de joie!
Donnez. Dites, Arcas, au roi qui me l'envoie,
Que de tous les présents que m'a faits sa bonté
Je reçois le plus cher et le plus souhaité.
A la fin je respire; et le ciel me délivre
Des secours importuns qui me forçoient de vivre.
Maîtresse de moi-même, il veut bien qu'une fois
Je puisse de mon sort disposer à mon choix.

PHŒDIME.

Hélas!

MONIME.

Retiens tes cris, et par d'indignes larmes
De cet heureux moment ne trouble point les charmes.
Si tu m'aimois, Phœdime, il falloit me pleurer
Quand d'un titre funeste on me vint honorer,
Et lorsque, m'arrachant du doux sein de la Grèce,
Dans ce climat barbare on traîna ta maîtresse.
Retourne maintenant chez ces peuples heureux;
Et si mon nom encor s'est conservé chez eux,
Dis-leur ce que tu vois, et de toute ma gloire,
Phœdime, conte-leur la malheureuse histoire.
Et toi, qui de ce cœur, dont tu fus adoré,
Par un jaloux destin fus toujours séparé,

ACTE V, SCÈNE II.

Héros, avec qui même en terminant ma vie
Je n'ose en un tombeau demander d'être unie,
Reçois ce sacrifice ; et puisse, en ce moment,
Ce poison expier le sang de mon amant !

SCÈNE III.

MONIME, ARBATE, PHOEDIME, ARCAS.

ARBATE.

Arrêtez ! arrêtez !

ARCAS.

Que faites-vous, Arbate ?

ARBATE.

Arrêtez ! j'accomplis l'ordre de Mithridate.

MONIME.

Ah ! laissez-moi....

ARBATE, jetant le poison.

Cessez, vous dis-je, et laissez-moi,
Madame, exécuter les volontés du roi :
Vivez. Et vous, Arcas, du succès de mon zèle
Courez à Mithridate apprendre la nouvelle.

SCÈNE IV.

MONIME, ARBATE, PHOEDIME.

MONIME.

Ah ! trop cruel Arbate, à quoi m'exposez-vous !
Est-ce qu'on croit encor mon supplice trop doux ?

Et le roi, m'enviant une mort si soudaine,
Veut-il plus d'un trépas pour contenter sa haine?

ARBATE.

Vous l'allez voir paroître; et j'ose m'assurer
Que vous-même avec moi vous allez le pleurer.

MONIME.

Quoi! le roi....

ARBATE.

   Le roi touche à son heure dernière,
Madame, et ne voit plus qu'un reste de lumière.
Je l'ai laissé sanglant, porté par des soldats;
Et Xipharès en pleurs accompagne leurs pas.

MONIME.

Xipharès! Ah grands dieux! je doute si je veille,
Et n'ose qu'en tremblant en croire mon oreille.
Xipharès vit encor! Xipharès, que mes pleurs!...

ARBATE.

Il vit, chargé de gloire, accablé de douleurs.
De sa mort en ces lieux la nouvelle semée
Ne vous a pas vous seule et sans cause alarmée;
Les Romains, qui par-tout l'appuyoient par des cris,
Ont par ce bruit fatal glacé tous les esprits.
  Le roi, trompé lui-même, en a versé des larmes,
Et, désormais certain du malheur de ses armes,
Par un rebelle fils de toutes parts pressé,
Sans espoir de secours, tout près d'être forcé,
Et voyant, pour surcroît de douleur et de haine,
Parmi ses étendards porter l'aigle romaine,

ACTE V, SCÈNE IV.

Il n'a plus aspiré qu'à s'ouvrir des chemins
Pour éviter l'affront de tomber dans leurs mains.
D'abord il a tenté les atteintes mortelles
Des poisons que lui-même a crus les plus fidèles ;
Il les a trouvés tous sans force et sans vertu.
« Vain secours, a-t-il dit, que j'ai trop combattu !
« Contre tous les poisons soigneux de me défendre,
« J'ai perdu tout le fruit que j'en pouvois attendre.
« Essayons maintenant des secours plus certains,
« Et cherchons un trépas plus funeste aux Romains. »
Il parle ; et défiant leurs nombreuses cohortes,
Du palais, à ces mots, il fait ouvrir les portes.
A l'aspect de ce front dont la noble fureur
Tant de fois dans leurs rangs répandit la terreur,
Vous les eussiez vus tous, retournant en arrière,
Laisser entre eux et nous une large carrière ;
Et déjà quelques uns couroient épouvantés
Jusque dans les vaisseaux qui les ont apportés.
Mais, le dirai-je ? oh ciel ! rassurés par Pharnace,
Et la honte en leurs cœurs réveillant leur audace,
Ils reprennent courage, ils attaquent le roi,
Qu'un reste de soldats défendoit avec moi.
Qui pourroit exprimer par quels faits incroyables
Quels coups, accompagnés de regards effroyables,
Son bras, se signalant pour la dernière fois,
A de ce grand héros terminé les exploits ?
Enfin, las et couvert de sang et de poussière,
Il s'étoit fait de morts une noble barrière.

Un autre bataillon s'est avancé vers nous :
Les Romains pour le joindre ont suspendu leurs coups ;
Ils vouloient tous ensemble accabler Mithridate.
Mais lui : « C'en est assez, m'a-t-il dit, cher Arbate ;
« Le sang et la fureur m'emportent trop avant.
« Ne livrons pas sur-tout Mithridate vivant. »
Aussitôt dans son sein il plonge son épée.
Mais la mort fuit encor sa grande ame trompée.
Ce héros dans mes bras est tombé tout sanglant,
Foible, et qui s'irritoit contre un trépas si lent ;
Et se plaignant à moi de ce reste de vie,
Il soulevoit encor sa main appesantie,
Et, marquant à mon bras la place de son cœur,
Sembloit d'un coup plus sûr implorer la faveur.
Tandis que, possédé de ma douleur extrême,
Je songe bien plutôt à me percer moi-même,
De grands cris ont soudain attiré mes regards ;
J'ai vu, qui l'auroit cru ? j'ai vu de toutes parts
Vaincus et renversés les Romains et Pharnace,
Fuyant vers leurs vaisseaux, abandonner la place ;
Et le vainqueur, vers nous s'avançant de plus près,
A mes yeux éperdus a montré Xipharès.

MONIME.

Juste ciel !

ARBATE.

Xipharès toujours resté fidèle,
Et qu'au fort du combat une troupe rebelle,
Par ordre de son frère, avoit enveloppé,

ACTE V, SCÈNE IV.

Mais qui, d'entre leurs bras à la fin échappé,
Forçant les plus mutins, et regagnant le reste,
Heureux et plein de joie en ce moment funeste,
A travers mille morts, ardent, victorieux,
S'étoit fait vers son père un chemin glorieux.
Jugez de quelle horreur cette joie est suivie :
Son bras aux pieds du roi l'alloit jeter sans vie;
Mais on court, on s'oppose à son emportement.
Le roi m'a regardé dans ce triste moment,
Et m'a dit d'une voix qu'il poussoit avec peine :
« S'il en est temps encor, cours, et sauve la reine. »
Ces mots m'ont fait trembler pour vous, pour Xipharès :
J'ai craint, j'ai soupçonné quelques ordres secrets.
Tout lassé que j'étois, ma frayeur et mon zèle
M'ont donné pour courir une force nouvelle;
Et, malgré nos malheurs, je me tiens trop heureux
D'avoir paré le coup qui vous perdoit tous deux.

MONIME.

Ah! que, de tant d'horreurs justement étonnée,
Je plains de ce grand roi la triste destinée!
Hélas! et plût aux dieux qu'à son sort inhumain
Moi-même j'eusse pu ne point prêter la main,
Et que, simple témoin du malheur qui l'accable,
Je le pusse pleurer sans en être coupable!
Il vient. Quel nouveau trouble excite en mes esprits
Le sang du père, oh ciel! et les larmes du fils!

SCÈNE V.

MITHRIDATE, MONIME, XIPHARÈS, ARBATE, ARCAS; GARDES *qui soutiennent Mithridate.*

MONIME.

Ah! que vois-je, seigneur, et quel sort est le vôtre!

MITHRIDATE.

Cessez et retenez vos larmes l'un et l'autre :
(*montrant Xipharès.*)
Mon sort de sa tendresse et de votre amitié
Veut d'autres sentiments que ceux de la pitié ;
Et ma gloire, plutôt digne d'être admirée,
Ne doit point par des pleurs être déshonorée.
J'ai vengé l'univers autant que je l'ai pu :
La mort dans ce projet m'a seule interrompu.
Ennemi des Romains et de la tyrannie,
Je n'ai point de leur joug subi l'ignominie ;
Et j'ose me flatter qu'entre les noms fameux
Qu'une pareille haine a signalés contre eux
Nul ne leur a plus fait acheter la victoire,
Ni de jours malheureux plus rempli leur histoire.
Le ciel n'a pas voulu qu'achevant mon dessein
Rome en cendre me vît expirer dans son sein :
Mais au moins quelque joie en mourant me console ;
J'expire environné d'ennemis que j'immole ;
Dans leur sang odieux j'ai pu tremper mes mains ;
Et mes derniers regards ont vu fuir les Romains.

A mon fils Xipharès je dois cette fortune;
Il épargne à ma mort leur présence importune.
Que ne puis-je payer ce service important
De tout ce que mon trône eut de plus éclatant!
Mais vous me tenez lieu d'empire, de couronne;
Vous seule me restez : souffrez que je vous donne,
Madame; et tous ces vœux que j'exigeois de vous,
Mon cœur pour Xipharès vous les demande tous.

MONIME.

Vivez, seigneur, vivez pour le bonheur du monde,
Et pour sa liberté qui sur vous seul se fonde;
Vivez pour triompher d'un ennemi vaincu,
Pour venger....

MITHRIDATE.

C'en est fait, madame, et j'ai vécu.
Mon fils, songez à vous : gardez-vous de prétendre
Que de tant d'ennemis vous puissiez vous défendre.
Bientôt tous les Romains, de leur honte irrités,
Viendront ici sur vous fondre de tous côtés.
Ne perdez point le temps que vous laisse leur fuite
A rendre à mon tombeau des soins dont je vous quitte :
Tant de Romains sans vie, en cent lieux dispersés,
Suffisent à ma cendre et l'honorent assez.
Cachez-leur pour un temps vos noms et votre vie.
Allez, réservez-vous....

XIPHARÈS.

Moi, seigneur, que je fuie?

Que Pharnace impuni, les Romains triomphants,
N'éprouvent pas bientôt...

MITHRIDATE.

Non, je vous le défends.
Tôt ou tard il faudra que Pharnace périsse :
Fiez-vous aux Romains du soin de son supplice.
Mais je sens affoiblir ma force et mes esprits.
Je sens que je me meurs..... Approchez-vous, mon fils;
Dans cet embrassement dont la douceur me flatte,
Venez, et recevez l'ame de Mithridate.

MONIME.

Il expire.

XIPHARÈS.

Ah, madame! unissons nos douleurs,
Et par tout l'univers cherchons-lui des vengeurs.

FIN DU TOME SECOND.